故宫旬刊

北平故宫博物院/编

中央编译出版社
CCTP
Central Compilation & Translation Press

图书在版编目 (CIP) 数据

故宫旬刊 / 北平故宫博物院编 . -- 北京 : 中央编译出版社 , 2022.6

ISBN 978-7-5117-3947-6

Ⅰ . ①故… Ⅱ . ①北… Ⅲ . ①故宫—研究—北京—丛刊 Ⅳ . ① K928.74-55

中国版本图书馆 CIP 数据核字 (2021) 第 013784 号

故宫旬刊

责任编辑 张 科 赵可佳
责任印制 刘 慧
出版发行 中央编译出版社
地 址 北京市海淀区北四环西路 69 号（100080）
电 话 （010）55627391（总编室） （010）55627362（编辑室）
（010）55627320（发行部） （010）55627377（新技术部）
经 销 全国新华书店
印 刷 北京文昌阁彩色印刷有限责任公司
开 本 787 毫米 ×1092 毫米 1/8
字 数 47 千字
印 张 17
版 次 2022 年 6 月第 1 版
印 次 2022 年 6 月第 1 次印刷
定 价 600.00 元

新浪微博：@ 中央编译出版社 **微 信：**中央编译出版社（ID：cctphome）
淘宝店铺：中央编译出版社直销店（http://shop108367160.taobao.com）（010）55627331

本社常年法律顾问：北京市吴栾赵阎律师事务所律师 闫军 梁勤
凡有印装质量问题，本社负责调换，电话：（010）55626985

出版前言

故宮旬刊于一九三六年五月創刊，是故宮周刊終刊後，由故宮博物院改版的刊物。故宮旬刊第一期略述改刊原委：『自本年五月一日起，改編故宮旬刊。每月三期，每期一張，内容益求精彩，考訂更期詳贍，圖片文字壁壘一新，不與周刊相複，以副讀者之望，爬羅雖力譜陋，猶慚大雅宏達，幸賜教正。每期定價八分，一仍周刊之舊。』故宮旬刊于次年第三十二期即告終刊，共三十二期。

爲傳承文明，弘揚中華文化，促進中國古代藝術精品的研究與保護，中央編譯出版社在原版故宮旬刊的基礎上，對圖片進行了大量技術處理，爲讀者呈現了賞心悦目的藝術原相。我們衷心期待此次再版能延續原版的立意與匠心，再現國家頂級博物館的頂級珍藏，在新時代繼續譜寫弘揚民族文化、承繼中華藝術的新篇章。

故宫旬刊目録

故宮旬刊

啓事

敬啟者本院印行之故宮週刊已出至五百十期告一結束另編總索引一册不日出版以便檢閱自本年五月一日起改編故宮旬刊每月三期每期一張內容益求精采考訂更期詳贍圖片文字壁壘一新不與週刊相複以副讀者之望爬羅雖力謭陋猶慙大雅宏達幸賜教正每期定價八分一仍週刊之舊凡以前定閱週刊諸君仍以旬刊按期折算合併聲明敬希
鑒察

清畫院畫十二月月令圖之五月景

原藏懋勤殿、共十二幅、分畫十二月月令、絹本、設色、均縱五尺五寸、橫三尺零五分、

西園題跋卷之一

羅浮張　萱孟奇甫著

張萱、字孟奇、號九岳、別號西園、博羅人、萬曆十年舉人、官至平越知府、戶部郎中、好學博識、經史百氏、靡不淹通、能書、書各體皆工、著有疑耀、西園聞見錄、西園彙史、彙雅、西園存稿等書、

題王弇州所藏鍾元常眞蹟

鍾元常薦季直表眞蹟、常爲公所得、其跋語最詳亦最核、先是吳文定公嘗爲沈石田跋之曰、史稱鍾太傅事魏、殊有偉績、此表又見其爲國不蔽賢之美、其書平生所見、惟石刻耳、若眞蹟之行於世者僅此、啟南所藏法書甚多、吾固知其不能出此上也、具在匏庵集中、文定公書家者流、亦精於賞鑒、其跋當不妄、而弇州不一及之、豈此表入公手時、文定公跋已亡去耶、

題黃素黃庭經

余閱黃庭舊刻多矣、即所藏數種、皆非僞本、然未有陶秀實學士跋語(接第二版)

明項聖謨寫生册之一

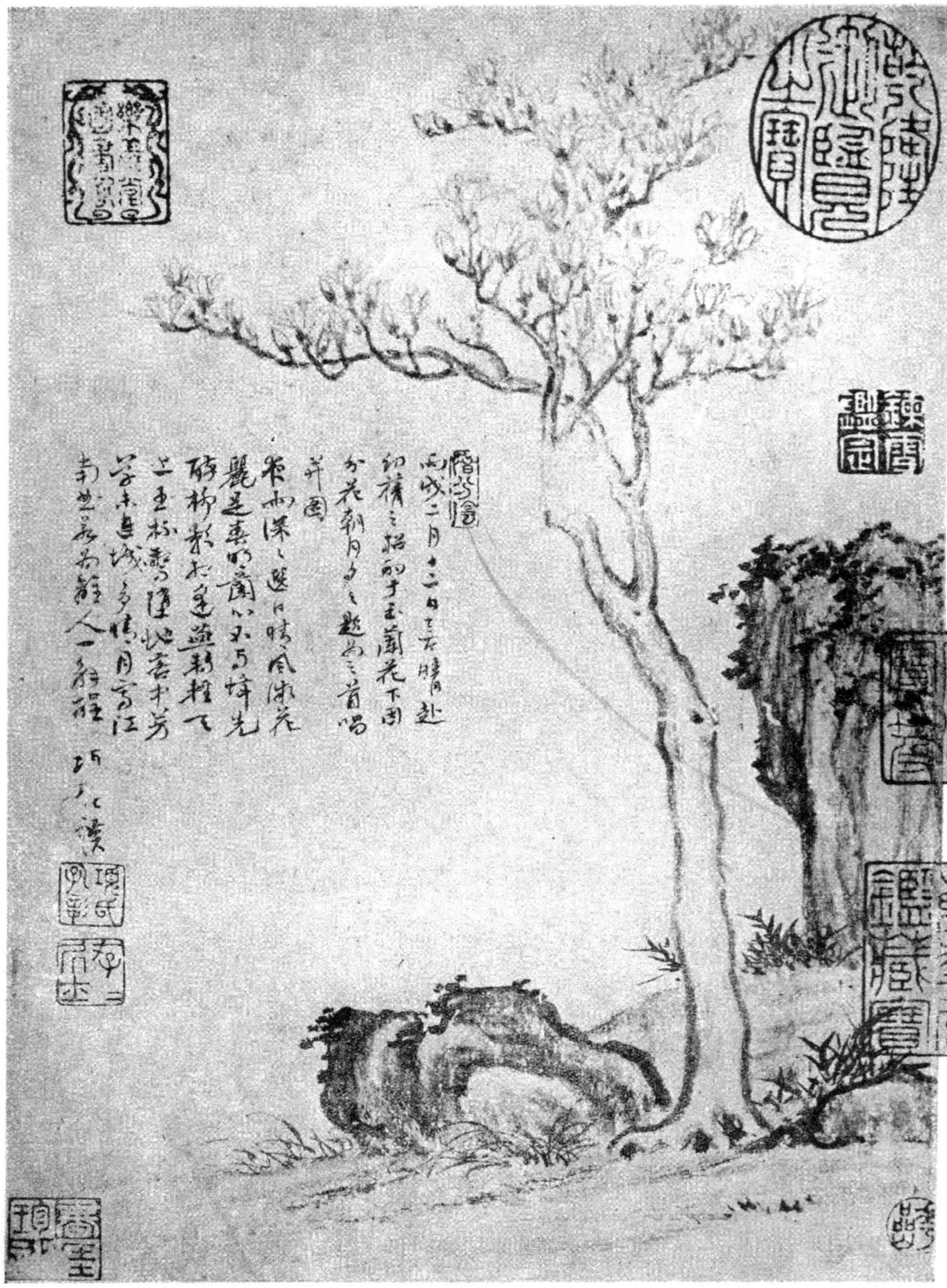

是册原藏齋宮、共十六幅、紙本、墨筆設色各半、均縱七寸三分、橫五寸二分、石渠寶笈著錄、　本幅墨筆、項聖謨自題曰、丙戌二月十二日喜晴、赴幼蒨之招、酌于玉蘭花下、因分花朝月夕之題、爲之首唱、幷圖、夜雨深深選日晴、風微花麗是春明、蘭心不興蜂先醉、柳影相逢燕轉輕、天上玉杯驚墮地、客中芳草未連城、多情月寫江南曲、若爲離人一解酲、項聖謨、鈐印三、「項孔彰氏」、「存存居士」、「惜分陰」、

項聖謨、字孔彰、號易庵、又號胥山樵、嘉興秀水人、元汴孫、亦以書畫名、家貧志潔、每鬻畫以自給、然意有不可、雖縑帛盈篚、未嘗顧也、樹石屋宇、花卉人物、皆與宋人血戰、山水又兼元人氣韻、雖其天饒自合、要亦功力深至、著有朗雲堂集、

見於末者、此本余蓋得於長安肆中、書賈第知文太史徵仲手跋、足爲此帖曹丘、不知此帖已得陶學士爲伯樂也、余按海岳名言、陶學士所跋者、未有眞書貽仙二字、及陳氏圖書、錢氏忠孝之家兩印、今貽仙字迺作行書、貽又作台、不能無疑、黃魯直謂爲徐季海所摹者、徵仲以爲然、余亦不敢信也、第字勢瘦勁有餘、而不至露骨、斷非宋以後人所能辨、若以余北紙本眎之、便覺微有差等、此於無佛處亦足稱尊耳、今人去徵仲幾何時、欲求徵仲眞蹟、已不可得、況右軍之眞蹟乎、故曰、孔子吾不得而見之矣、得見有若斯可矣、今世所行、半皆陽虎、泰山梁木之悲、其何能已、徵仲故名璧、字徵明、中年迺以字行、此跋猶自稱璧、當是少年時書、故爾娟秀、都玄敬、名穆、亦究心八法者、惜其遺蹟不少概見、

此帖在宋時名黃素黃庭經、米元章曰、右軍眞書、惟此書及樂毅論太史箴誓告文果表等帖耳、蘭亭洛神皆行書、餘皆草書也、右軍草十行、敵行書一字、行書十行、敵眞書一字、此書是銛鋒筆行書、恐非右軍、第無褚薛體、或六朝人所作、余亦以爲然、米又云、押縫有鍾紹京小印、今無之、陶秀實跋語後、有時日降廡以京兆安彥威兼副都統十四字、今亦無之、余亦謂此帖亦非陶秀實所跋原蹟入石、乃後人摹本也、昔人題識書畫、旣書年月姓名之後、復書數字或數語、余往往於古書畫中見之、此臨摹者不解、妄以意刪削耳、元章書家董狐、以此眞蹟爲甲、觀此刻即非陶跋原蹟、而以諸家黃庭經較之、亦當作乙觀也、

帖末有李孝廣印、孝廣、濮州人、丞相迪之孫、嘗官秘閣、所藏古書畫最富、有王右軍黃麻紙書十餘帖、其內鶺等不佳一帖、米元章嘗人與丞相子東之善、以賭奕得之、元章曰、此黃素黃庭經、與鶺等帖、皆右軍名札、世未見其比也、不知元章亦曾見此眞蹟否、丞相迪、字復古、東之、字公明、亦官少師、孝廣、宋史未載、

（未完）

林石逸輿

林石逸輿十卷、明薛論道撰、論道、燕人、少孤力學、八歲能屬文、以文武才假異途、樹勳疆場、侯萬戶、旋以忌免、（見本集胡汝欽序、）所著散曲千首、名林石逸輿、見蒓戲詞話、有萬曆戊子刻本、傳世極罕、著錄家皆未之見、茲從原本傳鈔、闕九十兩卷、太璞不完、彌足珍視、

編者附識

林石逸輿序

余聿秦藩、脫政歸里、理紛接物、深患塵嬰、且旁觀雕俗、日偸日弊、而太古之風、無復見矣、可勝嗟乎、意藉吟咏、以少洩萬一、第異代殊尚、聲教降衰、白雪寂聞、（接第三版）

宋李建中士母帖之一

（宋十二名家法書第一）

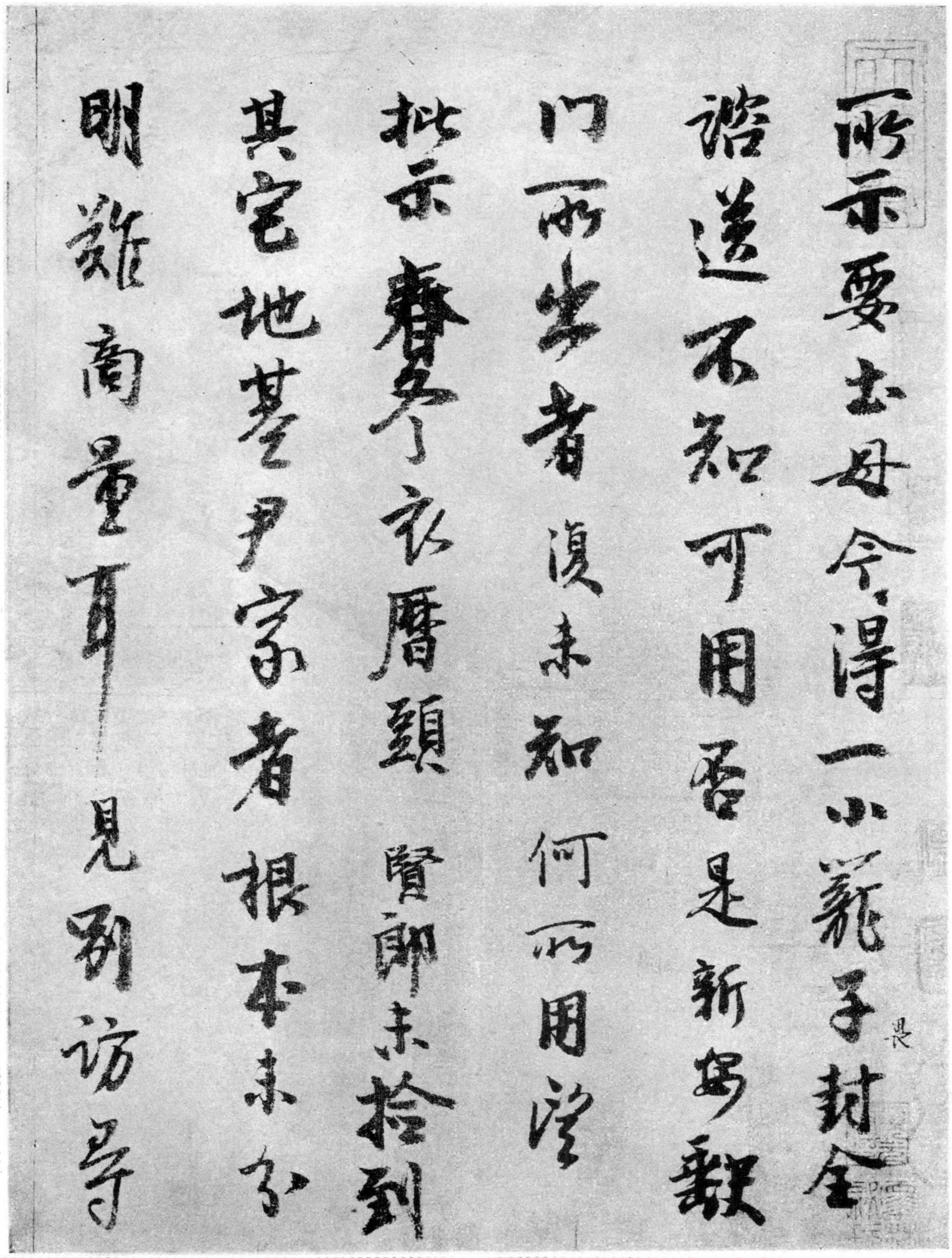

石渠寶笈續編云、宋十二名家法書册、素牋本、十四葉、第一、籤標宋李西臺建中書、縱九寸九分、橫一尺二寸三分、行書、（文不錄）另二幅、姜月等題跋四則、
案是蹟見珊瑚網、爲六帖之一、亦見書畫彙考、四跋同、
李建中、字得中、京兆人、太平興國進士、累官太常博士、嘗表陳時政、後歷知曹解潁夔四州、終判太府寺、性簡靜、恬於榮利、好遊山水、多留題、自稱巖夫民伯、善書札、草隸篆籀俱妙、有集、

下里稀邁、似無可晤歌者、嗚呼、是豈亘古迄今、樂府詩流絕無可以寄於聲乎、不然、情有所不能通、人有所不能到耳、其如里巷歌謠、艷聲嬌響、尤不足以置喙、余方獨思沉想、若將有爲、不圖吾邑蓮溪薛君、走一介、持一帙、曰林石逸興、凡十卷千首、從塞上以貽余、余閱數行、不覺心目豁朗、頓足而起舞、抗音而高歌、甚至把卷忘飡、邉無寧處、何哉、蓋深有默契乎衷矣、夫樂由音著、音自心生、實有本乎自然者也、不歌則已、歌必使之聲入心通、情無留滯、斯可矣、孔子曰、興於詩、成於樂、厥三百篇、紀事詠物、莫不出乎自然、亦莫不蕩滌邪穢、流通精神、養中和之德、而救氣質之偏者矣、相維世道、孰云小補、然旨趣玄遠、義理邃奧、豈惟匹夫匹婦、無以識悟、即騷人墨士、難可詳悉、綠是近代以來、非治業經生、則置而不講矣、吁、示聲以文章、責聲於鐘鼓、是强其所不能也、若君所輯、託物寓興、質古擬今、語邪穢則默奪潛消、語精神則飛華揚彩、語中和則包涵天地、語氣質則變化性靈、發之以七情、寄之以六義、從橫反覆、若出一言、意深而詞淺、理微而義著、俾匹夫匹婦、如見黑白、騷人墨士、若數一二、準之以聲律、被之以管絃、聞之者心圓意悟、識太古於謳歌、化時俗於譚笑、苟偸風少挽、厥功亦豈小補云哉、

（未完）

宣鑪小誌

宣鑪小誌、計共八論、傳鈔舊本、不著撰人姓氏、觀評語中屢稱「沈子」、則作者姓沈無疑、細審所論、類多空議、頗少實據、因就所知、於各論後、略加附注、實諸本刊、倘亦究心宣鑪者、所樂考也、

編者識

目次

叙鑪略旨

稽古無鍊鑪之說、今案頭置香鑪、焚香外、亦無他用（接第四版）

明文徵明畫梅竹摺扇

扇骨外湘竹、內表竹、計十五根、長一尺零四分五厘、扇面橫寬一尺六寸八分一厘、高六寸零七厘、冷金紙本、墨筆畫梅竹、左上行書題、雪天花地白迷神、遠看何如近看眞、兩袖拂開攀桂手、一枝分與讀書人、徵明、鈐印一、「停雲」、右上端鈐「乾隆御覽之寶」一璽、

文徵明、名璧、以字行、更字徵仲、號衡山居士、長洲人、貢至京師、授翰林待詔、其畫近師沈周、得其髣髴、而益以神采、遠追李唐吳鎭、翩翩入室、書法則小楷行草、深得智永筆法、大書仿涪翁尤佳、隸法鍾繇、獨步一世、故四方求書畫者接踵於道、外國使者過吳門、望里肅拜、以不獲見爲恨、文筆徧天下、年齡大耋、而神不凋、卒年九十、

、好事者以火鍊之、朝夕拂拭、辨質、辨色、辨欵式、辨工夫、羣相矜尚、趣耶癖耶、蓋古玩中如書畫玉石、及銅窰各器、有甚美不易得者、必其爲物寶貴、世所罕靚、若鑛、則易得而難美、易得、則用之者多、好之者少、難美、故好之者即多、好之而實悵所好者甚少、悵所好者少、則焚香適用足矣、胡以好爲、又胡以鍊爲、而吾謂古玩中之足以悵所好者、惟此物爲最、何也、夫人爲其事而無其驗、則心厭、爲其事、有其驗、而不足以賞心、則又厭、（未完）

明董其昌雪山圖摺扇

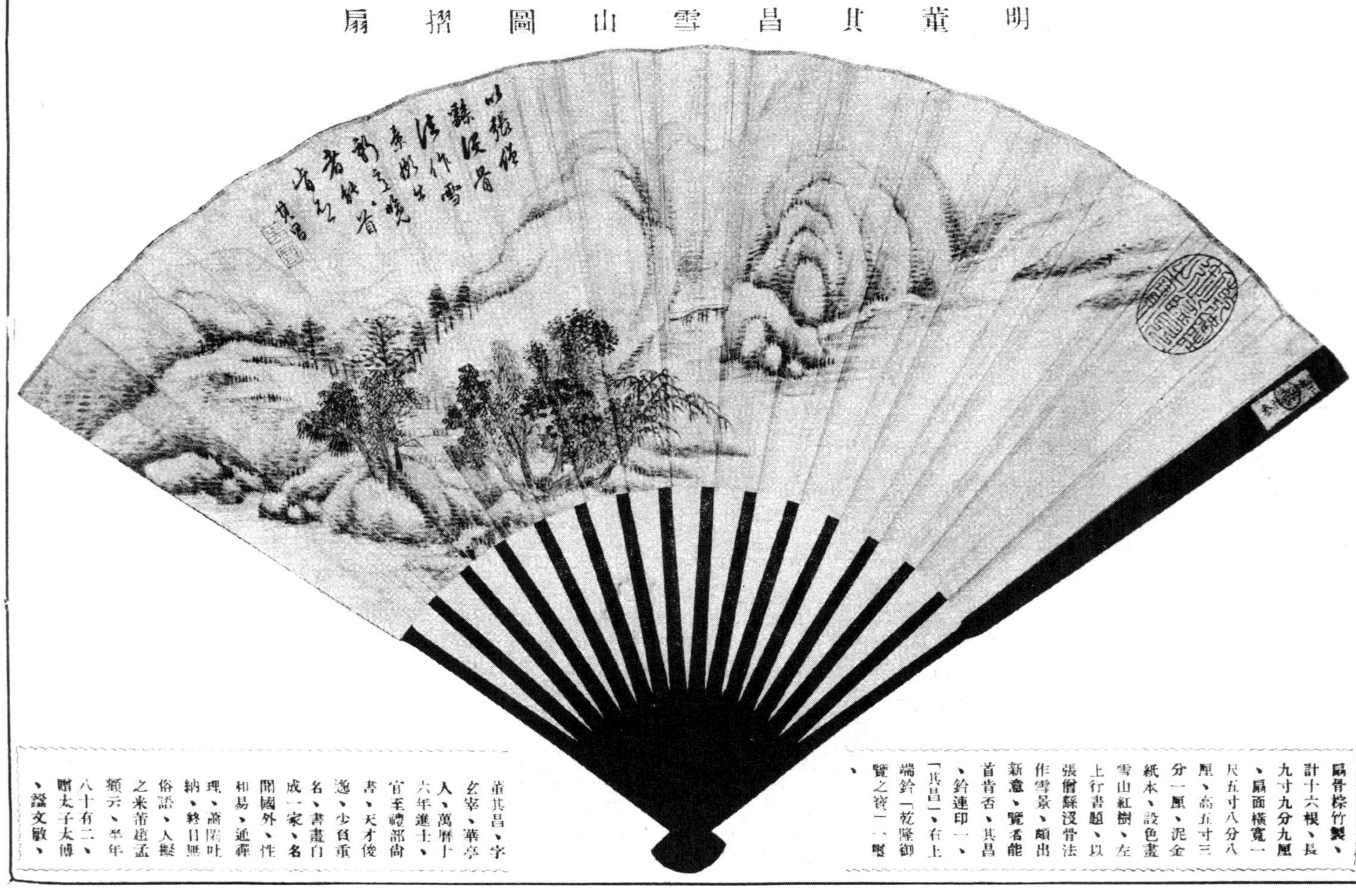

扇骨棕竹製、計十六根、長九寸九分九厘、扇面橫寬一尺五寸八分八厘、高五寸三分一厘、泥金紙本、設色畫雪山紅樹、左上行書題、以張僧繇沒骨法作雪景、頗出新意、覽者能首肯否、其昌、鈐連印一、「其昌」、右上端鈐「乾隆御覽之寶」一璽、

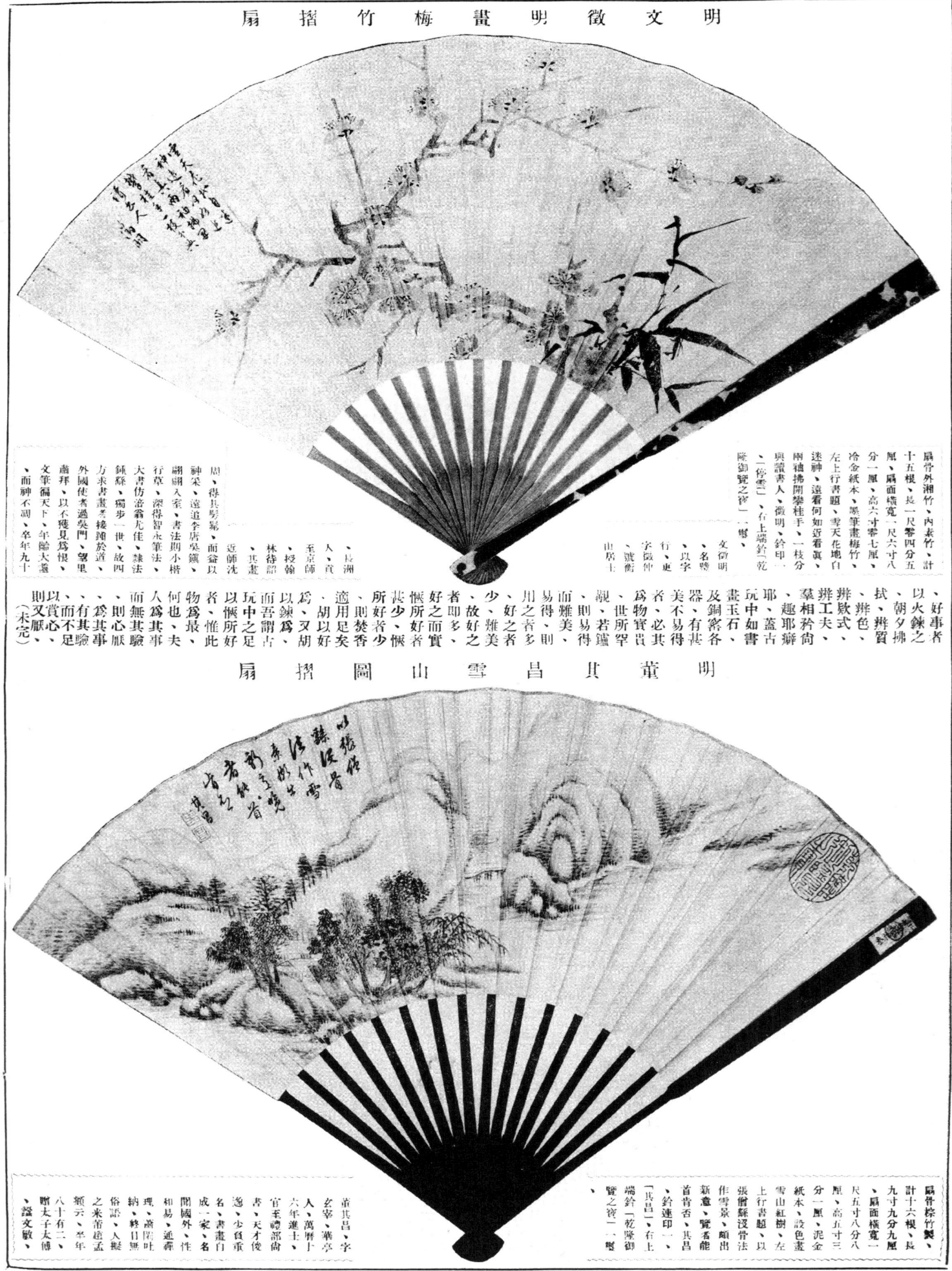

董其昌、字玄宰、華亭人、萬曆十六年進士、官至禮部尚書、天才俊逸、少負重名、書畫自成一家、名聞國外、性和易、通禪理、蕭閒吐納、終日無俗語、人擬之米芾趙孟頫云、卒年八十有二、贈太子太傅、諡文敏、

五

故宮旬刊

西園題跋卷之一

羅浮張　萱孟奇甫著

題黃素黃庭經（續）

偶閱海岳書史、此卷黃素縝密、上下是烏絲織成欄、其間用朱墨界行、古之素、即今之絹也、故古詩有織縑織素之語、今人絹素並言、大誤、然古人亦嘗謂紙為絹、蘇子瞻為孟訪作字、乃絹也、誤以為紙、子瞻自笑醉甚、未免看朱成碧、因悟紙非絹類、而古亦有呼紙為繝者、以紙為絹、得非絹繝同音之誤耶、

題北搨黃庭經

王右軍寫經換鵞、詳具晉書、張彥遠法書苑、武平一徐氏法書記、徐浩古蹟記、黃伯思東觀餘論、程大昌演繁露、及雲仙雜記、彼此辨詰、如訟蘭亭、而雲仙近是、李太白詩、山陰道士如相見、為寫黃庭換白鵞、又詩云、山陰遇羽客、愛此好鵞賓、掃素寫道德、筆精妍入神、書能籠鵞去、何曾問主人、盜黃庭經之換鵞、右軍以書得鵞、道德經之得鵞、道士以鵞換書、自是兩事、第不知鵞之主人、皆曇隤郎中同此劉姓羽流否耳、陶弘景與梁武帝啟云、逸少有名之蹟、不過數首、黃庭勸進告誓等、不審猶有存否、黃伯思亦云、黃庭始見於梁代、（接第二版）

明唐寅畫陶穀贈詞圖

原藏齋宮、絹本、設色、縱五尺二寸五分、橫三尺二寸、石渠寶笈三編著錄、

唐寅、字伯虎、一字子畏、號六如、吳縣人、弘治戊午、試應天府、錄為第一人、寧王宸濠以厚幣聘之、寅察其有異志、佯狂使酒、宸濠不能堪、放還、築室桃花塢、日與客般飲其中、其學務窮研造化、畫入神品、風骨奇削、刊落庸瑣、務求濃厚、當時評者謂其遠攻李唐，足任偏師、近交沈周、可當半席、年五十四卒、有畫譜及集、

明項聖謨寫生冊之二

說明見本刊第一期、本幅設色、款署脊進、鈐印一、一項聖謨印一、項聖謨小傳、詳見本刊第一期、

或宋齊人書、若然、則黃庭眞蹟、不復留人間矣、張彥遠曰、褚遂良審定右軍正書第二卷、有黃庭經六十行、武平一曰、曾在禁中、見則天后曝太宗時法書六十餘函、黃庭經在焉、徐浩曰、玄宗時、大王正書、以黃庭爲第一、故張懷瓘書估曰、樂毅黃庭、但得數卷、便爲國寶、黃庭眞蹟、疑又尚存、黃伯思、宋人也、宜未及見矣、陶弘景去右軍時僅一百五十餘年、豈有存於唐者、不存於梁、而弘景胡然未見耶、伯思又云、黃庭有數本、或響搨、或刊刻、嘗得一本、字勢多倣歐陽率更、復在洛中、見承直郎李鵬舉家所畜者、乃褚登善所摹、單郭未塡、筆勢精善、名曰玉軸黃庭、中有五行、爲周越摹換之、今世所行黃庭、必非哲嗣、明甚、亦未知其去眞蹟爲孫乎、爲曾爲玄乎、抑贏之褫而儓之重乎、余按右軍晉永和癸丑書蘭亭、丁巳書黃庭、皆稱名蹟、蘭亭入唐、尚獲以殉昭陵、而黃庭入梁、輒若存若亡、何也、然黃庭傳世、重摹翻勒、不啻百家、而道德經不惟眞蹟久絕、即古今書家者流、卒未聞有一人重摹、一言談及者、又何也、豈傳世名書、亦有遇有不遇耶、以余所見黃庭數十本、亦不出兩種、一秦州本、而骨勝、一越州本、而肉勝、惟北本、則肉骨適均、即非哲嗣、亦是雲仍、友人董玄宰嘗爲余言、今潁上縣野井中、有光燭天、探之得石數片、乃黃庭經也、（未完）

林石逸興

林石逸興序（續）

嗟呼、以君不世出之才、而不顯於其世、得非數之奇耶、抑天之屬意於老成耶、造物者蒼蒼、余固不得而知也、然君之才之德、生於桑梓、習於嬰孩、知之旣稔、寧非巳言、君生而穎異、八歲屬文、視青紫若囊耳、奈何上天弗弔、未冠遭孤、負數弟於繈褓、自以爲大不幸、遂輟經治生、手足之外無他念、逮數弟撫育如林、矢心一炊、竟名恭友、里中有閱于墻者、輒以君義相規、旣而君以文武才假異途、樹勳疆場、侯萬戶、旋以忌免、君復振鱗刷羽、激水揚馨、或犯門斬關、以獻俘馘、或濬渠通漕、以備軍實、或治隄障水、以活萬姓、君之奇績偉烈、赫赫奕奕、非口指所能悉也、於是稍復其官、以需大用、而君之是逃、蓋亦鳥倦知還、故有東山之意耳、雖然、方今西北多事、正聖天子拊髀之秋、君藏數萬於胸中、曾不一展、豈能逸於林石巳乎、因其逃而述之、用傳不朽云、萬曆庚寅秋望定興龍川居士胡汝欽撰、

林石逸興自序

粤漢之武宣、樂府興而聲律盛、其來邈矣、事紲迹微、而代不絕音者、以其歌頌國家遺美、未可以闕之也、千百年來、體製音調、大不古粹、弗失於律、則離於體、弗過於文、則傷於俗、夫失乎律、則音乖、（接第三版）

宋李建中土母帖之二（宋十二名家法書第一）

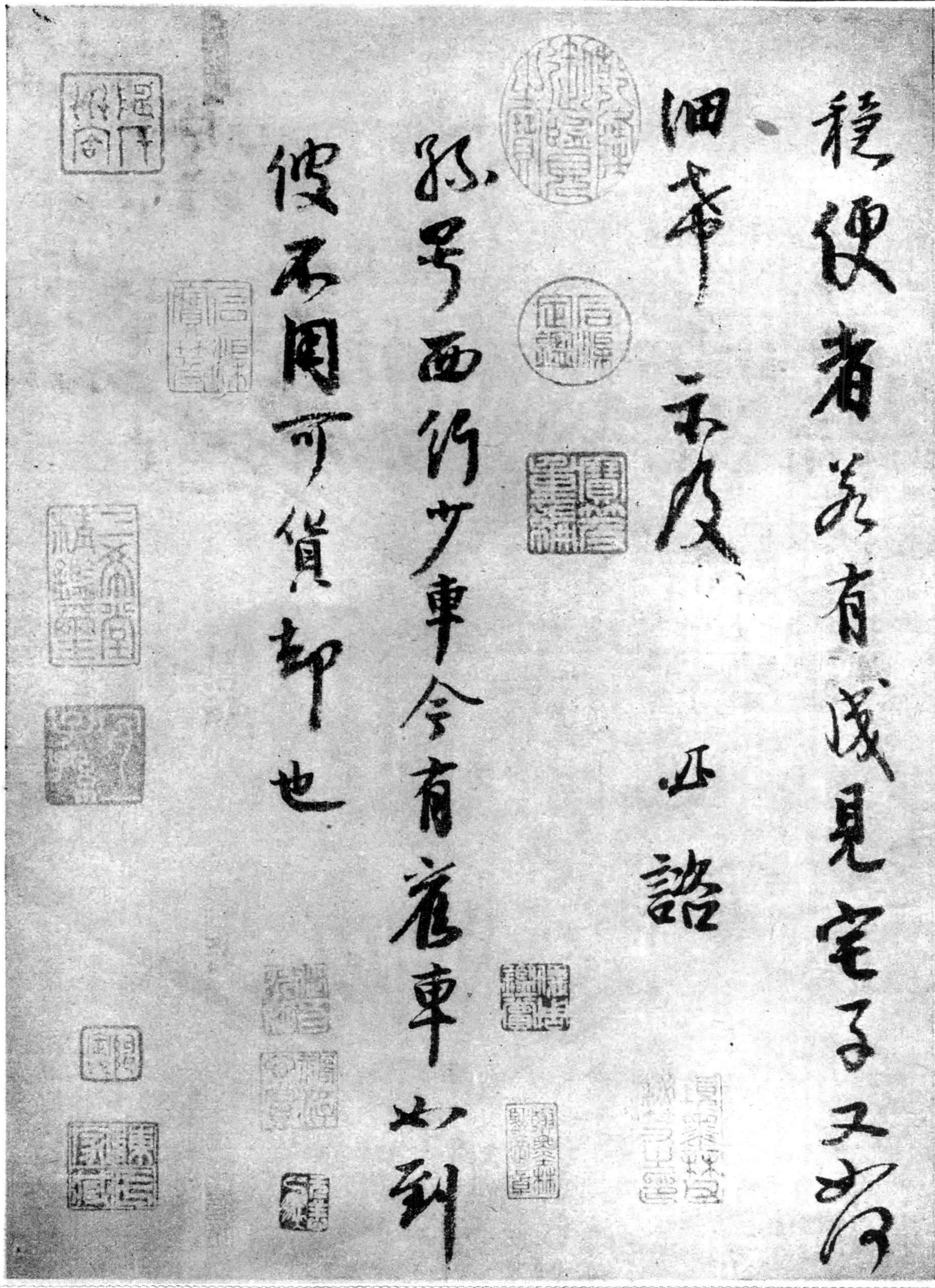

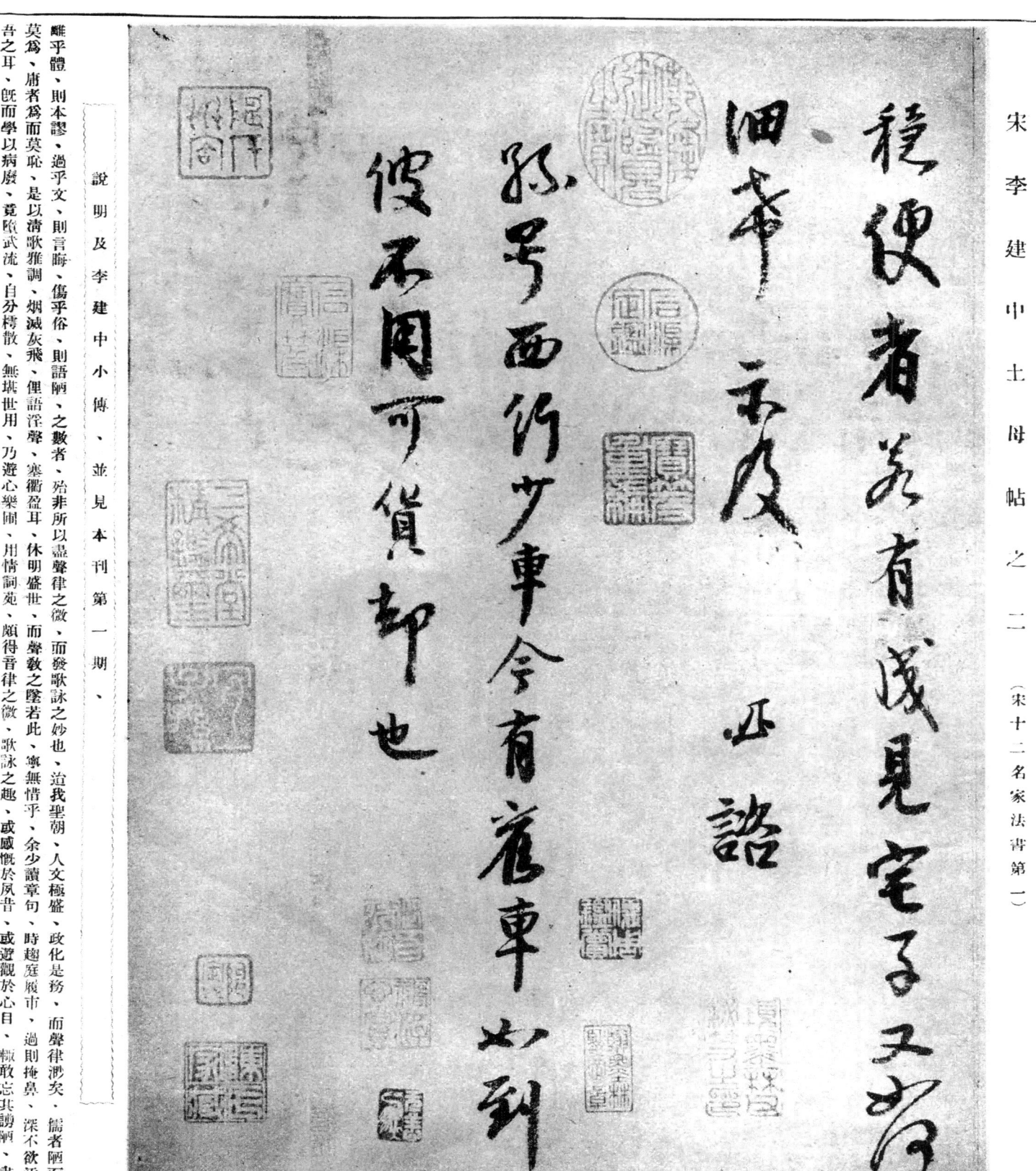

說明及李建中小傳、並見本刊第一期、

離乎體、則本謬、過乎文、則言晦、傷乎俗、則語陋、之數者、殆非所以盡聲律之微、而發歌詠之妙也、迨我聖朝、人文極盛、政化是務、而聲律淵矣、儒者陋而莫爲、庸者爲而莫恥、是以清歌雅調、烟滅灰飛、俚語淫聲、塞衢盈耳、休明盛世、而聲教之墜若此、寧無惜乎、余少讀章句、時趨庭履市、過則掩鼻、深不欲汚吾之耳、既而學以病廢、竟隳武流、自分樗散、無堪世用、乃遊心樂圃、用情詞苑、頗得音律之微、歌詠之趣、或感慨於夙昔、或遊觀於心目、輙敢忘其譾陋、晝詠宵興、措得千曲、凡十種、一種百首、每百首析爲一卷、共得十卷、名曰林石逸興、其所製作、或忠於君、或孝於親、或憂勤於禮法之中、或放浪於形骸之外、皆可以上鳴國家治平之盛、而亦可以發林壑遊覽之情、求無聲律之弊、或庶幾焉、曰工、則未也、攄懷寄志、縱興長歌、而性情卷舒、其不在是乎、同聲君子、幸無以狂僭罪諸、萬曆戊子孟夏上浣日薛論道自述、

宣鑪小誌

叙鑪略旨（續）

即以銅器論、向青綠者、彝鼎爵斝壺匜卣盤鑑等物、千百年沉埋深山大澤、一旦入人手摩弄、斑駁陸離、青綠蟠結、間雜以水銀褐色硃砂斑、價值不貲、置之高齋、洵可貴也、然一見輙了、無甚深意、若鑪以火候計、萬不敵青綠之歷年久遠、而日新月異、變幻百出、鍊鑪者、視鑪之小大輕重、放火得法、其色或日漸以深、或日漸以淡、深有深妙、淡有淡妙、皆能如意而償、亦或奇光迴出意外、此所謂爲其事有其驗者也、而賞鑒家相率把玩、亦得以不厭而愜心、大抵青綠藉水土之氣而成、此得於天也、鑪火專恃人功、人功不到、雖如青綠沉埋之久、求其光彩澄徹、必不得也、故愜心者、人功也、則吾向所謂難美者、難其功也、夫固未嘗無眞美者也、前人論宣鑪、首重款、次及色、惜言之不詳、而於火候、絕無發明、則色之眞僞新舊、殊難立辨、高子清賞諸論、盛稱宣廟銅器、制度古雅、而火功及銅之質色不載、帝京景物略、載宣鑪色五等（接第四版）

栗色、茄皮色、棠梨色、褐色、而以藏經紙色爲最、此不過大概言之、蓋銅有本質、以對鉛多寡爲別、俗云上古無黃銅、以古所用、皆出山銅、未經對鉛者也、出山銅即今紅銅、對鉛則黃、鉛重則青、鑪之發光、如水瑩徹者、鉛力也、紅銅鑄物、汁水不能外現、故鑪不取紅銅、獨青綠器尙紅銅者、正謂古無黃銅也、有紅色鑪、亦汁水如溢者、非生紅銅也、對鉛視黃銅較少耳、鑪色備青黃赤白黑、實則銅質止有青黃赤而無黑白、

清永瑢山水摺扇

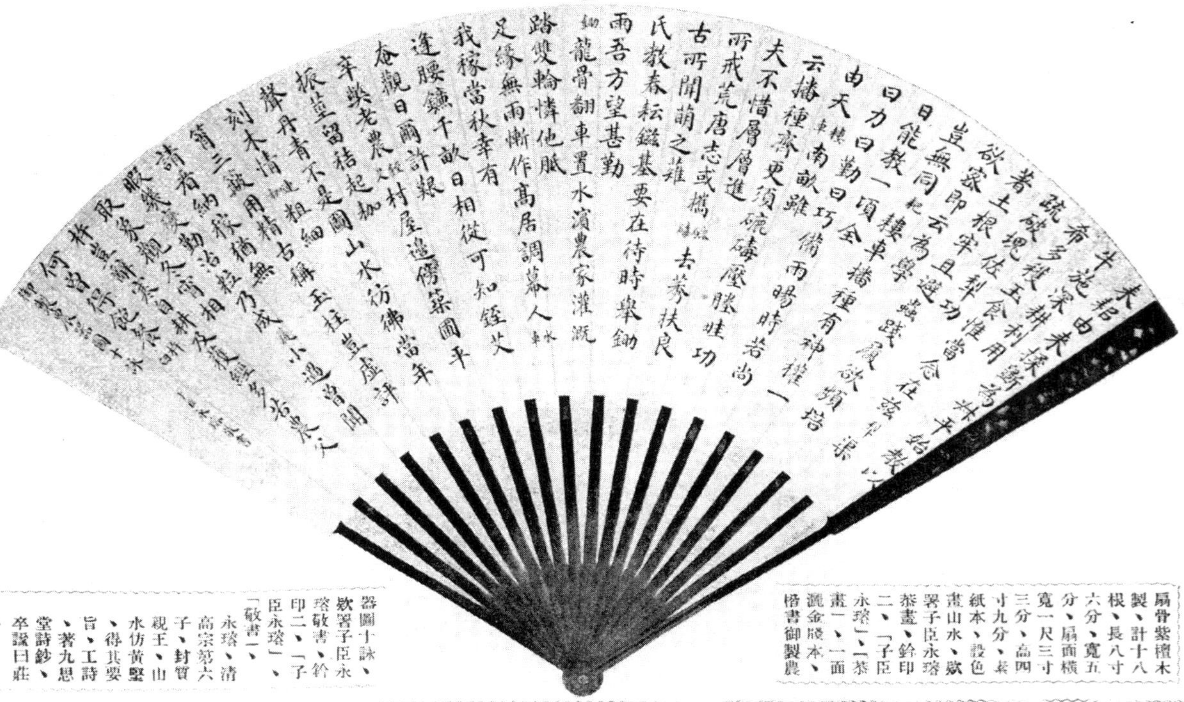

扇骨紫檀木製、計十八根、長八寸六分、寬五分、扇面橫寬一尺三寸三分、高四寸九分、表紙本、設色畫山水、款署子臣永瑢恭畫、鈐印二、「子臣永瑢」、「恭畫」、一面灑金牋本、楷書御製農器圖十詠、款署子臣永瑢敬書、鈐印二、「子臣永瑢」、「敬書」、永瑢、清高宗第六子、封質親王、山水仿黃鑒、得其要旨、工詩、著九思堂詩鈔、卒謚曰莊、

其有純黑、俗名黑漆古者、此青紅二色久鍊所結、白則本屬黃色、愈燒愈淡、望之深穆、非二三百年物、不能有此、諸色各極其妙、不可一格拘、世人或專喜深色、或專喜淡色、皆偏也、又或以深色爲大火、淡色爲小火、尤謬、蓋色繫乎銅之本質、不以火之小大而分、鑪厚且重者、如施家北鑄、豈無一二淡白色、諒非盡微火可以成功、甘鑄多薄、宜於緩火、而紅黑各色俱備、故知其謬也、間有一種放火踰度、火力倍於鑪身、烈而成黑、其色黯而無光、燥而欠潤、此欲速之誤、與眞舊色之空空洞洞者適別、何得執以概論也、夫物聚於所好、亦物爭於所羣好、質有美惡、色有高下、欵式有雅俗、工夫有淺深、（未完）

周蟠夔方盉

原藏鍾粹宮、寧壽鑑古著錄、稱周夔鳳盉、高五寸六分、深三寸八分、口縱三寸五分、橫四寸四分、腹圍一尺七寸、重六十八兩、

明永樂窯甜白四繫花囊

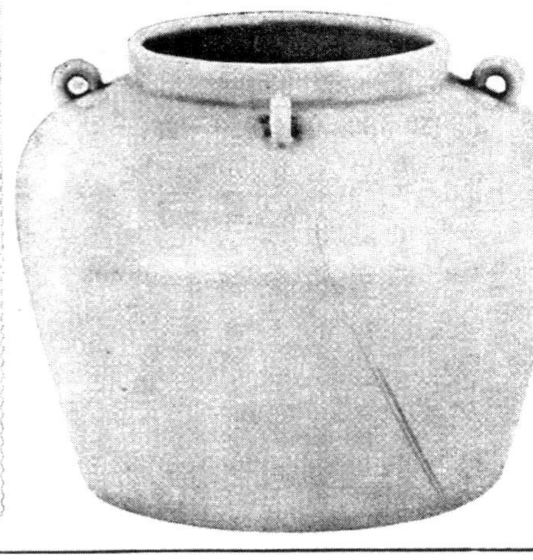

原藏壽安宮、器通高四寸六分、口徑三寸一分、底徑四寸三分三厘、腹圍一尺六寸五分、

第一版　第三期　中華民國二十五年五月二十一日

故宮旬刊

西園題跋卷之一

羅浮張萱孟奇市著

題北搨黃庭經（續）

以鐵綫束之、幸爲完物、玄宰搨一本以示余、不知摹手爲誰、第不及北刻遠甚、而北刻又以北紙爲長勝、然世鮮有藏者、此帖紙旣橫簾、質鬆而厚、拂墨處如薄雲之過青天、不施油蠟、正如趙希鵠所稱、其爲北紙、可望而知、余藏數本、皆不敢雁行也、萬曆丙午、于役金陵、購於亡友新安吳孝父家、半截簽錢、爲之一洗、帖末、陳公子野手跋、詩旣清麗、筆亦娟秀、獨鐵笛道人一跋、斷爲僞筆、而楷法尚有佳處、可備黃庭提刀、不欲遽棄之、嗟嗟、右軍書蘭亭、年三十三、書黃庭、年三十七、余年五十餘七矣、欲從前人殘縑遺瀋中、望其脚汗、亦不可得、豈學書時、未及以一杯澆四月墓門耶、爲之掩卷浩嘆、萬曆甲寅九日、西園公書於論世齋、

題宋搨定武蘭亭叙

宋德祐間、賈師憲被罪、籍其家、得蘭亭叙石本八千匣、桑世昌蘭亭博議、王氏所藏石本蘭亭序、爲十帙、凡百本、冠以定武本、而諸本副之、故昔人謂古今論蘭亭若聚訟、然亦未有以定武爲冠者、余藏此本、即不必仰字如鍼眼、殊字如蟹爪、列字如丁形、其爲定武無疑、第以余所見定武本最知名者、尚有六焉、一湍流帶右天五字皆鑱損、世謂之五字損本、酒薛紹彭所得初刻、或云、紹彭所爲別本、以易初刻者也、此本五字皆全矣、一天字不全、而字皆瘦勁、一肥、而天字全、此本故瘦勁、天字又全矣、一崇山字中斷、第六七八行破裂、闕絲竹管絃之一觴一詠亦足以是日也十五字、桊芭曰、定武修城、役夫得之土中、此本十六字、無一損者、一亭列幽盛遊古不羣殊九字皆損、此本則九字皆全、一棗木刻、湍流映右天、亦五字皆全、此本鐫刻轉折處鋒鋩刺眼、亦非木本、較彼六本、無一合焉、豈即紹彭所得厨中故物、未及鑱損、爲定武初刻耶、諦觀卷末諸題識、皆名賢眞蹟、有賈師憲諸圖章、豈亦八千匣中之一耶、又有秦氏圖章、當是檜之子熺、熺藏法書甚富、精賞鑒、此本非僞帖、亦無疑、獨沈揆一跋、與桑世昌所載揆語、同異相半、右有蘭亭之裔及與謙二印、夫與謙、非揆字、（接第二版）

明文徵明畫蕉陰仕女

原藏養宮、絹本、設色、縱一尺四寸五分、橫六寸八分、石渠寶笈三編著錄、幅上文徵明自題曰、依依落日平西、正池上晚涼初足、看太湖石畔、疏雨過芭蕉簌簌、院落深沉、簾櫳靜悄、畫欄環曲、猛然間、何處玉簫聲起、滿地月明人獨、風約輕紗透肉、揜流蘇盈盈就浴、一段風情、滿身嬌怯、慌然寒玉、青團扇子、欲舉還垂、幾番虛撲、夜闌獨嘯、還又淒涼、自打滅、銀屏燭、右調水龍吟、嘉靖己亥春日、偶閱趙松雪芭蕉士女、戲臨一過、鈐印一、「徵明印」、

文徵明小傳、詳見本刊第一期、

明項聖謨寫生册之三

說明見本刊第一期、本幅墨筆、項聖謨自題曰、乙酉冬、避亂文水之濱、常過幼蕎胡君讀書處、幼蕎疊石爲積巒、有時寒霧炊煙、霏微之際、如在深山窮谷中、易庵醉筆、鈐印二、「項孔彰氏」「兔烏叟」、項聖謨小傳、詳見本刊第一期、

蘭亭之裔、疑是王姓、其楷法又弗精、必非揆筆、此市賈狡獪以紿俗眼者、不足爲此帖之累、獨誤爲秦賈兩家所娩、何異落營妓家、入傖人手、是殺狐林後又一厄耳、今幸而藏於寶研池頭、宋景文不敢據爲已物者、我子孫得而據之、宜如何以爲寶耶、萬曆甲寅中元日重裝、西園公書、定武禊帖、自薛道祖得之、始大行於世、道祖嘗手臨數本、一眞蹟、在婁東王尙書元美家、二十年前、余遊金昌、獲寓目焉、有宋人蘭亭圖半幀、冠於首、歲戊申、余幸分司吳關、尙書哲嗣冏伯天官、數過關署、余欲再索觀之、則轉而之他矣、冏伯曰、人失之、人得之、何憾、余曰、人何必得、已何必失、相與一笑、萬曆己酉、賦閒居士書於文隱堂、時階芸乍秀、篠蠹潛驅、披玩忘餐、留連浮白、梁間語燕、竹裏啼鶯、若對主人、共茲幽暢、（未完）

林石逸興

跋林石逸興

余請纓之塞上、躑躅有日矣、環睗燕臺、茫茫無入手處、嘗鼓鋏興歌、放情吟咏、以故得翻閱詞林、檢拾樂府、音律之曲度、意味之醇醨、微有得其概矣、且有慨於中矣、何哉、珪璧烜目一時、翰墨傳心千載、述作豈易言歟、會撫侯譚德薛君、假革辟軒、出雜曲凡千首、析十卷、題曰林石逸興、脫稿以示余、沉吟嚼嗨、心醉神怡、諷采安歌、雲飛雪起、其於古今之成敗、物理之變遷、習俗之雕弊、世道之靡薄、囊括殆盡矣、用備省察、足可以垂鑑戒、藉益心身、或可以揭幻嬰、是編一緝、賤者安、貧者樂、銳者折、矜者摧、化今警後、弗溺於物欲者、而君之遺範、豈淺鮮哉、異日提鼓揮桴、陳師鞠旅、回視逸興、特藝苑之游戲耳、俾後世想望風采、誠男兒不朽事、用侈其傳、不亦宜乎、歲戊子、索不類操觚付梓、余味茲興、多髣髴啞鍾之說、遂搦管以就其業云、萬曆庚寅中穐日永興俞鍾識于古檀青萍館、

林石逸興引

詩出於離騷楚辭、蓋風雅之變也、如今之歌曲樂府尙矣、能道詞者、或闇於齊量度數之法、樂可易知乎哉、明興二百餘年、文命覃敷、制度大備、獨音律闕然不講、師失其官、即新聲小令、亦鮮名家、正嘉以前、學士大夫、歆慕詩餘、時一點綴、超軼宋元、然於管絃無當也、輓近傳奇間出、要皆綺羅香澤之態、綢繆宛轉之度、非旅思閨愁、即麗情宮怨、亦無取焉、吾友薛談德氏、博綜六藝、淹貫百家、浮沉絃綱之內、睥睨玄虛之表、嘗扼腕而歎、制禮作樂、國家大典、奈何當吾世使音律不追古昔、不明乎天下、後世無傳焉、（接第三版）

宋李建中土母帖明姜岊跋

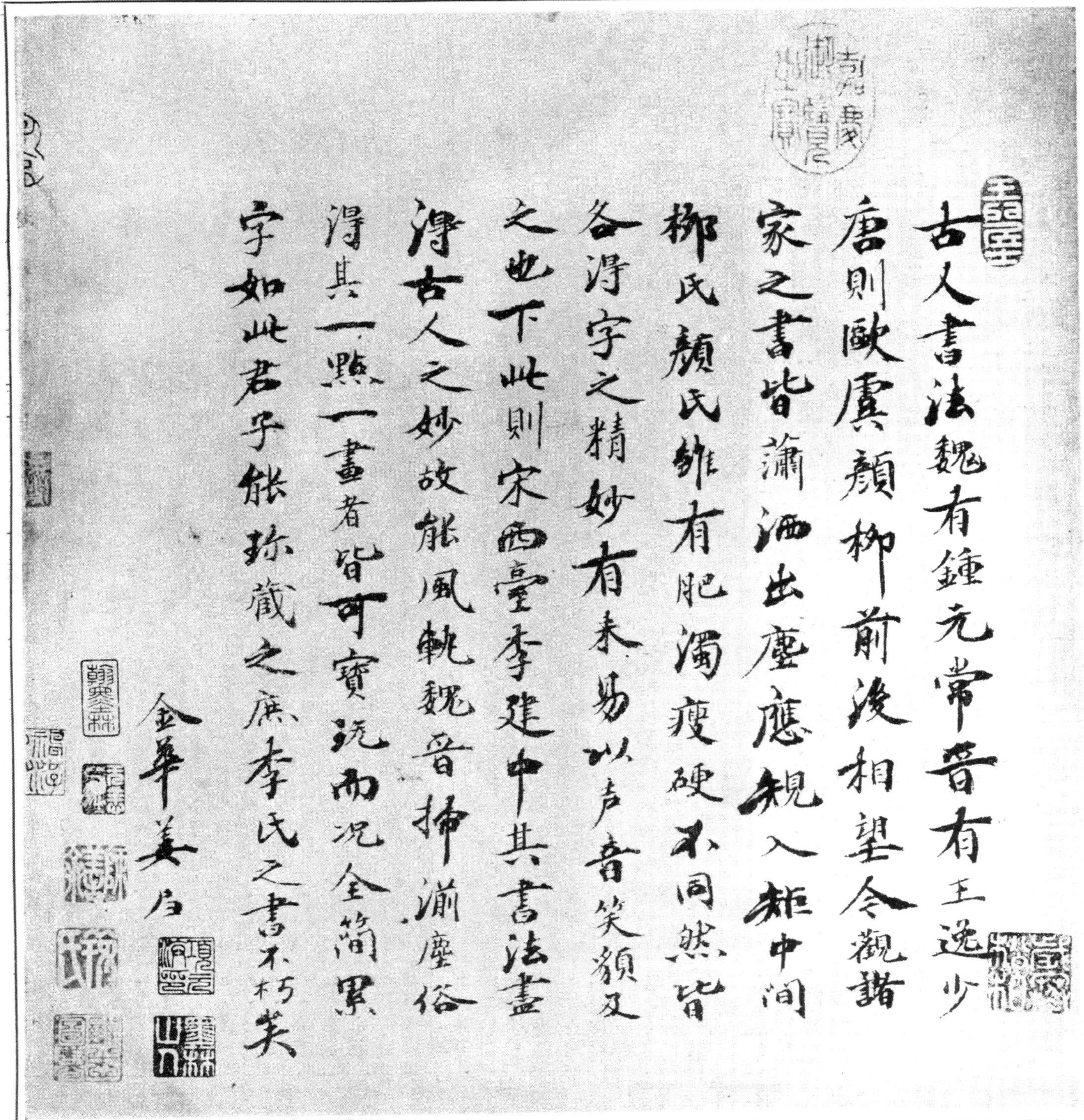

古人書法魏有鍾元常晉有王逸少
唐則歐虞顏柳前後相望今觀諸
家之書皆蕭灑出塵應規入矩中間
柳氏顏氏雖有肥瘦硬不同然皆
各得字之精妙有未易以声音笑貌又
之也下此則宋西臺李建中其書法盡
得古人之妙故能風軌魏晉掃濁塵俗
得其一點一畫者皆可寶玩而況全簡累
字如此君子能珍藏之庶李氏之書不朽矣
金華姜岊

說明見本刊第一期、　姜岊、金華人、洪武二十九年舉人、官教授、「岊」、古「良」字、

士人之恥也、顧淸廟虞庭之音、則有司存、尙需他日、聊以緒餘、發爲逸興、積日得詞十卷、卷百首、成一家言、大而五常百行、見性明心、其次比事屬詞、引伸觸類、所謂曲者、曲盡人情者也、其智圓、故其音節以舒、其讀瞭、故其詞邕以達、昔山谷老人稱晏叔原樂府爲狹邪大雅、豪士鼓吹、彼固花間陽春之艷耳、孰如切時務、合人情、關世道、通物理、士君子詠之、驩然冲瀜、而庸夫聽之、㦖然蕩滌也、斯足以傳矣、乃若審度齊衡、諧聲協律、世有賞識之者、其自序詳之、不具論、萬曆戊子夏日新安吳京書、

宣鑪小誌

叙鑪略旨（續）

好尙相持、則考較互異、非貴耳而賤目、即是已而非人、其實好其所好、而於此道所以然、究未深知而得其趣也、賈人顚倒眞贋、原以射利、左論鄙說、不足爲怪、若收藏家以訛傳訛、終身不悟、甚至不堪之物、視爲奇貨、未免鑒家所笑、而原其始、則又未有不誤於賈人之顚倒者也、予癖愛有年矣、收蓄無幾、而所見不可勝紀、讀書之暇、輒以此自娛、間與同好評論、亦以余言爲然、但事非眞好、兼閱歷之多且久、其原委難以言盡、用是不嫌猥瑣、序其大略、以見小物之中有至理、人事之中有天趣、癖而非癖、至於質色欵式工夫、具詳後論、或廣前人所已言、或發前人所未發、世波流轉、不盡目見而耳聞、古物摩挲、或幸得心而應手、則茲編非謂有當識者采擇、亦聊以存吾好云爾、

人心造形而萬象出焉、鑪、小物耳、心造形、乃有鑪、形造美惡、而後鑪乃造心之嗜好、造則難懸、好則無極、天下之大、奇奇怪怪、目眩耳聾、軒輊難定、序中見到之語、足剳叢喙、一洗塵氛、不是依樣胡盧

補注

編者按宣德三年、暹邏國剌迦滿靄貢風磨銅、宣宗諭令工部鑄鑪、以供郊壇宗廟內廷之用、幷令仿照博古考古諸書及內庫所藏柴汝官哥均定等窰器皿欵式典雅者、（接第四版）

明萬曆瓦硯

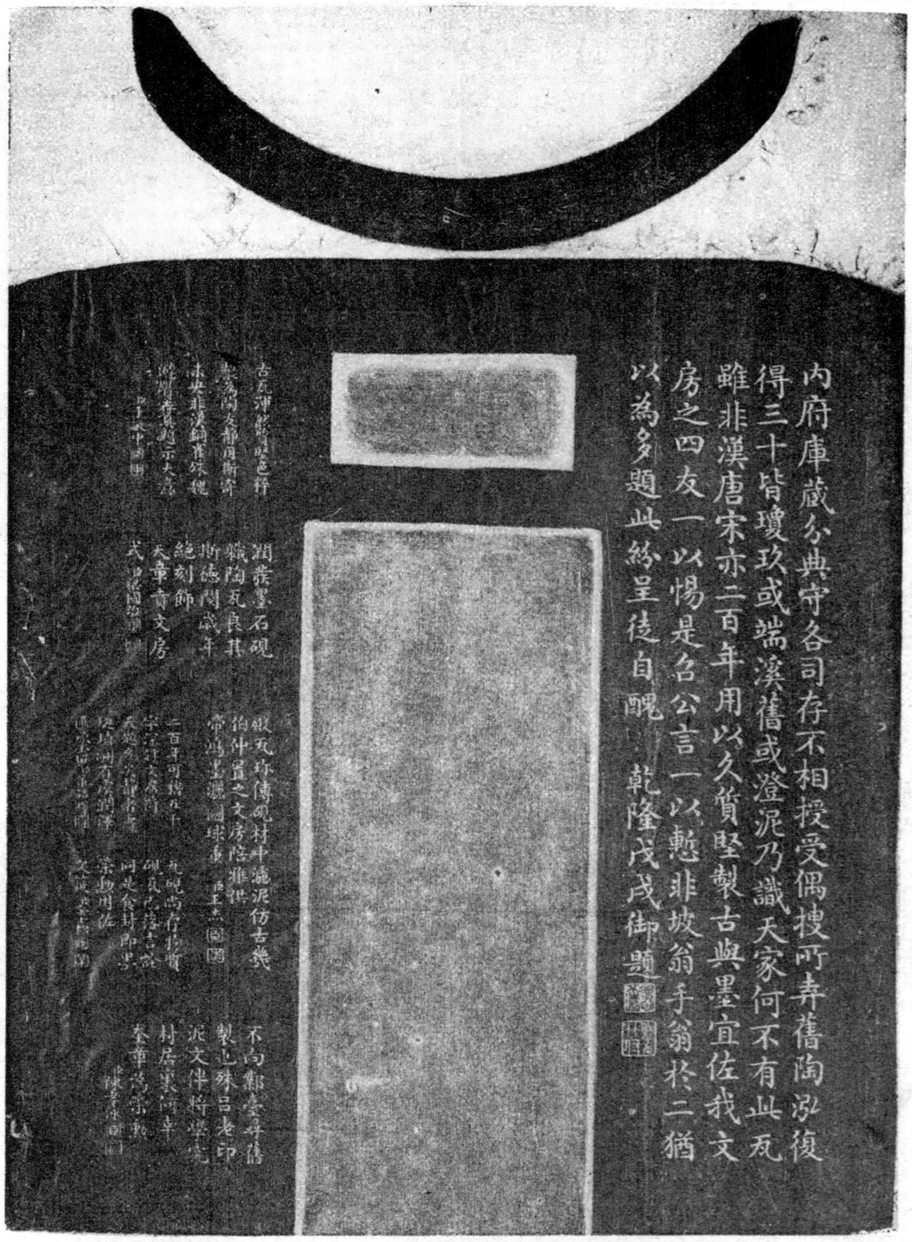
內府庫藏分典守各司存不相授受偶搜所弆舊陶泓復得三十皆瓌玫或端溪舊或澄泥乃識天家何不有此瓦雖非漢唐宋亦二百年用以久質堅製古與墨宜佐我文房之四友一以惕是召公言一以慙非坡翁手翁於二猶以爲多題此紛呈徒自醜 乾隆戊戌御題

硯高一寸七分、縱七寸二分、橫徑四寸七分、厚五分、右側鐫清高宗御題詩曰、內府庫藏分典守、各司存不相授受、偶搜所弆舊陶泓、復得三十皆瓌玫、或端溪舊或澄泥、乃識天家何不有、此瓦雖非漢唐宋、亦二百年用以久、質堅製古與墨宜、佐我文房之四友、一以惕是召公言、一以慙非坡翁手、翁於二猶以爲多、題此紛呈徒自醜、乾隆戊戌御題、鈐璽二、「會心不遠」、「德充符」、左側鐫于敏中題曰、古瓦渾然、質堅色粹、製爲陶友、靜用斯奇、未央非漢、銅雀殊魏、避暦存眞、題示大意、臣于敏中、鈐印二、「臣」「中」、又梁國治題曰、潤發墨、石硯職、陶瓦良、其斯德、閱歲年、絕刻飾、天章貴、文房式、臣梁國治、鈐印二、「臣」「治」、又王杰題曰、殿瓦珍傳硯材中、濾泥仿古幾伯仲、詎之文房陪雅供、帝鴻墨灑圖球重、臣王杰、鈐印二、「臣」「杰」、又董誥題曰、二百年可稽、五十字深鐫、文房龤天題、允矣都者壽、壎篪溯有虞、潤澤匪承霤、臣董誥、鈐印二、「臣」「誥」、又金士松題曰、瓦硯尙存物質、硯瓦已落言詮、同是食封卽墨、榮勳用佐文筵、臣金士松、鈐印二、「臣」「松」、又陳孝泳題曰、不向鄴臺尋舊製、也殊呂老印泥文、佇將學究村居裏、何幸奎章爲策勳、臣陳孝泳、鈐印二、「臣」「泳」、

清高宗、名弘曆、世宗第四子、在位六十年、傳位皇太子、自稱太上皇、嘉慶四年崩、年八十九、謚純、廟號高宗、年號乾隆、

于敏中、字叔子、一字重棠、金壇人、乾隆進士、授修撰、歷官文華殿大學士、文淵閣領閣事、資性過人、才識勤練、久直樞廷、益熟習掌故、平定金川時、軍書旁午、廷諭多出其手、卒謚文襄、有臨清紀略、

梁國治、字階平、號瑤峯、一號豐山、會稽人、乾隆進士、授修撰、累官東閣大學士、兼戶部尙書、卒謚文定、有敬思堂文集、

王杰、字偉人、號惺園、一號畏堂、韓城人、乾隆進士、授修撰、累官東閣大學士、以疾乞休、耿直清介、持文柄十二次、人不敢干以私、卒謚文端、有葆醇閣集、惺園易說、

董誥、字雅倫、一字西京、號蔗林、富陽人、邦達子、乾隆進士、累官東閣大學士、太子太傅、工詩古文、善書、卒謚文恭、

金士松、字亭立、號聽濤、吳江人、乾隆進士、官至兵部尙書、卒謚文簡、有喬羽書巢詩集、

陳孝泳、爵里行誼待攷、

依樣鼓鑄、應用金銀珠寶銅鉛藥料等件、載在譜冊者、數量至夥、蓋以之合鎔銅內、助色澤也、取多用宏、可見一斑、故宣鑄往往有鑪胎極薄、而量極重者、故惟重不可爲僞、相傳宣廟時內佛殿火、金銀銅像渾而液、又曰寶藏焚、金銀珠寶與銅結、乃命鑄鑪、如冒襄、歙閭景賢等、俱沿引此說、著於詩歌、訛以傳訛、迄今猶有述者、檇李項元汴宣鑪博論、曾辨其謬、（博論附見八卷本宣德鼎彝譜後、茲不贅錄、）況查宣廟日錄、自登極以至升遐、十年之內、並無內藏被災之事、蓋緣當時未見譜錄原委、乃設妄言以惑世耳、

（未完）

清康熙織圖墨之一

清康熙織圖墨之二

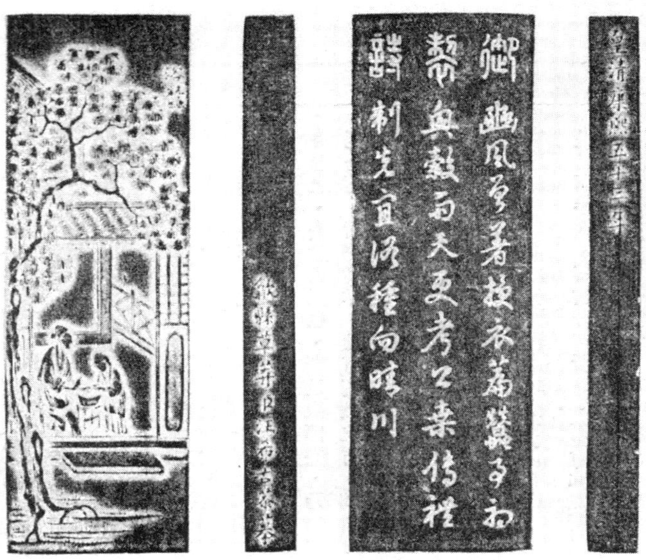

第一版　　第四期　　中華民國二十五年六月一日

故宮旬刊

西園題跋卷之一

羅浮張　萱孟奇甫著

題宋搨定武蘭亭叙（續）

禊帖自定武外、爲余所未見、而見於他書者、難以悉數、姑錄其名目可數者、以示兒輩、定武六本之先、有御府本、凡四種、定武之後、有會稽本、有婺女本、有豫章本、皆三種、有丹丘本、臨川本、凡二種、又有洛陽、有邯鄲、有七閩、有括蒼、有金陵、有上饒、有景陵、有九江、有龍舒、有八桂、有永嘉、有常德、有南嶽、凡十三本、其以人而名者、凡十七本、周安惠氏、陳氏、三米氏、陶氏、諸葛氏、陸東之氏、潘氏、章氏、盧氏、徐滋氏、又杵木者、昔人劚地而得之、有柄有竅、初名杵蘭亭、或曰褚、又唐硬黃本、薛紹彭勒唐搨本也、又玉枕本者、政和間、營宮闕、役夫有一小石作枕、有刻畫、中貴視之、乃禊帖也、第已殘闕、止五十一字、又殘石本、舊作二塊、前一塊、有悲夫右及雖殊事一也後之覽文十三字、下有小字云、蘇氏太簡、一塊復裂爲二、字已漫滅、但彷彿先世名玩文五字可辨耳、又無名本、會字前後有云、蘭亭臨搨傳刻、諸家所收極多、未有及此者、不知誰書、又松窗雜錄所載玄宗先天時異物、如西蜀織成蘭亭叙、是其一也、凡此尚不滿百種、賈師憲八千匣、果皆名刻否乎、夫訟蘭亭者、不過肥瘦兩端、余謂評書如評美人、丰神爲主耳、玉環飛燕、誰得而愛憎之、蔡山父曰、蘭亭殉昭陵、眞蹟不復出、摹搨豈無誤、拓本徒彷彿、定武而外、區區肥瘦、何必聚訟哉、

清畫院畫十二月月令圖之六月景

說明見本刊第一期、

題蘭亭叙

世謂臨摹者不逼眞、非妙手也、余謂不然、昔王大令竊效右軍醉筆、右軍觀之、嘆其過醉、大令始媿服、以爲不可及、此其形體當極相肖、而中有不可亂者如此、故文正公謂效古人書者、在意不在形、眞知言也、右軍禊序、臨摹何止百家、第必時時露己筆意、不失自家面目者、乃稱善本、夫優孟之效孫叔敖、豈非其鬚眉軀幹、而盡效之耶、

題快雪帖

王右軍眞蹟、今世所傳者、皆摹本也、後人皆已勒諸石矣、獨蘇子瞻云、逸少有竹葉帖、長安水丘氏嘗藏之、三十年前、止見一摹本、今亦不傳、又逸少有此事帖、凡二十字、嘗爲金源氏物、章宗數印、今猶爛然、其簽題亦其手書、吳文定公寬、嘗手跋之、余訪之吳中、卒無一見者、何也、惟快雪時晴一帖、（接第二版）

明項聖謨寫生册之四

說明見本刊第一期、本幅設色、欵署項聖謨、鈐印一、「項伯子作」、
項聖謨小傳、詳見本刊第一期、

今爲友人王伯穀所藏、如護頭目、至構亭曰快雪以貯之、余曾借觀一月、伯穀有求售意、惜力薄、不能應、吳中鐫工有章藻者、已摹勒於墨池堂帖中、亦能不失舊觀、獨藻、俗工也、往往以其技裁冠褎衣、與縉紳先生並肩抗衡、里人皆目攝之、余分司金昌日、欲鐫一石、召之來、旣索重餽、入不能佳、余斥之去、縉紳先生皆稱快焉、墨池堂帖遂不行、

林石逸興

林石逸興目錄

第一卷　古山坡羊一百首　　第二卷　朝天子一百首
第三卷　水仙子一百首　　第四卷　黃鶯兒一百首
第五卷　沉醉東風一百首　　第六卷　桂枝香一百首
第七卷　朝元歌一百首　　第八卷　傍粧臺一百首
第九卷　步步嬌一百首　　第十卷　□□□一百首

林石逸興一卷目錄

古山坡羊一百首
草堂漫興四首　清閑四首　安命四首　青雲得路四首
逸樂四首　恬退四首　村樂四首　歸興四首
春夏秋冬四首　四時閨情四首　未遇四首　妻財子祿四首
忠孝廉節四首　酒色財氣四首　戒驃風四首　弔古一首
鏡一首　惜陰一首　馬一首　扇一首
塞上即事一首　劍一首　鏤虜一首　弔戰場一首
詩酒陶情一首　刺牡丹一首
嘆世一首　冰山一首
教子忠孝一首　自足一首
教子勤農一首　閑中感懷一首
燈籠一首　教子勤學一首
歸隱四首　教子修身一首
漁樵耕牧四首　琴棋書畫四首
樂飲四首　風花雪月四首

清金廷標畫吳下故蹟詩意册之二

(錦帆涇)

是册高壹尺、宣紙本、推篷式十二幅、每幅縱二寸八分、橫九寸、下設色畫、欵與末幅、曰臣金廷標、鈐印一、「廷標」、上于敏中行書清高宗御製雜詠吳下故蹟詩十二首、欵署末幅、曰臣于敏中敬書、鈐印二、「臣敏中」、「敬事」、(製板從略)石渠寶笈續編著錄、

本幅清高宗御題詩曰、高掛錦帆漾綵舟、闔閭宴樂極風流、鼠忘壁壁不忘鼠、終致胥臺麋鹿遊、右錦帆涇

金廷標、字士揆、烏程人、父鴻、善寫眞及山水、廷標能紹父藝、供奉內廷、入直數載、卒於京寓、

宣鑪小誌

補注(續)

「烈皇小識卷第六曰、上又將內庫歷朝諸銅器、盡發寶源局鑄錢、

(接第三版)

故宮旬刊

宋李建中土母帖明蕭引高題詩

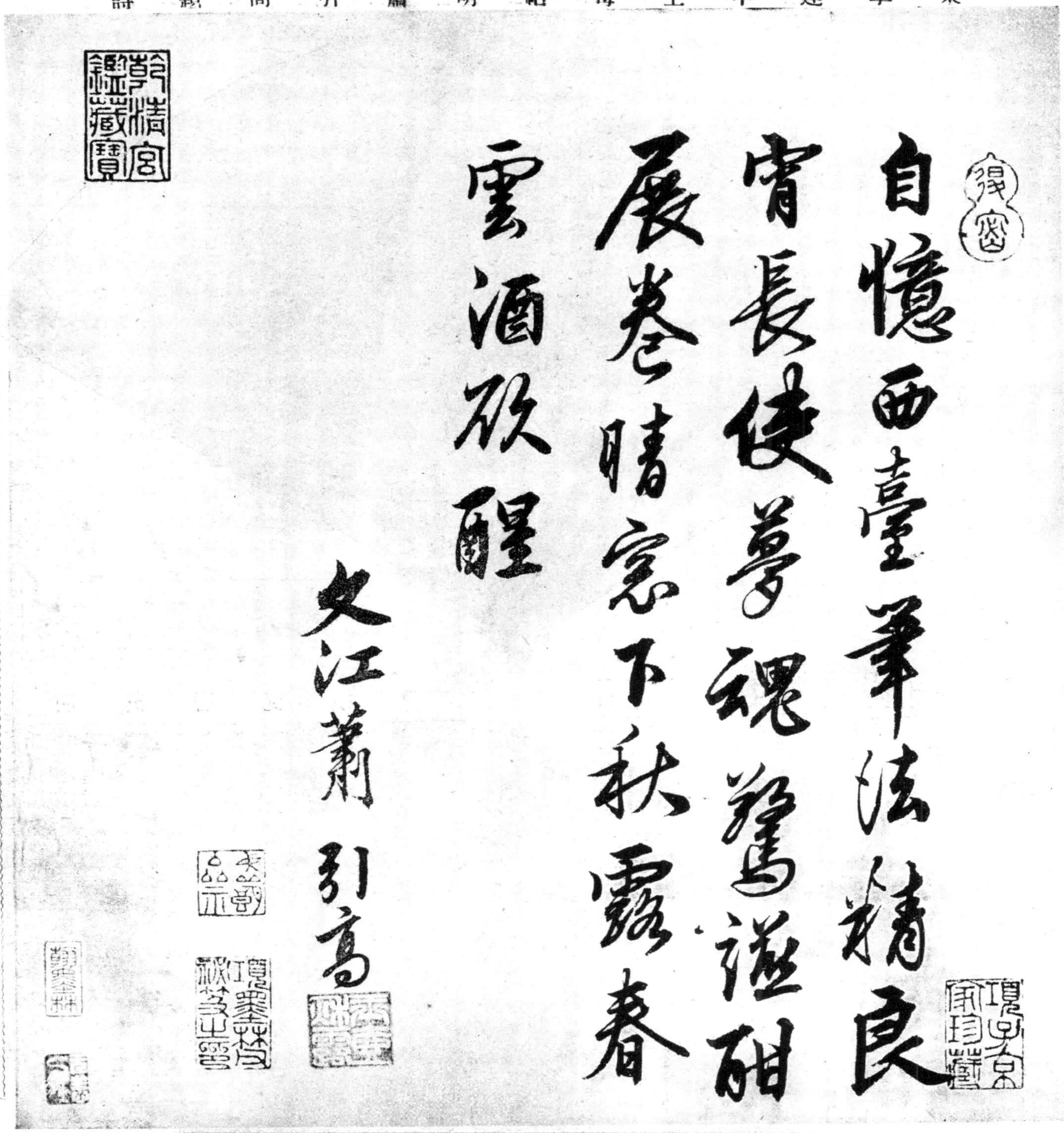
自憶西臺筆法精良
宵長使夢魂驚讌酣
展卷晴窗下秋露春
雲酒欲醒
文江蕭引高

說明見本刊第一期、本幅文曰、自憶西臺筆法精、良宵長使夢魂驚、讌酣展卷晴窗下、秋露春雲酒欲醒、文江蕭引高、鈐印一、「玉壺秋露」、蕭引高字爵行誼待考、

內有三代及宣德年間物、製造精巧絕倫、商人不忍售器毀棄、每稱千斤、願納銅二千斤、監督主事某不可、謂古器雖毀棄可惜、我何敢私爲輕重、商人謂宣銅下鑪、尚存其質、至三代間物、則質清輕之極、下鑪後、惟有青煙一縷爾、此則誰任其咎、監督謂舉情猜疑甚重、若如公言、必增舉疑、如三代物不便下鑪、則有監督內官、公同驗視、罪不在我、於是古器毀棄殆盡、而宣德頻年加鑄存庫之鼎彝他器、亦并燬洪鑪、遂使三百年來、譜載內用諸鑪、百不一見、眞如茂陵玉碗、偶落人間、可勝歎哉、今者三代銅器、出土日多、宣德佳鑪、稀如星鳳、稍可入眼、價逾百金、若欵式奇異、製作精妙、流金嵌寶、錯鏤花文者、直非千金不辦、市肆所陳、率皆贗品、沈子謂「易得而難美」、「難美」誠然、「易得」則不可語於今之世矣、

（韭皮爐）

（接第四版）

清金廷標畫吳下故蹟詩意冊之一

本幅清高宗御題詩曰、臥薪嘗膽祕深謀、請糴聊爲重禮求、夢羨狐卑難偏傲、鬥雞方復事蒙道、右雞陂墟、

明文徵明畫古木寒鴉摺扇

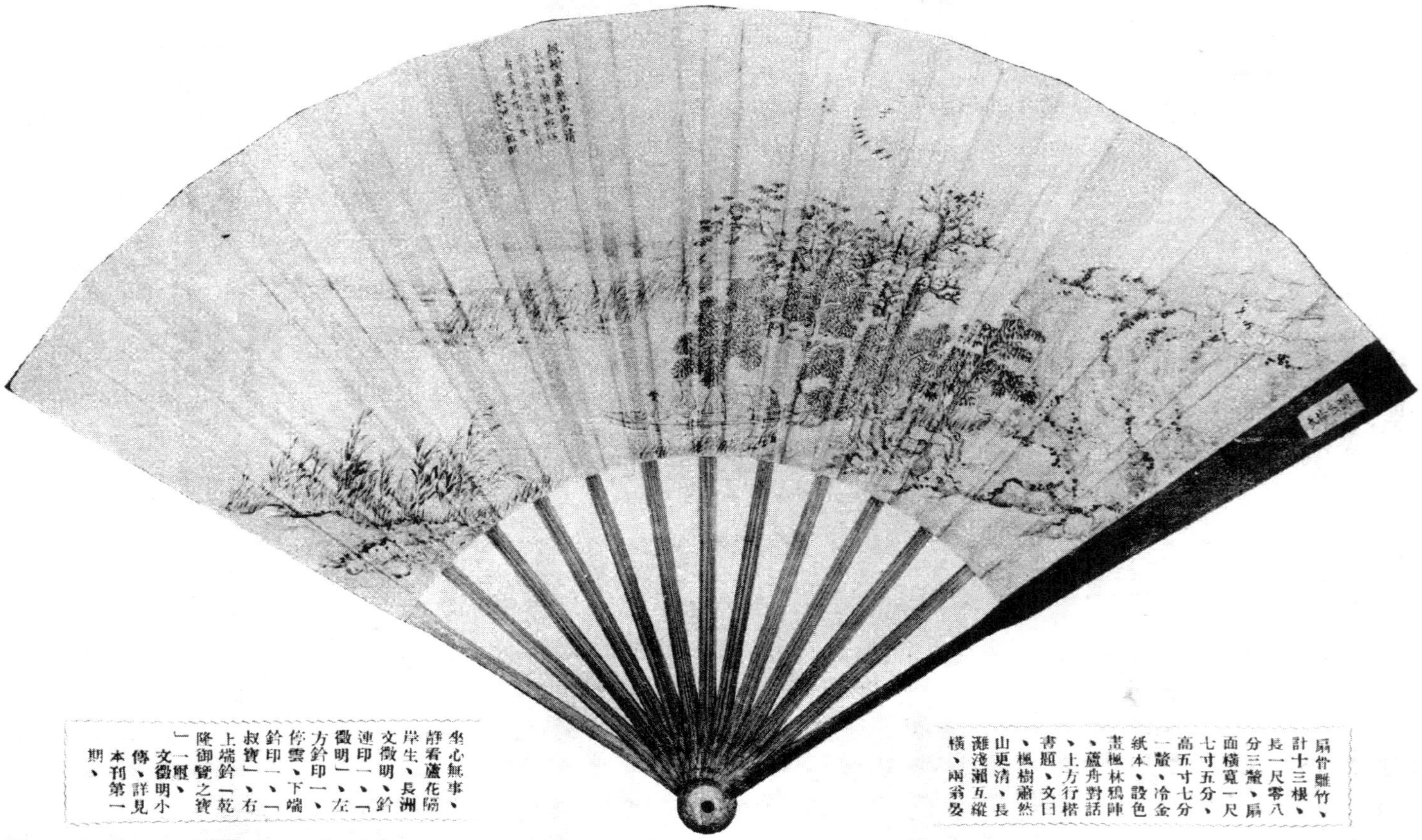

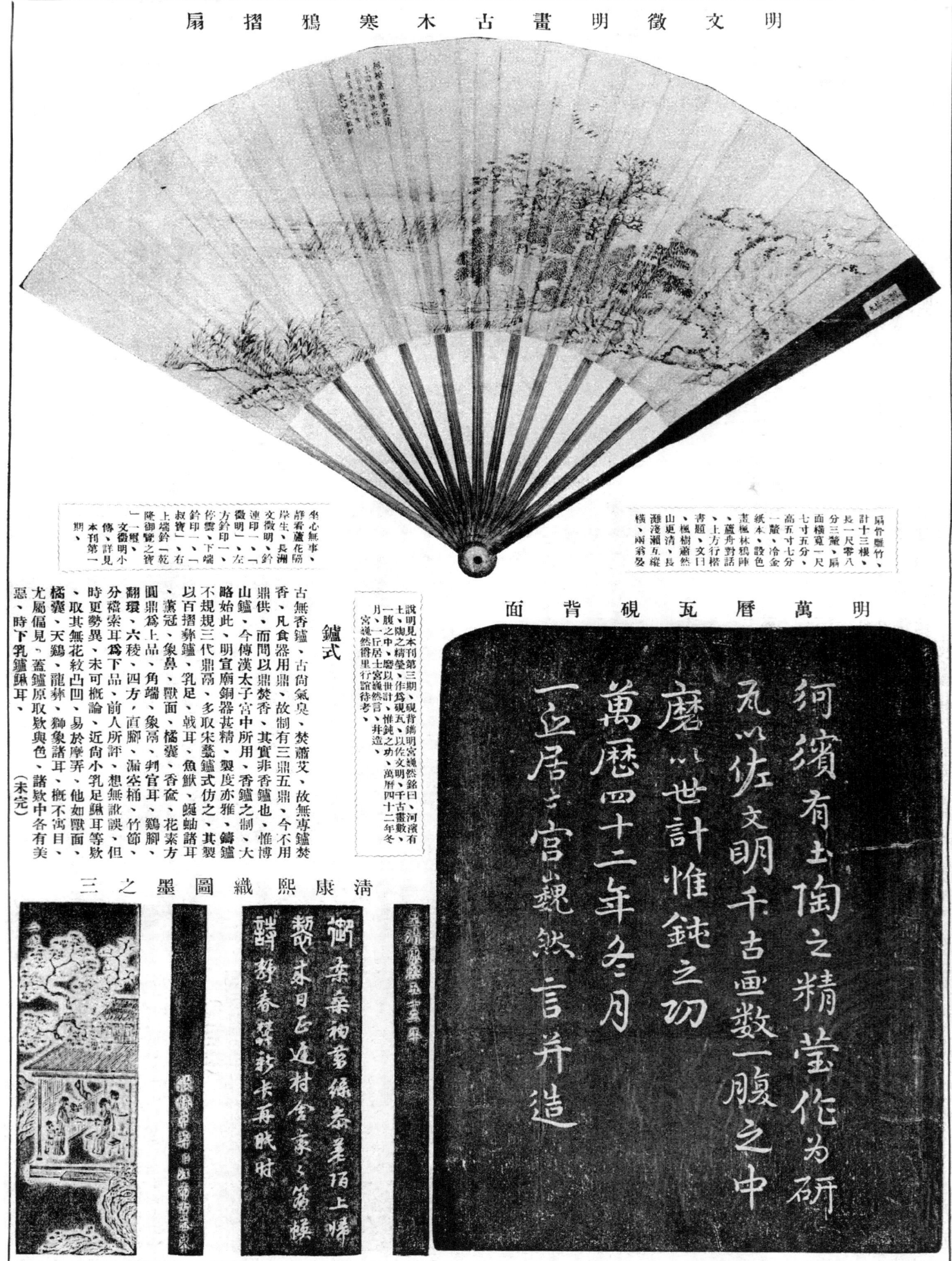

扇骨雕竹、計十三根、長一尺零八分三釐、扇面橫寬一尺七寸五分、高五寸七分一釐、冷金紙本、設色、畫楓林鴉陣、蘆舟對話、、上方行楷書題、文曰、楓樹蕭然山更清、長灘淺瀨互縱橫、兩翁晏坐心無事、靜看蘆花隔岸生、長洲文徵明、鈐連印一、「徵明」、、左方鈐印一、停雲、下端鈐印一、「叔寶」、、右上端鈐「乾隆御覽之寶」一、經、文徵明小傳、詳見本刊第一期、

明萬曆瓦硯背面

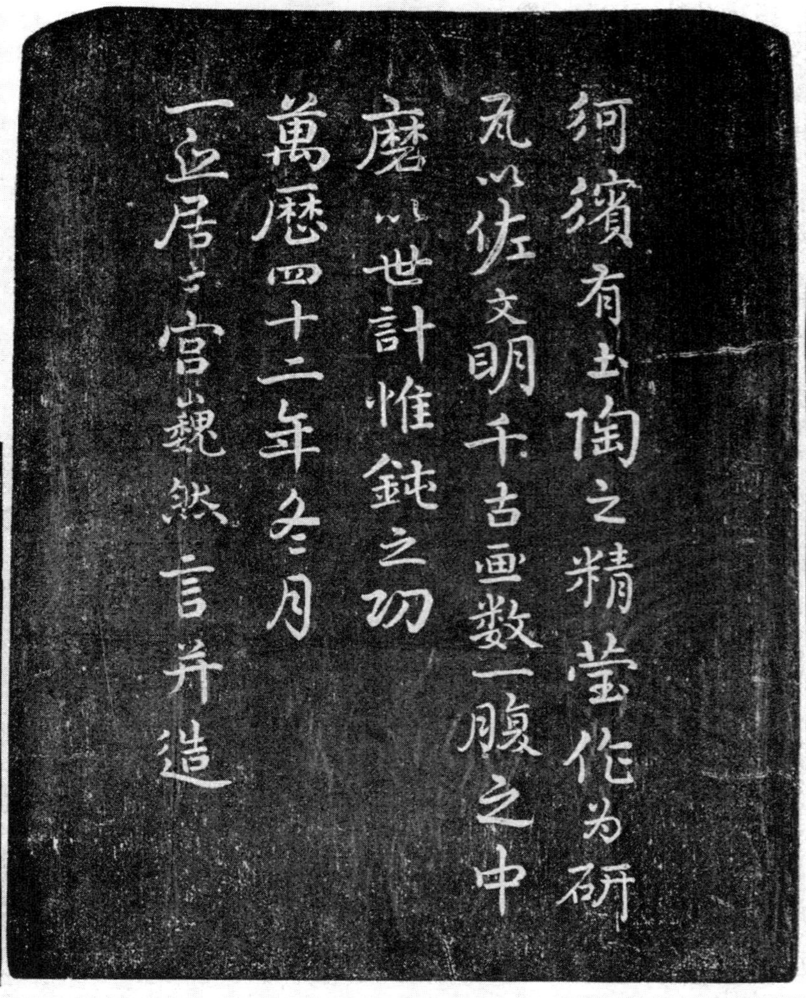

說明見本刊第三期、硯背鐫明宮巍然銘曰、河濱有土、陶之精瑩、作爲硯瓦、以佐文明、千古畫數、一腹之中、磨以世計、惟鈍之功、萬曆四十二年冬月、一丘居士宮巍然言、并造、宮巍然爵里行誼待考、

鑪式

古無香鑪、古尚氣臭、焚蕭艾、故無專鑪焚香、凡食器用鼎、故制有三鼎五鼎、今不用鼎供、而間以鼎焚香、其實非香鑪也、惟博山鑪、今傳漢太子宮中所用、香鑪之制、大略始此、明宣廟銅器甚精、製度亦雅、鑄鑪不規規三代鼎鬲、多取宋甆鑪式仿之、其製以百摺彝鑪、乳足、戟耳、魚䰾、蜒蚰諸耳、薰冠、象鼻、獸面、橘囊、香奩、花素方圓鼎爲上品、角端、象鬲、判官耳、鷄腳、翻環、六稜、四方、直腳、漏空桶、竹節、分襠索耳爲下品、前人所評、想無訛誤、但時更勢異、未可概論、近尚小乳足鰍耳等欵、取其無花紋凸凹、易於摩弄、他如獸面、橘囊、天鷄、龍彝、獅象諸耳、概不寓目、尤屬偏見、蓋鑪原取欵與色、諸欵中各有美惡、時下乳鑪鰍耳、（未完）

清康熙織圖墨之三

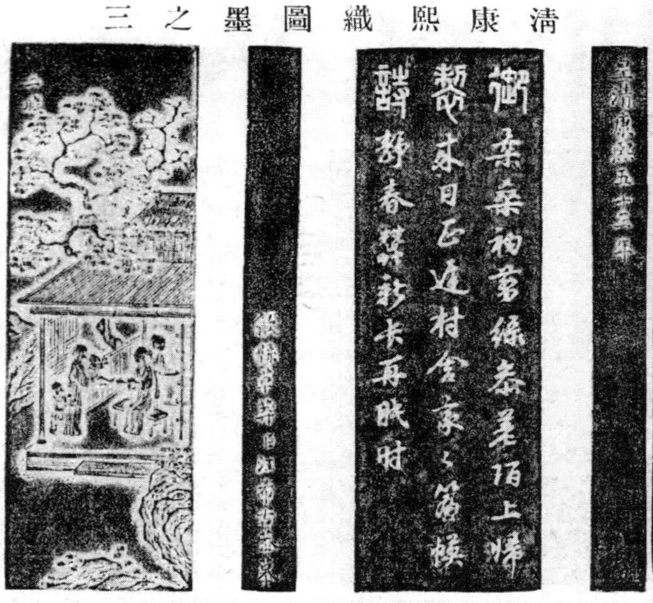

故宮旬刊

西園題跋卷之一

羅浮張　萱孟奇甫著

題宋搨十七帖

王右軍十七帖、世所傳刻本數十種、其形體意態、無一同者、皆後人以意臨倣、詎能得其神、便可略其形耳、余不敢以爲然、形旣非古、神能離今耶、臨池者、須先從古人形體處較勘一番、方可索古人之神於形體之外、天中節、九翁書、

余所藏十七帖十餘種、刻雖有新舊、皆善本也、靑李來禽帖、皆眞書、獨此帖草書、豈右軍當時小小往來一赫蹏、亦嘗兩書耶、古今評書、無及此者、何以故、甲寅夏五、

題聖教序

聖教序、唐僧懷仁集王右軍書、咸亨三年十二月八日、京城法侶建立於弘福寺中、其末有于志寧、來濟、許敬宗、李義府題名、文林郎諸葛神力勒石、武騎尉朱靜藏鐫字、歷世已久、古今臨池者、皆爭購之、氈椎之聲、四起不絕、遂分爲斷、今世市賈所售、皆木板翻刻者也、非惟初刻完碑、不可復得、即新搨果爲關中斷碑、亦一通數金矣、余購得此本、乃吳中故大中丞韓公雍家所藏、碑旣完好、且爲宋搨無疑、亦實研池頭一完璧也、第此序褚登善嘗書之、亦有三本、一永徽四年癸丑十月十五日建、一永徽四年十二月朔十日建、一龍朔三年癸亥六月二十三日建、其字有肥瘦方圓不同、若出三手、是登善書此碑已二十年、而懷仁始集右軍書也、登善居唐初、書名烜赫一時、世爭以爲寶者、不應懷仁復爲此書、豈貞珉二十年即殘闕、而懷仁乃集右軍書以補之耶、抑唐初沙門中故多知書者、亦有以登善之書、不如右軍、故集右軍書、爲聖製重耶、懷仁一碑、與登善三碑、皆建於弘福寺、是一寺而四碑並建、余不得其說矣、或謂登善止書一碑、皆爲後人臨摹、故有三本字畫不同、亦未可知、余居長安日、嘗購得登善一肥本者、較之懷仁集本、政如秦靑韓娥、同度一曲、梁塵並落、流雲皆遏、

（接第二版）

明顧正誼山水

原藏齋宮、紙本、墨筆、縱三尺二寸四分、橫一尺九寸六分、石渠寶笈三編著錄、幅右上端顧正誼自題曰、連日撫宋元諸大家眞蹟、頗能得其神髓、思白從余指授、已自出藍、畫此贊之、品評當不爽也、友人顧正誼識、鈐印二、「顧正誼印」、「仲方」、顧正誼、字仲方、號亭林、松江華亭人、仕爲中書舍人、畫山水得元人精意、稱華亭派、著有亭林集、詩史、及顧氏叢書、

明項聖謨寫生册之五

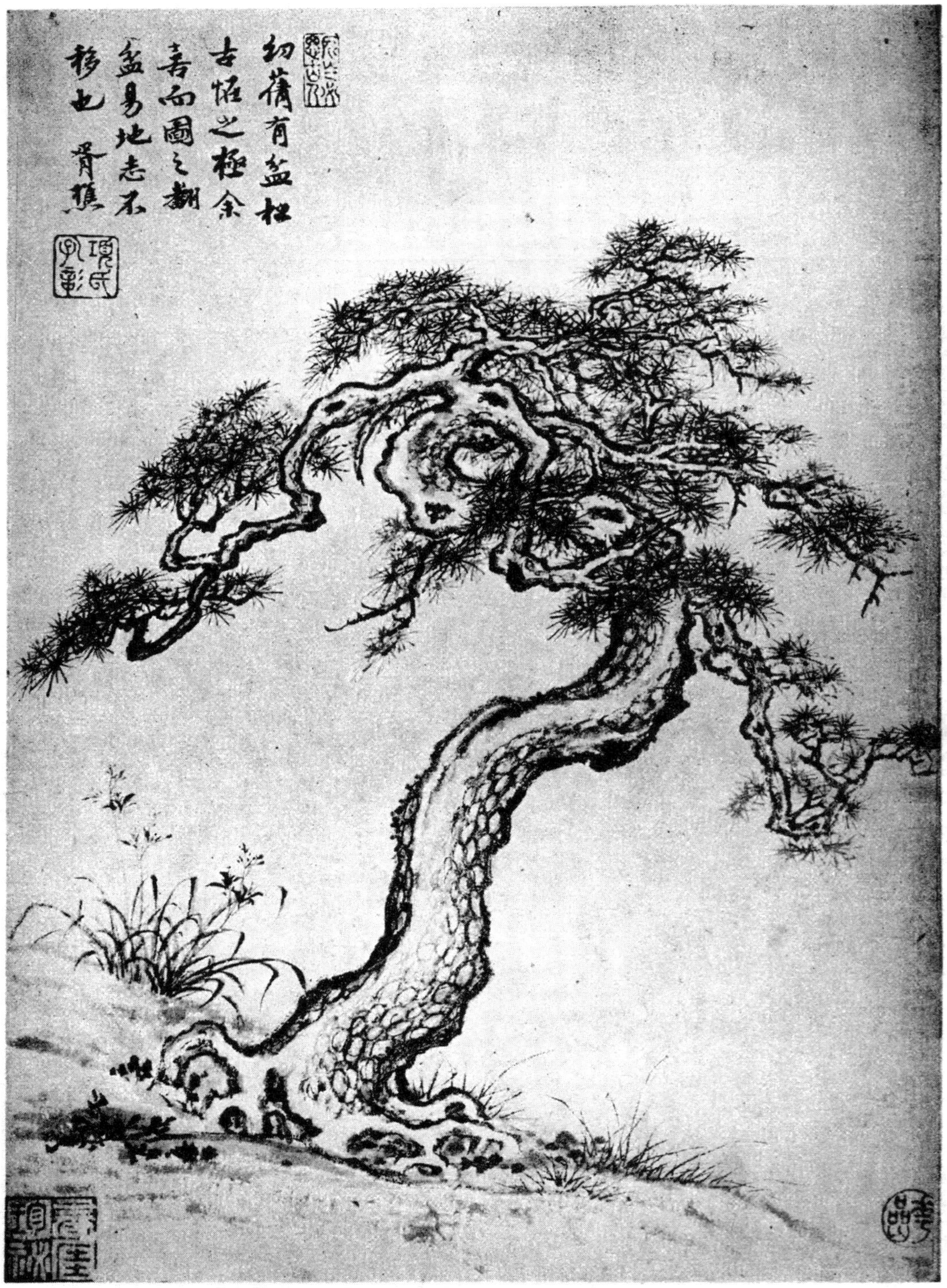

說明見本刊第一期、 本幅墨筆、項聖謨自題曰、幼蓊有盆松、古怪之極、余喜而圖之、翻盆易地、志不移也、胥樵、鈐印二、「項孔彰氏」「所作必思古人」、
項聖謨小傳、詳見本刊第一期、

誰得而軒輊之、歲丙午、于役金陵、暫爾還里、因寓行笥於金陵舊館、此碑在焉、併爲鬱攸奪去、詢之海內好事家、謂登善瘦本尚可購、而肥本當永絕矣、每閱懷仁集本、未嘗不悵望於延津也、

題書斷劉德升贊後

唐張懷瓘書斷、有劉德升者、胡昭鍾繇、皆師其法、今用修據董北苑誤以德升爲景升、至引三國志註以證之、誤矣、德升、字君嗣、潁川人、景升迺劉表之字、北苑元人、恐不如唐人懷瓘專精書學者之可信也、余撰疑耀、嘗從用修之說、今始自覺其誤、

題張長史草書

長史以草書得顯名、朝溪先生謂其以顯得草書名、非惟不知長史、亦不知書者也、長史草書眞蹟、余不及見、第從石刻摹索之、何嘗有一顯筆乎、蓋精熟至於入神、故縱橫杳拖、無不由已、反覆諦觀、無一點一畫、不從法度中來、誠如魯直之言、即吾先師所云從心所欲者、書學不及長史、不宜仰窺長史也、長史眞蹟、非惟今世不復得、即唐秘閣中、所藏亦鮮矣、宋潛溪言、曾見長史有酒德頌眞蹟、今不復傳、何也、

林石逸興卷之一

明燕人薛論道撰

古山坡羊一百首

草堂漫興

對靑山、虛亭閑坐、看白駒、碧窗飛過、追思往事、世態都瞧破、自憐福分薄、生平性氣濁、也待搖舡漫弩、不慣使隨風舵、欲待砥柱中流、恨攔頭巨浪多、穎波、挽不回、其奈何、干戈、急丟開、整釣蓑、

又

對靑山、虛亭閑臥、非是俺、生成慵惰、風濤最險、急溜中難收舵、密排着名利羅、分甚麼淸與濁、高車駟馬、福過常生禍、瓦鉢磁甌、自斟還自歌、奔波、枉奔波、待怎麼、蹉跎、得蹉跎、少甚麼、

又

對靑山、虛亭閑步、覷南柯、豁然如悟、人生如寄、那有長生路、榮枯定有初、（接第三版）

淸金廷標畫吳下故蹟詩意册之三

（鱸鄉亭）

說明及金廷標小傳、並見本刊第四期、本幅淸高宗御題詩曰、林家亭子陳家句、津逮都因張季鷹、四柱中曾人幾閱、蓴鱸得味幾人曾、右鱸鄉亭、

宋李建中土母帖明王尹實跋

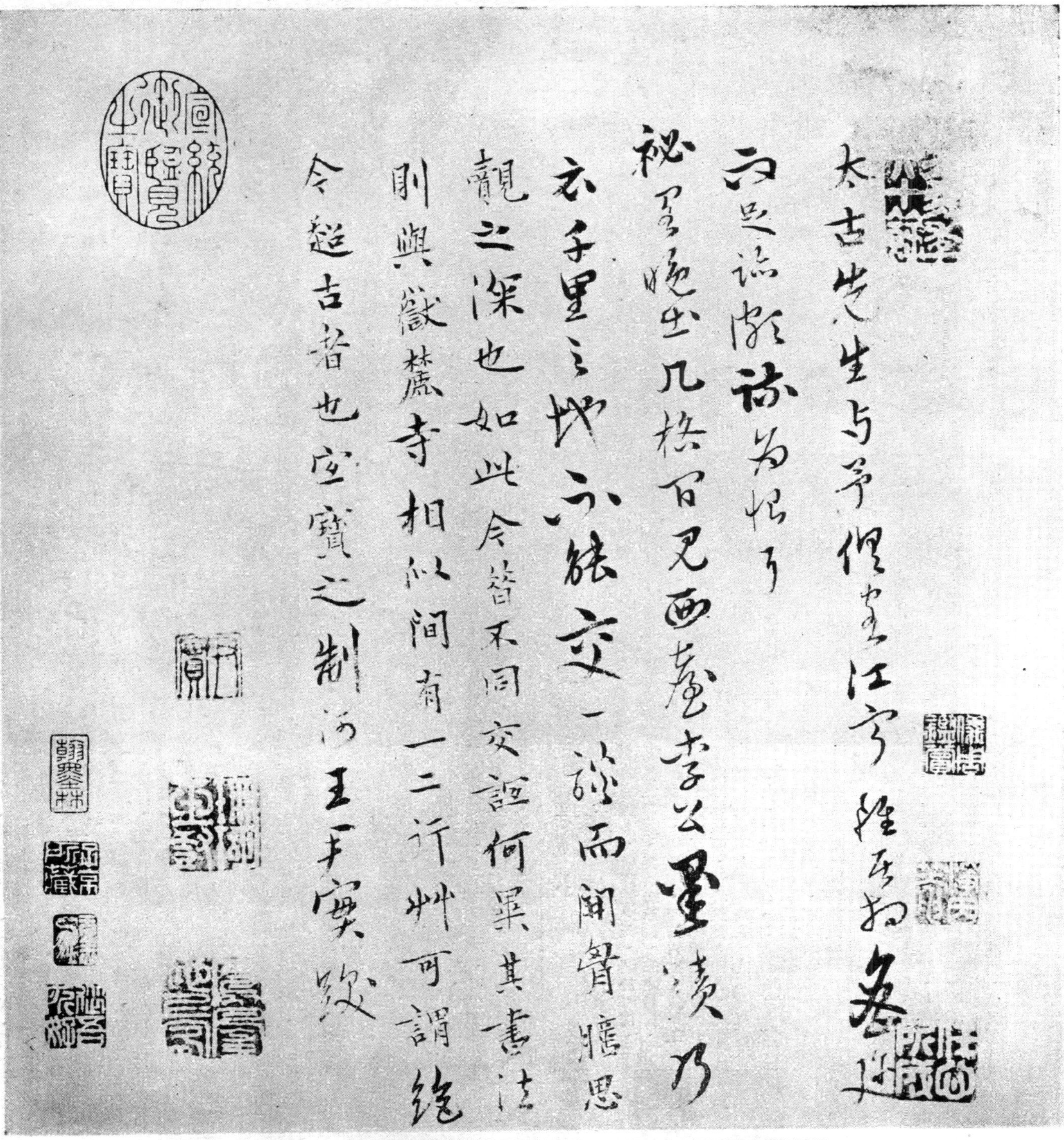

說明見本刊第一期、本幅文曰、太古先生、與予俱客江寧、雖居相密邇、而足跡頗疏爲恨耳、秘閣晚出、几格間見西臺李公墨蹟、乃云千里之地、不能交一談而開胸臆、思觀之深也如此、今昔不同、交誼何異、其書法則與嶽麓寺相似、間有一二行草、可謂絕今超古者也、宜寶之、制河王尹實跋、鈐印五、「尹實」、「珊瑚玉樹」、「鳳凰池上客」、「笑我口年六十餘」、「任心所成」、王尹實、四明人、永樂時、以篆書擅名海內、

窮通枉用謀、漢陵魂斷、草樹連天暮、吳國龍飛、江山壯畫圖、悲夫、危哉名利途、思乎、良哉貧賤鋤、

又

對青山、虛亭閑立、聽枝頭、黃鸝嚦嚦、聲聲如勸、爭甚名和利、陳平六出奇、張良三進履、爲韓爲漢、都做了一場戲、機淺機深、只爭的半着棋、知幾、知幾要見幾、休提、大家葫蘆提、

清閑

四堵容膝一舍、五湖扁舟一葉、閑來無事、把酒歌明月、身不近虎穴、心不到魏闕、青山綠水、頗有雞豚社、蓬戶柴扉、絕無車馬轍、學奢、埋頭受用些、粧呆、省些唇與舌、(接第四版)

清金廷標畫吳下故蹟詩意册之四

(短簿祠)

本幅清高宗御題詩曰、黑頭短簿如生面、松竹叢祠清且幽、千載名山歸法護、當年志未負優游、右短簿祠、

明王恂之硯

原藏惇本殿、長七寸、寬四寸四分、高二寸三分、舊坑端石、左側鐫董其昌題詩、文曰、玉質純苍理緻精、鋒芒都盡墨無聲、相如間道還持去、肯要秦人十五城、甲戌春日、惇之屬書、其昌、右側鐫「王氏家藏」、「恂之氏」二印、下鐫雍正五年冬、得於長安西小市、荔齋、鈐印一、「九昇」、董其昌小傳、詳見本刊第一期、王恂之、荔齋、二人均待考、

又

但得不貧不富、說甚高官大祿、光風霽月、俯仰惟淸素、功名性本疎、富貴心也無、忘機絕念、方外尋鷗鷺、坐咏行吟、詩中話柳蘇、榮枯、天人定有初、耕讀、兒孫自有謀、

又

矮矮茅屋蓬戶、門外靑山無數、雖無車馬、時有白雲護、窗前栽翠竹、池邊種綠蒲、藏頭袖手、漫把松陰步、散髮披襟、閑將花畔鋤、非粗、村居禮貌疎、非俗、幽居思愼獨、

又

看破浮生虛幻、逍脫功名羈絆、忘情世慮、那有多營幹、粗褐可禦寒、家常有糲飡、市聲不耳、夢寐無憂患、俗軌不門、晨昏常是關、心閑、心閑身自安、身安、身安心自閑、

安命

誰不待封侯拜將、誰不待爲卿作相、誰不待腰金衣紫、誰不待麒麟像、誰不待姓字香、誰不待福壽昌、誰不待妻榮夫顯、誰不待兒孫旺、天有安排、浮生空自忙、心强、心强命不强、人長、人長天也長、

宣鑪小誌

鑪式（續）

劣者更多、緣鑄鑪之家、溺於時尙、乳鰍等欵、旣撥蠟簡便、兼之易售、鑄愈多、欵愈劣、至諸古欵、旣費工本、售者又少、故南北鑄俱罕有、有者多係舊制、較乳鰍轉有佳者、此專泥一格之不足爲定論也、大抵鑪之樣式不一、止取古雅、口耳底足、圓正相稱、厚薄適中、此爲上選、如施家過厚、甘家過薄、兩耳過大過小、口面過坦過豁、束腰過直過陷、足與口位分不稱、均不取也、今擬乳足、戟耳、蟆蚰耳、橘囊、索耳、素天鷄爲上、魚耳、鉢盂、壓經、獅頭、素圓鼎次之、龍彝、象鬲、桶鑪、花邊天鷄又次之、至若六稜、四方、花腹、亦法盞等欵、俱不堪玩、雖屬鄙見、亦嘗參閱舊聞、並與同人品較、或者未爲盡謬、

論斷俱有根據、李龍眠古器圖、歐陽修集古錄、米南宮硯史、後先犄角、

清康熙織圖墨之四

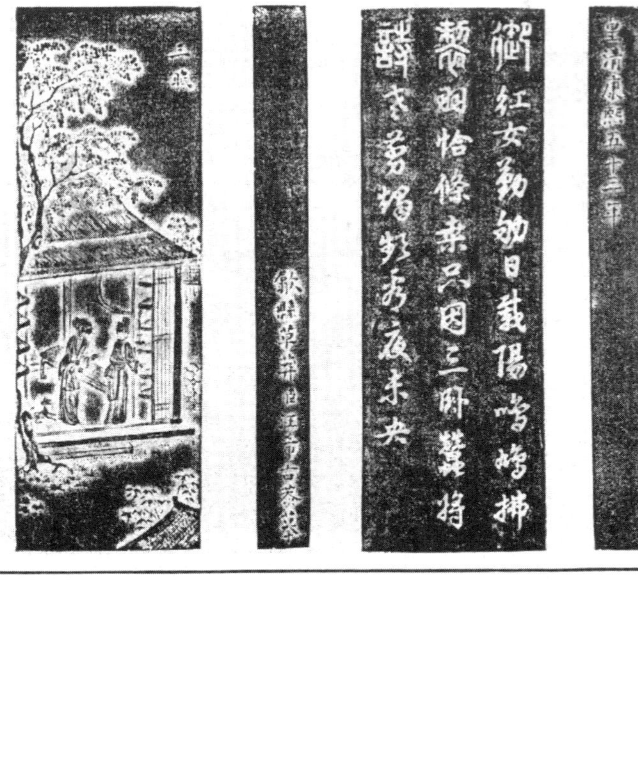

清康熙織圖墨之五

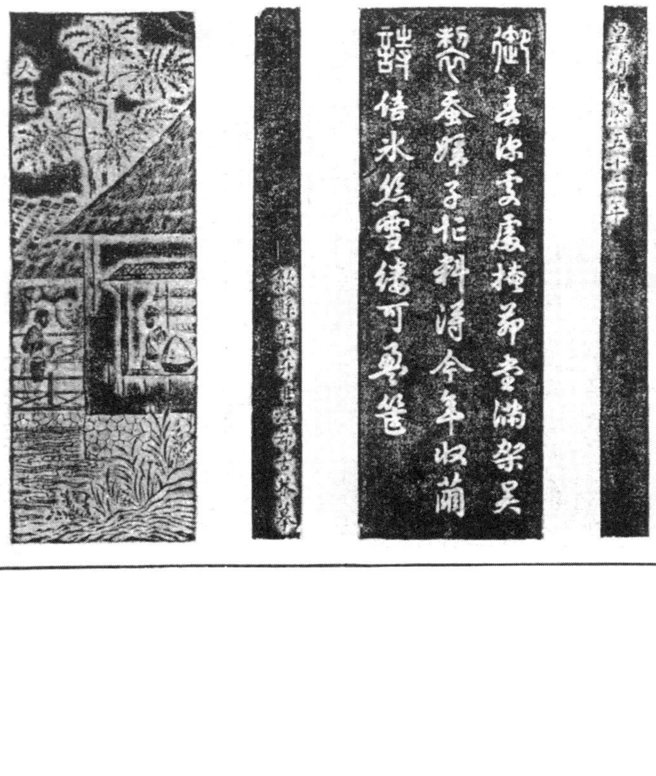

故宮旬刊

西園題跋卷之一

羅浮張　萱孟奇甫著

題褚河南哀册文

王元美所得褚河南哀册文、卽吳文定公嘗爲吳江史明古所跋者、余幸獲觀之、文中大行及崩字、皆加塗改、蓋前代嘗獻諸秘府、故爲時諱如此、明古名鑑、嘗與李太僕貞伯聯句於大石者、元美初購此帖、史氏子孫、必爲先人諱、故割去文定公跋語、元美不及知耳、

題餘清齋孫虔禮草書千文

虔禮草書、昔賢皆謂其入二王之室、在唐世無能出其右者、今世所行書譜、余無間然矣、此千字與書譜、若出兩手、亦虔禮自與虔禮相周旋耳、仰視二王、固非優孟之於孫叔敖、亦非虎賁之於蔡中郎也、米海岳亦云、虔禮千文、當是少年筆、固疑之矣、余友邢君侗、焦君竑、董君其昌、皆書家龍象、亦書家董狐、胡然自曲其筆耶、惟黃君輝始疑其與書譜稍異、然猶不能堅決其說、海岳有詩曰、誠懸尚復誤疑似、有渭方能辨涇水、邢焦董黃諸君子跋語具在、豈渭水皆未沾唇耶、昔賢常謂能書者、未必能鑒、余能鑒、未必能書也、亦宜、九翁題、寶章待訪錄、謂虔禮草書千文眞蹟、黃麻紙書、押縫有梁秀收閱字印、及王氏圖書二印、王氏圖書四字、隨圈四轉、此帖余嘗見之、紙非黃麻、乃油素耳、又無王梁二印、豈後人臨本、抑虔禮所書、不止一本耶、余嘗以此詰用卿、用卿不能對、乙卯夏五月、西園公題、

題柳誠懸眞蹟

書家嘗謂顏筋柳骨、此語誠然、余見二公眞蹟頗多、平原楷法端嚴、筋絡溢於毫楮、而行書則流動處首尾貫串、渾無端倪、河東絃直鐵屈、可以扛鼎拔山、其深穩蘊藉、與世所行石刻矜持約束者、若兩手然、彼論書而專尚筋骨、此偏至之談也、

題顏眞卿墨刻

王元美藝苑巵言、顏書送裴將軍眞蹟、尚存吳中、余遊吳中最久、數從好事家欲快一見而不可得、第得錫山安氏石本而已、歲戊申、分司金昌、客有以此卷求售者、價數百金、余不敢問、因借閱旬日、其楷書咄咄逼眞、惟行書鉤筆雖精、填筆尚露痕迹、亦一名手所作者、且紙筆及圖章硃色、皆非舊物、可望而知其僞也、余笑而謝之、客不敢對、久之、復以顏書一卷來、則朱巨川告身眞蹟也、客曰、前送裴詩、果非眞蹟、公之鑒神矣、此告身、亦僞筆也、公其謂何、余一展玩、輒笑而謝曰、余眼固有鬼者、何足以知此、第開顏書朱巨川告身、有兩絹本、一不書誥文、止書吏部尚書四字、末題建中八年三月日、中有一大說字、前後有紹興小璽、今藏檇李項氏家、已爲一貴勢所得、一爲文氏停雲館勒石者、故太宰陸全卿完所跋千餘言、卽此卷也、第亦爲雲間陳繼儒仲醇所得、至署寶顏堂以自詫矣、仲醇擁重貲、勇於收藏、此卷何至闌出、

（接第二版）

明　劉原起松壑高閒

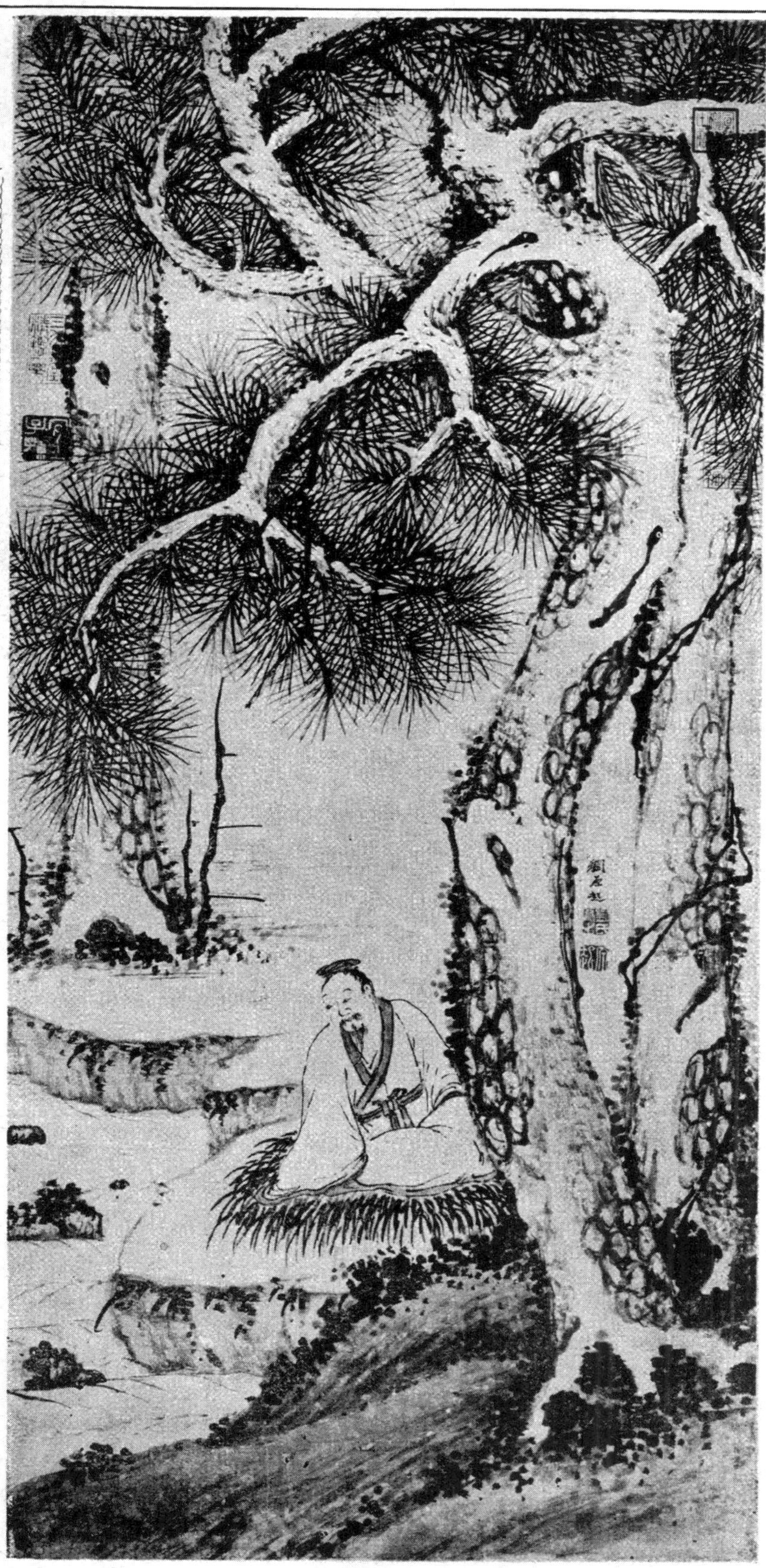

原藏養宮、紙本、設筆、縱三尺零二分、橫一尺四寸四分、石渠寶笈三編著錄、欵署劉原起、鈐印二、「劉振之氏」、「原起」、劉原起、初名作、字振之、後以字行、更字子正、吳縣人、師錢穀、頗肖其神、時亦重之、

明項聖謨寫生冊之六

丙戌正月寓居桐江亂離之際切念
王香幼穡以盆蘭分供喜而圖之
項聖謨

說明見本刊第一期、本幅設色、項聖謨自題曰、丙戌正月、寓居桐江、亂離之際、切念王香、幼穡以盆蘭分供、喜而圖之、項聖謨、鈐印二、「天籟閣中文孫」、「彬彬在楚」、項聖謨小傳、詳見本刊第一期、

作右軍借船帖、若亦何至遽作京師書僧孫盈耶、余力薄、固不能爲潞州盧、恐仲醇亦未必如北山盧耳、客亦大笑、遂謝去、蓋吳兒巧於僞作、亦巧於僞售、謂余薄有賞鑒名、故以嬲我、始則以虎賁爲中郎、而不能售其僞、仍急之仲醇家、假此卷以覘余、妄意余亦以中郎爲虎賁也、其巧於嬲人、又如此、

林石逸興卷之一

明燕人薛論道撰

安命

誰不待簪纓世冑、誰不待金章紫綬、誰不待高車駟馬、誰不待君恩厚、誰不待金滿樓、誰不待玉滿樓、誰不待封妻蔭子、誰不待光前後、天有安排、浮生空自愁、閑愁、榮枯命有由、無求、不欺天自庥、

又

誰不待官封萬戶、誰不待家成豪富、誰不待良田萬頃、誰不待千鍾祿、誰不待日華堂、誰不待夜華屋、誰不待歌兒舞女、誰不待紅樓助、天有安排、浮生空自謀、閑謀、生來命有初、多謀、誰云天網疏、

又

誰不待青雲甲第、誰不待白屋成器、誰不待聯芳並美、誰不待風雲際、誰不待名利齊、誰不待富貴奇、誰不待乾坤同久、誰不待千年計、天有安排、浮生空自迷、心機、其如命莫移、心欺、天公不肯依、

青雲得路

筆下龍蛇放浪、自覺文章官樣、七篇翰墨、一掃羣英蕩、朝爲田舍郎、暮登天子堂、磨穿鐵硯、贏得瓊林上、剔盡青燈、博來姓字香、昂昂、烏紗射斗芒、堂堂、紫袍拖地長、

又

遁脫呂蒙悒怏、跳出顏回陋巷、宮牆萬仞、一躍三千丈、拜別孔孟堂、不愁陳蔡糧、衣冠氣概、換了寒儒像、頭角崢嶸、忽然宰相腔、奎光、風雲護帝邦、文場、名題翰苑香、

清金廷標畫吳下故蹟詩意冊之五

（辟疆園）

說明及金廷標小傳、並見本刊第四期、本幅清高宗御題詩曰、勝槩曾傳顧辟疆、後來任宅亦頹荒、惟應豪放千秋述、彷彿其人道姓王、右辟疆園、

又

十載寒窗、獨傍、一舉成名天上、三場壓倒、五百英雄讓、青雲足下翔、虹霓萬丈長、鰲頭先據、禹門桃花浪、金殿傳臚、蟾宮桂子香、眉揚、宮花插兩傍、名揚、春雷震四方、

又

非是英雄豪放、還是斯文未喪、窮經皓首、不負生平望、男兒能自強、天公自主張、一朝發奮、位列公卿上、三策重瞳、身登將相堂、經邦、綿綿萬國昌、安邦、元元四海康、

宋李建中土母帖明王偁跋

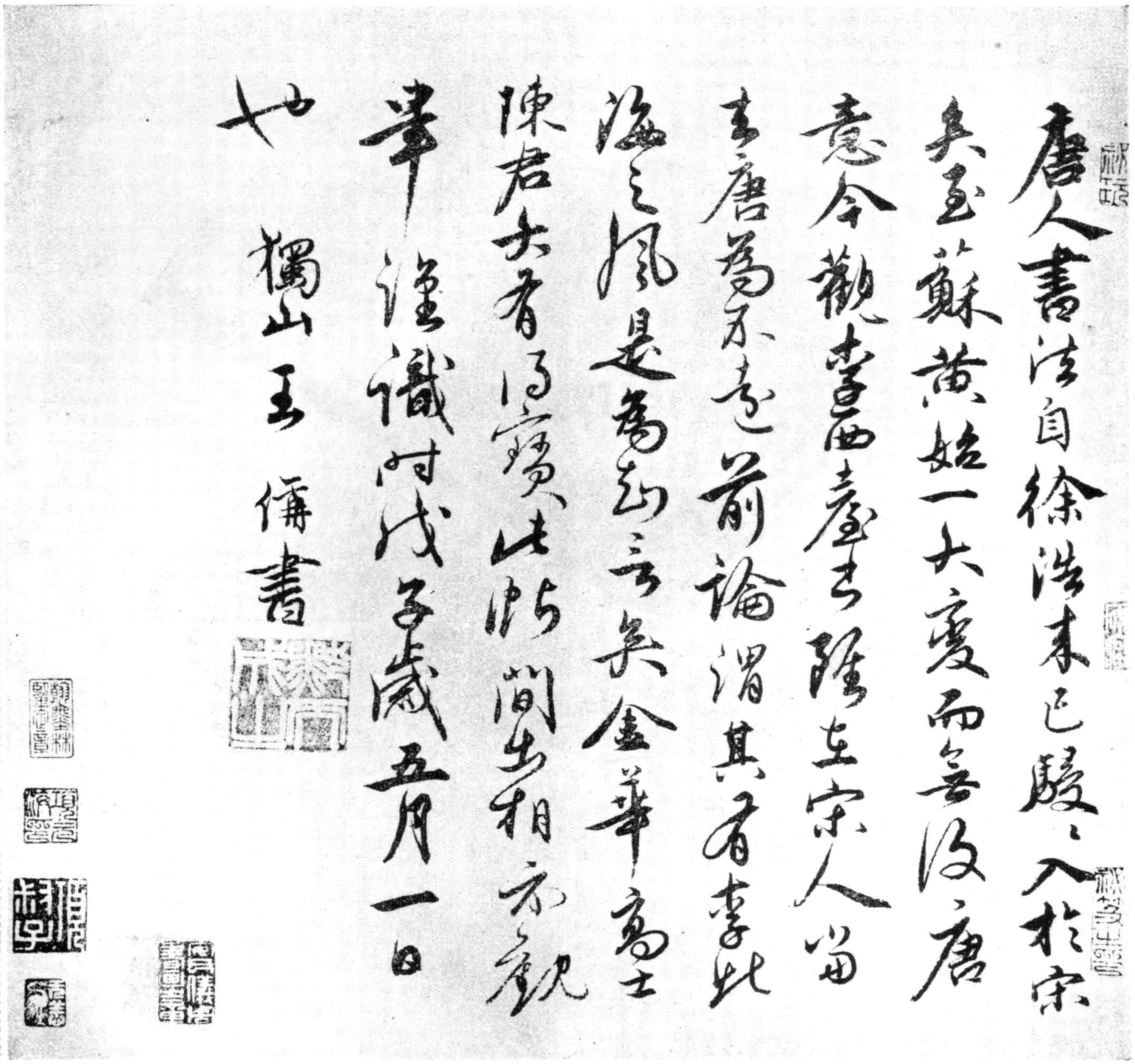

〔說明見本刊第一期、王偁、字孟敭、夏臺人、爲閩中十才子之一、洪武中、領鄉薦、永樂初、授翰林檢討、與修大典、學博才雄、最爲學士解縉所重、後以縉事連及、繫獄死、有虛舟集、〕

清袁瑛畫山水冊之一

是冊原藏永壽宮、紙本、設色、共四頁、均縱三寸二分、橫三寸四分、款署末頁曰、臣袁瑛恭繪、鈐連印一、「臣瑛」、袁瑛、字近華、號二峯、元和人、工山水花木、乾隆乙酉、以薦祗事畫院者二十餘年、歲乙巳、告養歸里、

清袁瑛畫山水冊之二

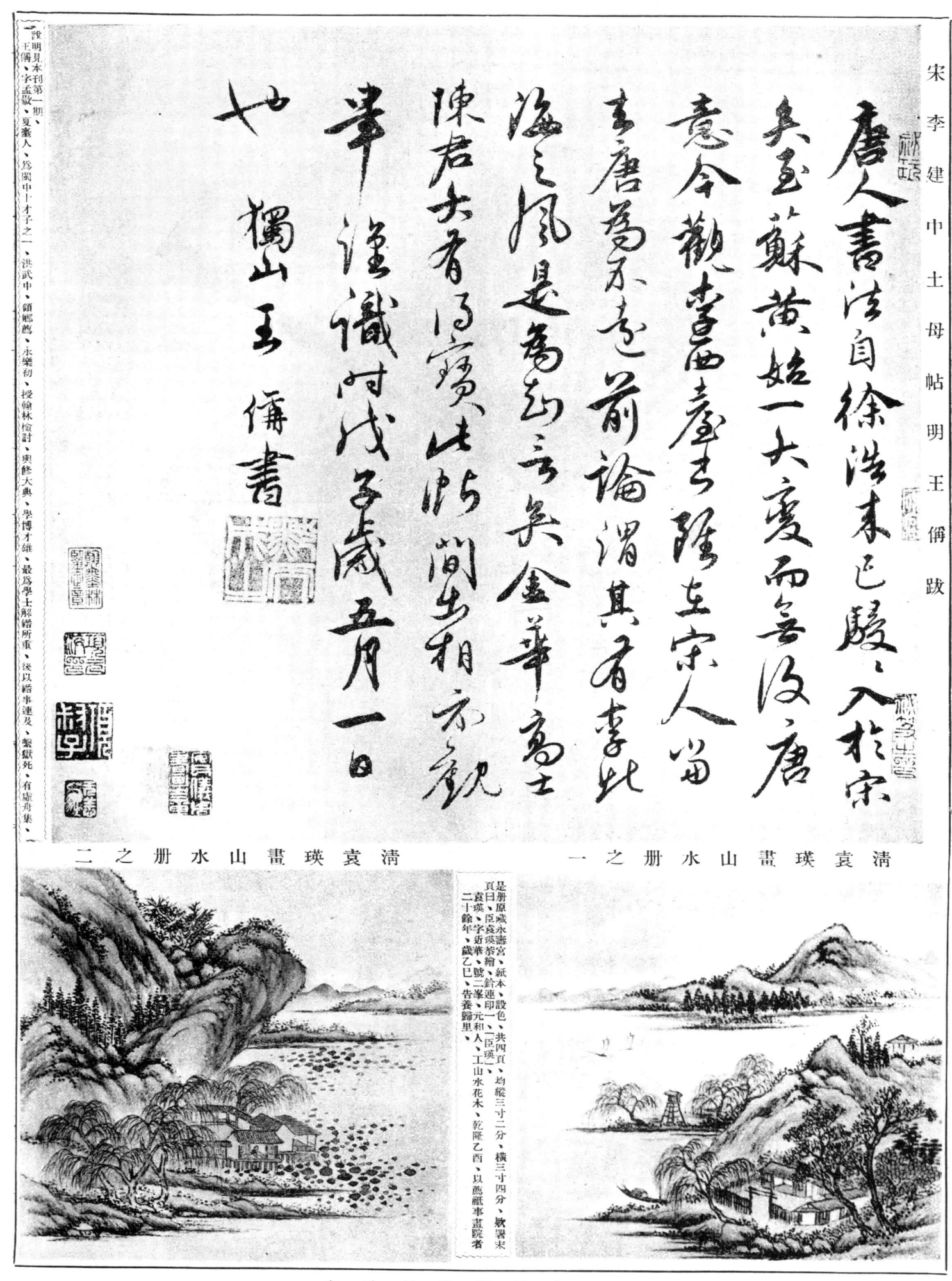

清蔣廷錫花鳥摺扇

字揚孫、號西谷、一號南沙、常熟人、康熙舉人、賜進士、官至文華殿大學士、少工詩、善畫花卉、多用逸筆寫生、點綴坡石、無不超絕、卒謚文肅、有尚書地理今釋、青桐軒、秋風、片雲諸集、

原藏乾清宮、扇骨棕竹製、長九寸七分、寬五分、扇面橫寬一尺七寸、高五寸五分、金箋本、設色畫花鳥、欵署臣蔣廷錫恭畫、鈐印二、「臣廷錫」、「朝朝染翰」、一面清聖祖御書詠自鳴鐘詩、鈐璽三、「康熙宸翰」、「稽古右文」、「暢春」、將廷錫、

宣鑪小誌

補注

編者按宣鑪式樣繁複、八卷廿卷三卷三譜所載、至爲詳盡、三譜武進陶氏已刊入涉園叢書中、廿卷本有圖、八卷三卷兩本、原圖已佚、雖五年以後所鑄、圖譜不載、要亦覩其大略、其餘散見雜記者、如冒襄宣鑪歌注、項元汴宣鑪博論、劉侗帝京景物略、高濂遵生八牋、張應文清秘藏諸書、均有記載、宣鑪彙釋、曾爲之類別考釋、茲不復贅。

宣鑪耳：有蚰龍耳、冲天耳、橋耳、雙魚耳、冲天魚耳、夔耳、蟠耳、龍鳳耳、飛鳳耳、海獅耳、鵬耳、寬緊鸚鵡耳、冲天番象耳、鳥獸吞口耳、雁翎耳、懸珠耳、連珠耳、索綱耳、結耳、環耳、連環耳、朝冠耳、薰冠耳、判官耳、戟耳、戈耳、竹節耳、香草耳、壽帶耳、如意耳、風霜耳、各種獸首耳、及招耳上冲等式、

宣鑪邊文：有夔龍雲雷邊、饕餮邊、天雞邊、錦邊、蟠虬邊、臥蠶邊、百摺邊、垂花邊、連珠邊、蓮花邊、雷文邊、雲文邊、線肩、及金蓮寶相雲肩等式、

宣鑪口形、隨鑪而異、如方圓六棱八角等式、人所共知、概不備論、其異狀者：有燈草邊口、平口、侈口、反唇口、瓮口、井口、一線口、括囊口、卷邊口、花觚直口、海棠式口等式、

宣鑪足：有圓足、飛戟足、獸吞足、蟠夔足、花足、飛出足、乳足、高乳足、三丁戈足、雷文足、笠帽邊足、曲腿足、馬蹄足、百摺足、臺几足、牙形足、帶圈足、棋子足、圓鈎形足、戈足、竹根足、象鼻足、雞腿足、鳳足、環足、圈足、褭足、波斯足、湯盤足、雲板足、如意足、壽帶足、石榴足、一線足、釜底（俗名鍋臍底）等式、

此書於宣鑪欵識、略而不論、茲補述如左、

（未完）

銅硯滴一

原藏古董房、通蓋高二寸三分、最大縱二寸一分、橫一寸四分、口徑四分五厘、深一寸五分、重市秤一斤一兩、

銅硯滴二

原藏古董房、通蓋高二寸五分、縱二寸二分五厘、橫五寸六分、口徑七分、深二寸、重市秤一斤七兩二錢、

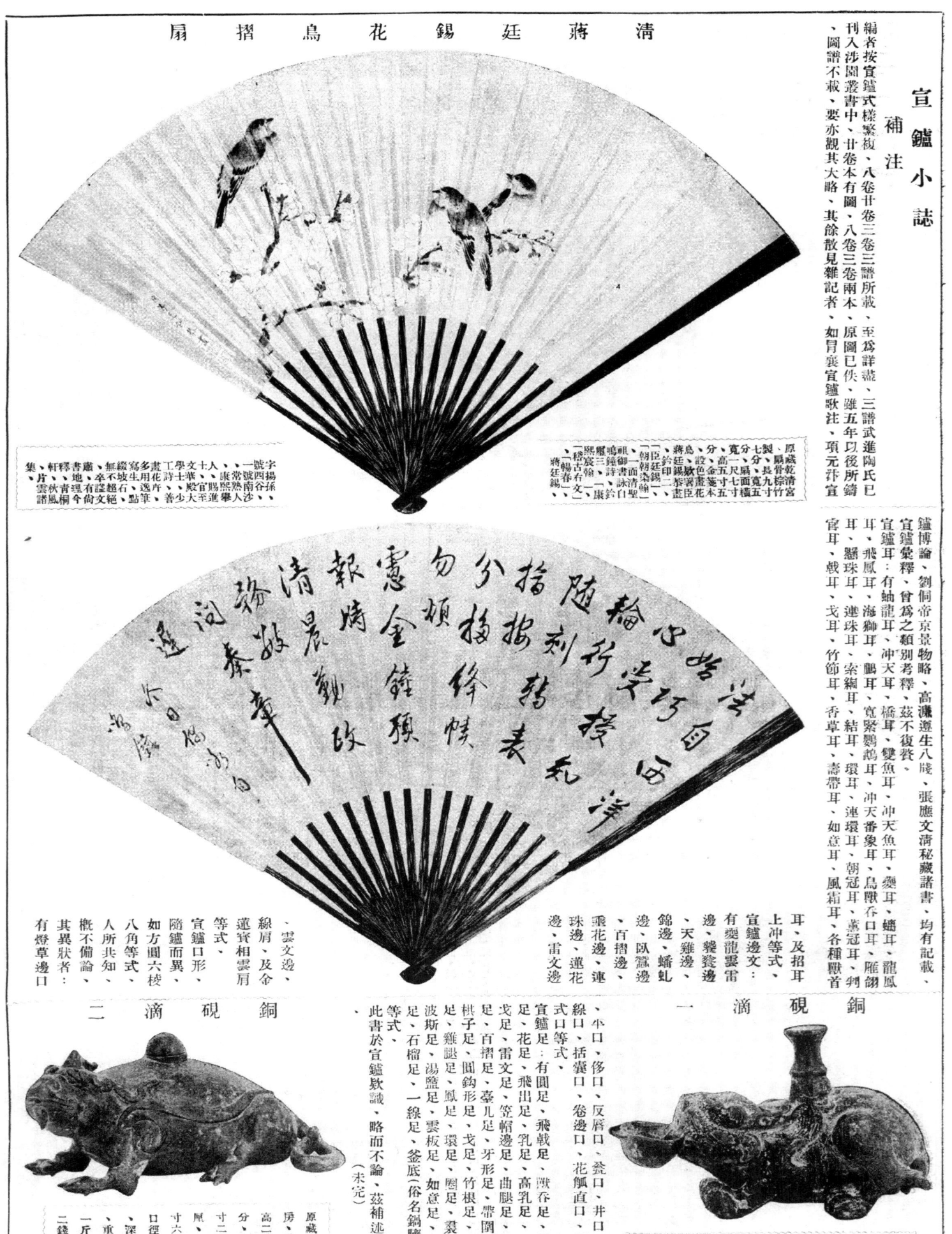

故宮旬刊

西園題跋卷之一

羅浮張　萱孟奇甫著

題顏眞卿坐位帖

顏書眞蹟、尚存於世者、鹿脯帖、今藏友人王辰玉衡家、余獲見之、相傳帖末有王沖隱跋語、王名持、字正叔、長安人、今跋已亡去、辰玉遲倍、此卷當爲楚弓矣、爭坐位帖、往爲安師文家所藏者、今止存前段、爲檇李項家所藏、惜未之見也、

題顏魯公送裴將軍詩眞蹟

人之書蹟不同，有如其面，評書不同、亦如其書、蘇子瞻嘗言、書至顏魯公、天下之能事畢矣、米元章乃曰、挑踢太過、無平淡天成之趣、爲後世醜怪惡札之祖、噫、亦已甚矣、此魯公眞蹟送裴將軍詩、半眞半草、半篆半隸、錯雜紛披間、亦有如元章所議評者、東坡豈皆見其瑜而忘其瑕、南宮亦豈皆見其瑕而忘其瑜耶、東坡又嘗稱南宮書爲超逸入神、而南宮對神宗、至譬東坡爲畫字、彼此相瑕瑜、又何霄壤也、二公高下、非末學所敢輕議、古人曰、入門各自媚、又何必若聚訟哉、

清畫院畫十二月月令圖之七月景

說明見本刊第一期、

題林藻深慰帖

宣和書譜、有唐人林藻深慰帖、今停雲館帖已藏之、偶閱懷麓堂集、乃知此帖眞蹟、爲吳文定公所藏、李文正公手跋曰、帖僅一紙、歷數百年而不失、可謂難矣、第跋曰、藻、字緯乾、莆田人、唐貞明中進士、嘗試合浦還珠賦、世謂神助、歷官嶺南節度副使、父曰披、爲饒陽郡守、有子九人、皆爲刺史、世所稱九牧林是也、余按史止有林蘊者、字復夢、亦貞明進士、嘗爲邵州刺史、父披、以臨汀令遷別駕、而林藻、史未載也、因考廣東通志、唐節度使及副使凡六十六人、亦未載藻、第考閩通志、貞觀七年尹樞榜、止藻一人登第、文正之言當不妄、而又無林蘊、何也、表注云、藻、見人物志、而志又止載蘊一人、又未載藻、何也、閩志云、披有子葦等八人、皆爲刺史、蓋兼披言之、故稱九牧、文正公謂披有子九人、皆爲郡守、兩通志皆淺陋不足徵、新舊唐書可徵也、文正以博古聞、豈無所據而云然耶、歐陽文忠集古錄、往往因古人碑碣、以正史氏之訛、余於此帖而知郡邑志乘皆傳疑、即古今國史、亦疑府也、

（接第二版）

明項聖謨寫生冊之七

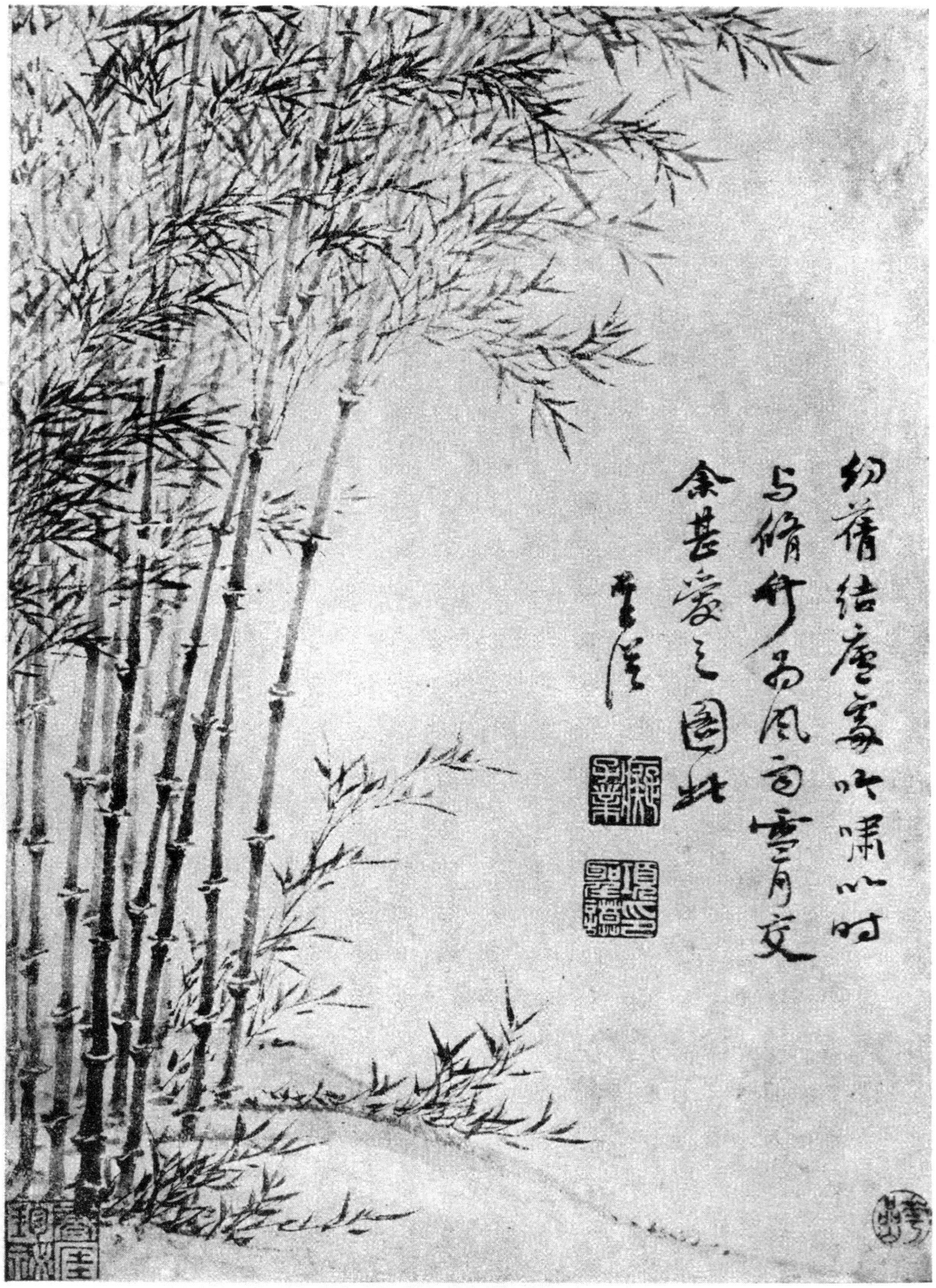

說明見本刊第一期、　本幅墨筆、項聖謨自題曰、幼篟結廬處、吟嘯以時、與脩竹爲風雨雪月交、余甚愛之、圖此、聖謨、鈐印二、「癡子業」「項聖謨印」、

項聖謨小傳、詳見本刊第一期、

題歐陽率更化度寺碑

率更此碑、書家謂當出九成宮上、余所藏本、殊不見佳、久居京邸、聞張英公家所藏者、趙松雪、揭曼碩、虞子山、皆有題識、周馳云、刻石久已羽化、則英公所藏、當是二百年前物、而余所藏、乃新刻也、今幸見此帖、即英公所藏者、亦鋒芒太露、謝端謂藏鋒、王沂謂神氣深隱、余不能不反唇也、深於書者、必能辨之、

林石逸興卷之一

明燕人薛論道撰

逸樂

忘却功名塵慮、博得林泉清趣、高懷雅抱、那有閑情緒、山溪岸畔居、江皋曲木廬、烹茶掃葉、頗得詩中句、引水通渠、閑觀池內魚、安愚、生平懶混俗、無趣、悠悠樂有餘、

又

一線松竹門路、兩葉烟霞窗戶、三間草舍、四季寒溫布、詩書教子讀、瓜茄自己鋤、垂綸菱浦、緊閉乾坤目、坐詠梅軒、推開名利途、離疎、披塵遠世俗、眸舒、靑山是畫圖、

又

雅抱山林風度、偏愛茅屋清素、柴扉常掩、那有公侯顧、田間谷黍熟、缸頭醁醲浮、東流西墜、一任搬朝暮、結社開樽、何須計有無、藜蔬、挑剜不用僕、香蒲、偏宜泛玉壺、

又

高臥白雲山下、明月清風無價、壺中玄奥、靜裏乾坤大、夕陽看落霞、樹頭數晚鴉、花陰柳下、笑笑逢人話、剩水殘山、行行到處家、愚咱、茅屋草舍窪、從他、金堦玉路滑、

清金廷標畫吳下故蹟詩意冊之六

（交讓瀆）

說明及金廷標小傳、並見本刊第四期、

本幅清高宗御題詩曰、讀傳陸曉與張融、豈在隄楊瀆水中、千載遊人常想像、故應何點歎高風、右交讓瀆、

恬退

早知幾、從容恬退、莫粧呆、長貪榮貴、風高浪險、急溜難迴避、從來禍福隨、誰來別是非、晁忠買逆、其死一般累、蹠盜齊賢、傷生一樣悲、思危、休着名利迷、明微、何不晝錦歸、

（接第三版）

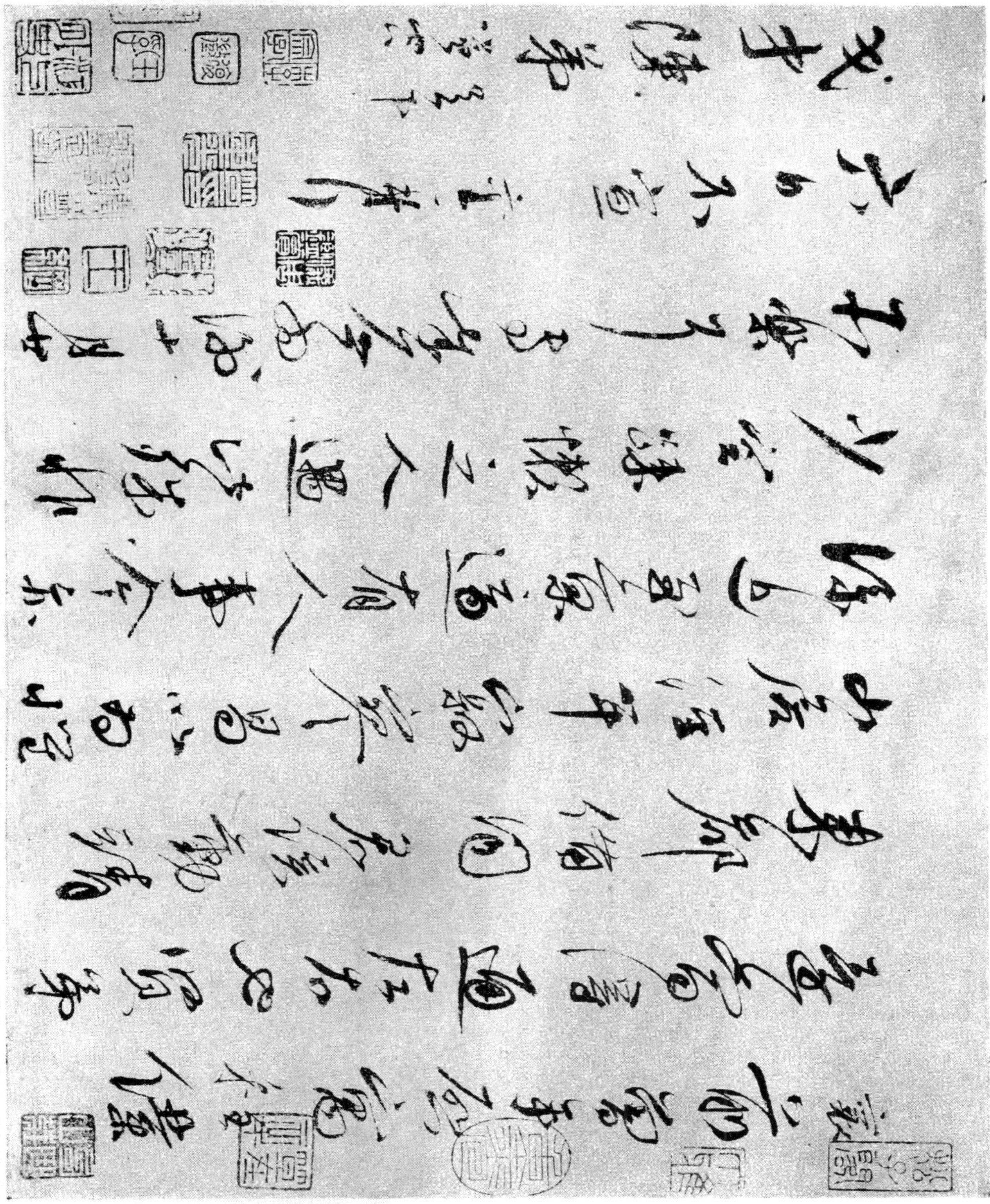

宋 蔡襄 寓程帖

（宋十二名家法書第二）

石渠寶笈續編云、第二、藏標宋蔡忠惠公襄書、縱八寸七分、橫一尺一寸、行書、文曰、襄前曾手啓、寓程儀還、當得通左右也、賢弟米部、備聞君依動靖、山居鑑年中、寂寥以爲懷、僕近至京、通有人事、今亦少空、諫閣之人、過此殊非所樂耳、專奉答爲謝、十月廿六日、不宣、襄再拜、茂才陳弟足下、蔡襄、字君謨、莆田人、天聖八年進士、官至端明殿學士、贈吏部侍郎、謚忠惠、

村樂

參透了乾坤玄奧、摘脫了利名圈套、烏紗收起、受用些村田樂、靠山懷、溝小巢、傍溪邊、作稼苗、布袍一領、好把風霜傲、粗糲三餐、能將日月消、消消、過一朝、少一朝、朝朝、飲一瓢、是一瓢、

又

辭別了繁華朝市、消磨了凌雲豪志、掠起官人樣子、點檢庄家事、逢人莫道詩、再休者也之、無多田地、老手親扶耜、廣種桑麻、山妻頗善絲、閑思、過一時、少一時、還思、飲一卮、是一卮、

宣鑪小誌

補注（續）

〔一字款〕文曰「宣」、皆篆字、分方圓尖三體、有陰印陽文者、有陽文凸起者、作楷隸者多僞、

〔二字款〕文曰「宣德」、分篆楷二體、篆文又有方圓尖及印款凸字之別、此款施於仿古鼎彝者、皆直書、有橫排作鐵線篆、極深刻、則鑄款也、亦有淺刻者、皆多見、鄞張絅伯君得一鑪、底有正方印款、篆書「宣德」二字、居中直寫、旁刻龍文、異製也、楷書者少見、有陽文凸起者、有陰印陽文者、皆直書、偶有橫排者、

〔三字款〕文曰「宣德年」、三字橫列扁方印款、作鐵線篆、狹長鏤深、乃鑄款也、亦有淺刻者、皆多見、

〔四字款〕文曰「宣德

又

早知幾、心安身淨、莫粧呆、希圖僥倖、官高必險、物理循環應、春來莫履冰、時來須忌盈、胸藏班馬、那個能昌盛、舌掉蘇張、誰能有後成、猩猩、惜生不善生、兢兢、逢人鑒末形、

又

早知幾、休貪薄宦、莫粧呆、爲他羈絆、傍州多少、盡是喬公案、藍關策馬難、長沙去不還、唐家十宰、幾個無憂患、漢室三傑、一人逃入山、心寒、君顏不是頑、求安、回頭苦海乾、

又

早知幾、回頭頻看、莫粧呆、消息踏犯、長棚十里、那有筵不散、朱轂今日丹、天威明日寒、陸機聲譽、不免華亭嘆、蘇子馳名、長流三四番、朝班、誰能得久安、機關、鹿門自有山、

明程君房百子圖墨

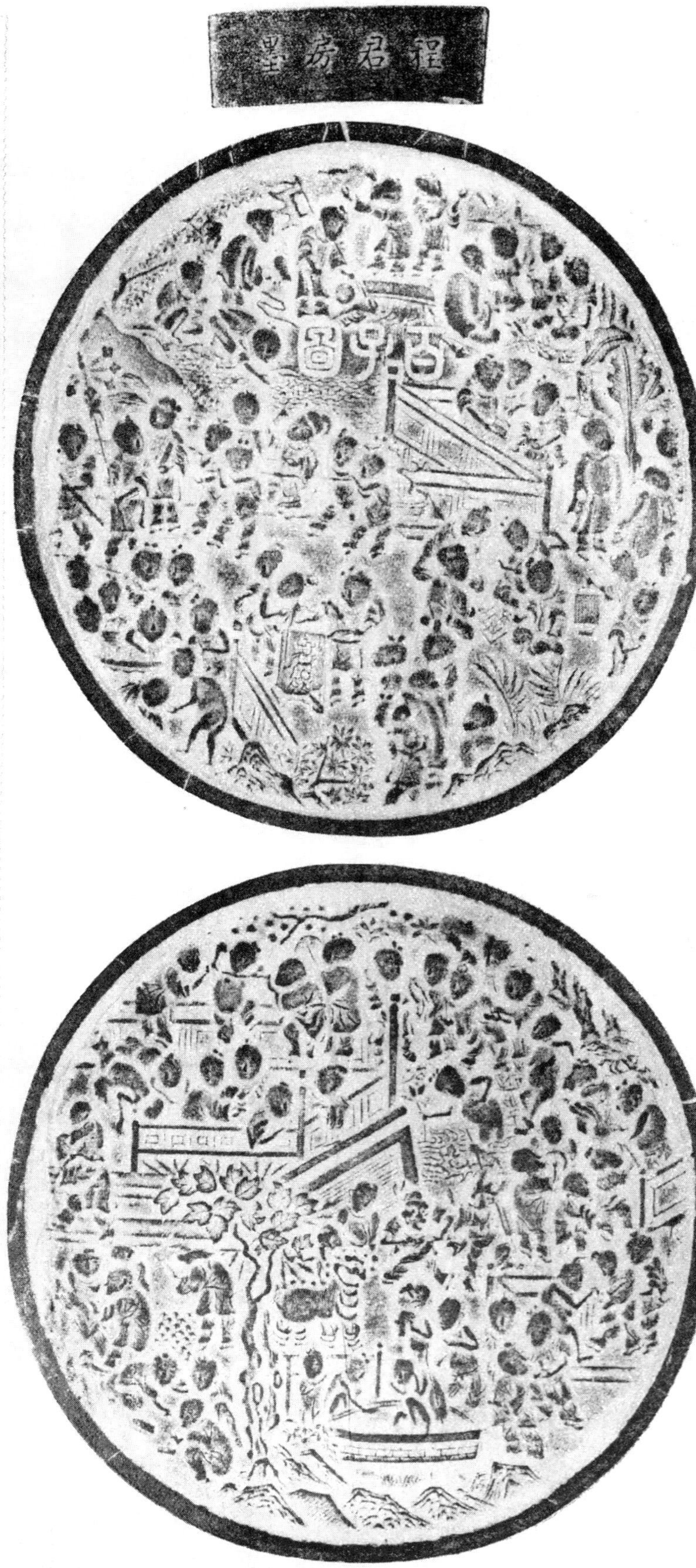

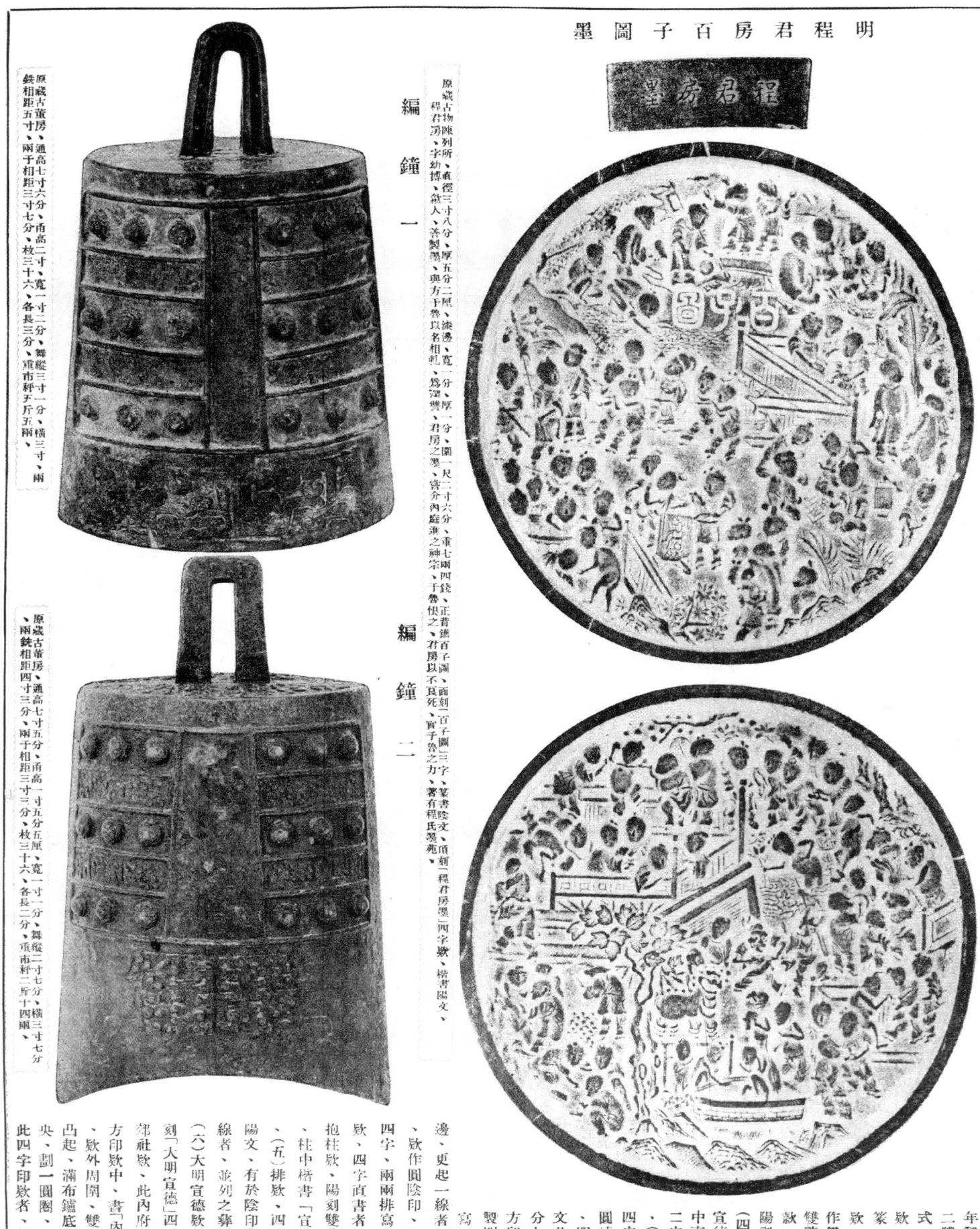

原藏古物陳列所、直徑三寸八分、厚五分二厘、漆邊、寬一分、厚一分、圍一尺二寸六分、重七兩四錢、正背鐫百子圖、面刻「百子圖」三字、篆書陰文、頂刻「程君房墨」四字欵、楷書陽文、程君房、字幼博、歙人、善製墨、與方于魯以名相軋、爲深讐、君房之墨、嘗介內庭進之神宗、于魯恨之、君房以不良死、實于魯之力、著有程氏墨苑、

編鐘一

原藏古董房、通高七寸六分、甬高二寸、寬一寸二分、舞縱三寸一分、橫三寸、兩銑相距五寸、兩于相距三寸七分、枚三十六、各長三分、重市秤子斤五兩、

編鐘二

原藏古董房、通高七寸五分、甬高一寸五分五厘、寬一寸一分、舞縱二寸七分、橫三寸七分、兩銑相距四寸三分、兩于相距三寸三分、枚三十六、各長二分、重市秤二斤十四兩、

年製」、分篆楷二體、篆欵分六式：(一)正方印欵、作小篆或籀篆、(二)扁方印欵、四字橫列、作鐵線篆、(三)雙龍擁抱扁方印款、欵外周圍、陽刻雙龍擁抱、(四)圓印欵、「宣德」二字、居中直書、「年製」二字、夾寫左右、(五)直柱欵、四字直寫、邊作圓棱、(六)排欵、四字橫排、陽文凸起、楷欵分七式：(一)正方印欵、宣德年製四字、兩兩排寫、有於陰印內邊、更起一線者、(二)圓印欵、欵作圓陰印、陽文宣德年製四字、兩兩排寫、(三)直方印欵、四字直書者、(四)雙龍抱柱欵、陽刻雙龍、夾抱一柱、柱中楷書「宣德年製」四字、(五)排欵、四字橫排、陰印陽文、有於陰印內邊、更起一線者、並列之彝鑪口或腹邊、(六)大明宣德欵、陰印陽文、刻「大明宣德」四字、(七)內壇郊社欵、此內府道場所用、正方印欵中、書「內壇郊社」四字、欵外周圍、雙龍迴護、陽文凸起、滿布鑪底、尙有於底中央、劃一圓圈、淺鏤龍文、抱此四字印欵者、僞也、(未完)

第一版　第八期　中華民國二十五年七月十一日

故宮旬刊

西園題跋卷之一

羅浮張　萱孟奇甫著

題宋高宗眞蹟

今雲杜友人李君維柱、藏有高宗楷書國風十四章、馬和之所圖者、余實玩之數月、惜力薄、不能購也、又於錢唐、見檇李項氏所藏高宗書豳風一卷、自七月至狼跋凡七段、其圖亦和之筆、高宗常云、寫字當寫經、不惟學字、又得經書不忘、故每書毛詩、必慮其左、令和之圖焉、此二蹟、皆希世之珍也、高宗又嘗手書龍王勅、在檇李三塔寺、寺僧至今猶寶而藏之、余數過檇李、不能如蕭翼之賺蘭亭、至今猶以爲恨、

題宋高宗眞蹟

余嘗於武林友人處、見高宗眞蹟養生論一卷、眞草相間、蓋用智永千文體也、後有德壽御書印、硃色如新、德壽、宮名、高宗爲太上皇時所居者、按史、高宗八十有一乃崩、豈亦有得於養生之說與、其書此論、當是倦勤時、年過耳順矣、而筆法精密、無一點一畫懈弛者、史稱高宗博學强記、至老不倦、信不誣也、李後主謂老來書亦老、如諸葛亮董戎、莘叡接敵、舉板輿自隨、以白羽扇麾軍、不見風骨者、此爲淺學言耳、

明錢穀畫松陰趺坐

原藏壽宮、紙本、墨筆、縱一尺六寸八分、橫九寸一分、石渠寶笈著錄、錢穀、字叔寶、號磬室、吳縣人、少孤貧、游文徵明之門、得點染水墨法、好讀書、手自鈔寫、至老不衰、所錄古文金石書幾萬卷、有三國類鈔、南北史摭言、隱逸集、長洲志、

題淳化閣帖

宋有兩王著、摹勒淳化閣帖者即蜀人、官至翰林侍書、宋史未載、所載者、翰林學士、字成象、單父人、漢第進士、在周已爲翰林學士、開寶元年、加兵部郎中、卒、少有俊才、多酒失、故不獲大用、未嘗以書名、

贈藥編

清長洲吳　綃撰

吳綃、一作綃、字素公、一字素音、號冰仙、一號韻仙、又號片霞、長洲人、通判水若女、常熟許瑤妻、瑤、字文玉、號蘭陵、順治壬辰進士、官至川北巡道、綃幼敏慧、好書、丹黃不去手、爲文磊落有俠氣、一切琴棋絃管之藝、無不精絕、工小楷、書法直逼鍾王、尤善丹青、每經點綴、靈動如生、常熟瞿氏鐵琴銅劍樓藏有綃畫綠毛么鳳白月季泥金便面一葉、自題詩曰、嫩黃和粉笑時遲、朱棂輕搖一架絲、大似姑蘇臺畔見、纖楣閑倚病西施、己亥春日畫於平干署中、茂苑吳綃、鈐印三、「吳綃」、「素公氏」、「香案吏」、綃畫僅見、此詩亦未收入集、洵奇蹟也、晚年好仙、居恆道服、（接第二版）

明項聖謨寫生冊之八

說明見本刊第一期、本幅設色、項聖謨自題曰、時當長夏、晝飲幼蕉綠天中、乘酣漫興、易庵、鈐印一、「項聖謨」、
項聖謨小傳、詳見本刊第一期、

不爲俗世妝梳、泊如也、著有嘯雪庵詩稿三卷、詞稿一卷、附曲若干首、清新俊逸、當時名士如錢謙益陳焯諸人、咸盛稱之、爲序以行、然傳本罕覯、僅南陵徐氏小檀欒室彙刻其詞、而非足稿、此贈藥編一卷、乃綃與所歡陶世濟（字子齊、號玉田、）往還之寄柬也、常熟瞿氏藏鈔本、尤稱珍秘、因迻錄一通、併其詩詞、次第在本刊印行、以饗讀者、
編者附識

小引

吳簫者、字素音、別號韻仙、金閶之望族女也、適虞爲商人婦、絮雪洒之墨花、自誇才逸、梅粧綴其玉粉、無奈情多、對鏡而崔貌常憐、抱衾而王郎羞偶、時欲琴挑司馬、戶越崑崙、邂逅變姿、託春心於金刻、期諸素願、寫幽怨於雲箋、玉人入花砌而魂迷、冰郎吐艷芬而情惹、迨後膠漆不啻鸞鳳、以致風波動夫雀鼠、倏合倏離、赤繩之緣安在、一生一死、皦日之盟謂何、萍絮之性隨飇兮、負茲良友、風月之懷沉水兮、哀此尾生、係人深思、良足悼嘆、

贈藥編

允約

風欺露泣、寸心爲勞、但莫學中道崔張可耳、諸事已妥、爲恩郎情意、骨化形銷、不違寧處、從今博得一箇眞正才子、不爲枉過一生也、前說原約假粧擬、肯教眞眞醉倒耶、情愛弟簫百叩子齊新郎、

會後尋憶

三生神契、一晌擬迷、自愧俗流、何當雅愛、弟今愈想愈狂、寧知是睡是夢、早來餘香、彷彿錯擬君懷、猶爾呼名、繼以潛然涕泣、欲記好丰神、眼花徒顛倒、執手叮嚀、敢忘片語、誓同生死、不改初心、但未知何地何時、重期復合、興言及此、寸剪穿腸矣、兩處相思、身離神合、仙郎神清骨瘦、何堪以鄙爲懷、風露方侵、幸以珍重自愛、情愛弟簫百叩子齊情哥、

（接第三版）

清金廷標畫吳下故蹟詩意冊之七
（戴顒宅）

說明及金廷標小傳、並見本刊第四期、本幅清高宗御題詩曰、捨宅由來福地宜、北禪皮陸昔聯詩、門前碧柳黃鸝囀、便是雙柑往聽時、右戴顒宅、

宋　蘇　軾　一　夜　帖

（宋十二名家法書第三）

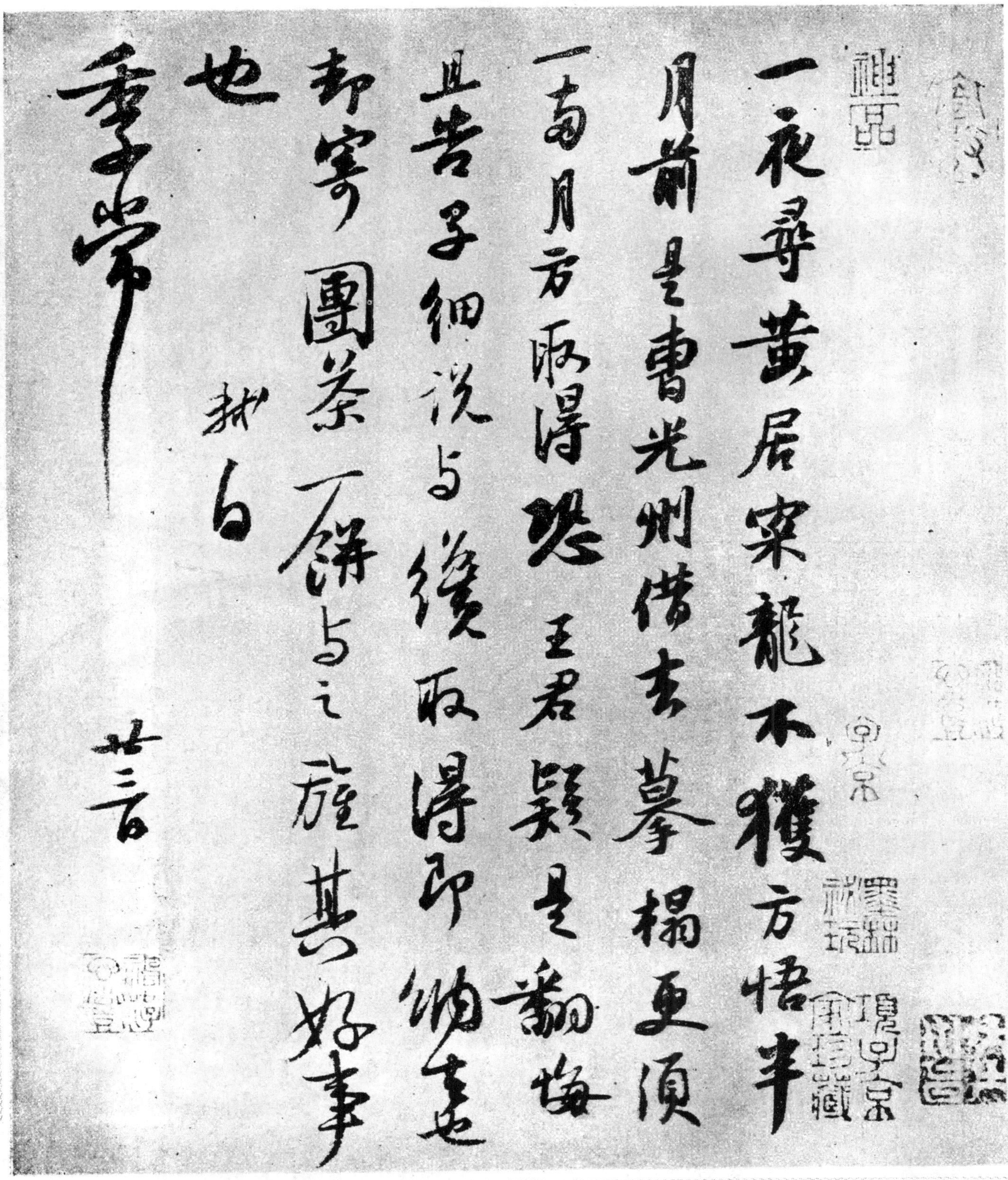

石渠寶笈續編云、第三、籤標宋蘇文忠公軾書、縱八寸九分、橫一尺三寸八分、行書、（文不錄）案是蹟見書畫彙考、刻入三希堂法帖、蘇軾、字子瞻、一字和仲、號東坡、又號雪堂、蜀眉山人、嘉祐二年進士、官至禮部尙書、端明侍讀二學士、贈太師、謚文忠、

佳期

內外湊巧、每每得意、眞天賜良緣、送來佳會耳、慮有旁撓、計得紅絲定其足耳、愛弟籲叩約子齊情郎、

惜醉

宵來仁兄未嘗過飮、何至逆胃、多因懷結所致、痛心痛心、仁兄珍重玉軀、莫使鍾情太甚、以至戚傷如此、弟不忍見聞耳、

送茶

豪情消瘦、諒苦渴不減相如也、手烹春雪、聊佐一壺、

請赴席

旣然石翁有約、兄何故不赴、莫非奴子失候否、眼穿腸斷、遠望行旌、

宣鑪小誌

補注（續）

〔六字欵〕文曰「大明宣德年製」、分篆隸眞草四體、楷書者最普通、約分四式：（一）扁方印欵、習見者多陽文陰印、亦有陽文凸起者、罕見、普通多鐫鑪底、偶有刻在腹上或腹內者、（二）雙龍擁抱扁方印欵、（三）直方印款、六字直寫者、有陽文凸起者、天津徐君彥先生得三足鼎、欵在鼎足正面、六字直書、陽文凸起、奇異之式也、亦有分作兩行、行三字者、（四）排欵、六字箇箇橫寫、分列於口邊、口上、頸間、腹間、腹底各式、多陽文陰印、亦有陽文凸起者、間有陰文者、則於鑪盤偶見之、近市列各鑪、每有刻「大明宣德御製」扁方楷欵者、更有飾以蟠龍者、皆僞也、鄞張絅伯君藏鑪中、有「大明宣德八年」楷書扁方印欵、大書深刻、詫爲僅見、篆欵約分二式：（一）扁方印欵、有作小篆者、有作籀篆者、（二）直柱欵、六字直書、陽文凸起、多刻腹上、隸欵極罕、（接第四版）

明方于魯光普摩尼大香水海墨

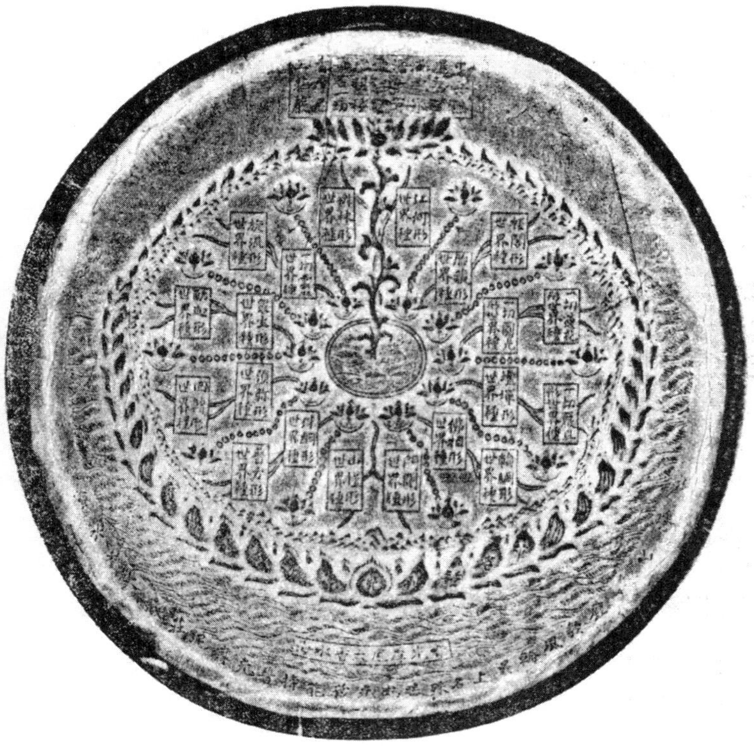

原藏古物陳列所、直徑三寸八分、厚六分、邊寬一分、厚八厘、圍一尺二寸一分、重七兩二錢、正面鐫普光摩尼大香水海圖、背面鐫銘曰、「華藏世界海、法界等無別、安住於虛空、莊嚴極眞淨」、左邊側刻「萬曆甲申海陽方于魯製」十字款、均楷書陽文、方于魯、初名大激、後以字行、改字建元、歙人、初學爲詩、汪道昆招入豐干社、獎飾甚至、後得程君房墨法、乃改而製墨、名重萬曆間、著有方氏墨譜、與君房相軋、世兩譏之、又著方建元詩集、子嘉樹、能世其業、

鈁

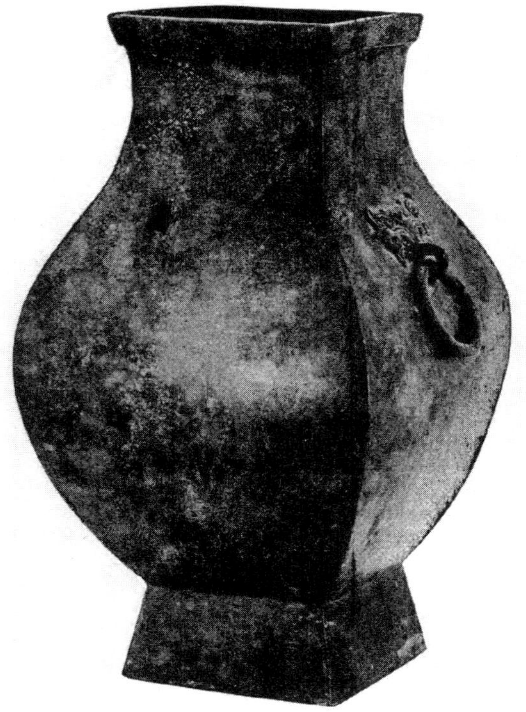

原藏壽康宮、高九寸三分五厘、口徑縱橫均三寸二分五厘、底徑縱三寸一分五厘、橫三寸四分、深八寸一分、重市秤四斤十四兩

漢紘紋鍾

原藏重華宮、通高八寸三分、深七寸五分、口徑三寸四分、足徑三寸九分、足高八分、腹圍二尺零五分、重市秤六斤三兩、

僅見一獽瓮鼎、下刻隸書直方印款、分二行、行三字、他式尚未之見、

〔七字款〕文曰「大明宣德五年製」、草書六字扁方印款、亦不常見、正方印款、「宣德五」三字、居中直書、「大明年製」四字、夾寫左右、

〔八字款〕文曰「宣德五年吳邦佐造」、直方印款、楷書兩行、行各四字、吳邦佐者、當時工部監鑄之臣也、又有一種、文曰、「宣德五年高氏監製」、私家所鑄也、

〔九字款〕文曰「宣德七年尚書黃福製」、正方印款、楷書三行、行三字、曩在廠肆見蝙蝠耳鑪、底鐫此款、疑係僞作、

〔十字款〕文曰、「工部尚書敕賜鑪宣德製」、乃加鑄象首大彝鑪款、專賜工尚者、見廿卷譜、

〔十二字款〕(一)文曰、「宣德三年五月敕賜勛名之鼎」、專用之勛名鼎、楷書印款、見卄卷譜、(二)文曰、「大明宣德五年工部吳邦佐製」、扁方印款、楷書四行、行三字、(三)文曰、「大明宣德年內臣吳邦佐監造」扁方印款、楷書四行、行三字、(二)(三)兩款、見鄞縣張絅伯先生藏鑪、

〔十六字款〕文曰、「大明宣德五年監督工部官臣吳邦佐造」、皆楷書、分二式、(一)正方印款、分四行、行四字、有作「大明宣德五年工部督廠臣吳邦佐監製」者、不多見、(二)排款、在鑪口邊、正背分刻、面各八字、陽文陰印、亦有陽文凸起者、又有一種、誤爲「大明宣德六年工部尚書臣吳邦佐敬造」者、則惡鑪劣款、一望可辨、

〔李澄德款〕古物陳列所藏瓮口馬蹄鑪、底有六字扁方楷款、文曰、「大明宣德年製」、左旁復有直方印款、楷書二行、行五字、文曰、「工部員外臣李澄德監造」、乃知監鑄宣鑪者、吳邦佐外、更有李澄德也、

(未完)

故宮旬刊

西園題跋卷之一

羅浮張萱孟奇甫著

題淳化閣帖蒼頡書

二十八字、即淳化閣帖第五卷所載者、周人既不能識矣、李斯胡從而識其八、叔孫通又胡從而識其十二、余按李斯所識八字、謂爲上天作命、皇辟迭王、此迺寇謙之所纂黑帝安和國王禁文也、今二十八字具在、李斯又未明言某字當作某字、而叔孫所識十二字、不知李斯所識者、亦在其中否、胡不明言以傳於世也、黃長容以此書爲僞筆、固當、余謂斯通亦非眞識也、余又按蒼頡、衙人、（衙、音圉、）即今鳳翔縣、其廟碑倉作蒼、銘曰、穆穆聖蒼、故後世有蒼舒氏、王充論衡作倉、謂春秋倉葛、即其後也、未知孰是、古今傳記、皆謂頡與沮誦、嘗爲黃帝史官、始制文字、故曰史皇、而丹壺記禪通之紀、首列史皇、春秋歷命敘、循孔圖、元命苞、帝王外紀、淮南子、皆云倉頡、傳十一世而後爲栢皇、栢皇傳五世而後爲黃帝、其世代相遠若此、司馬遷黃帝紀、並未言黃帝制文字、亦未言黃帝史官爲蒼頡、故崔瑗、蔡邕、曹植、張揖、索靖、顏野王、孔穎達、皆以頡爲古之帝者、在伏羲之前、蓋得之矣、韋誕傳云、皇甫謐張、皆以頡爲黃帝史官者、則宋衷世本之註誤之、宋之諸儒、未見其書、亦交相援引、以爲世本可信、而世本曷有是乎、惟內傳云、黃帝命沮誦作雲書、孔甲爲史官、以紀言動、故漢志有孔甲八篇、田蚡常習之、而謂頡爲黃帝史官者、固誤、即以文字爲始於蒼頡、恐亦誤也、玉經隱注三皇天文、謂之太上玉冊、皆三元八會、自然成文、故眞誥曰、八會、文章之祖也、三五歷天皇氏之世、秉籙司契、爲龍鳳雲篆之章、以演八會之靈書、此非文字而何、是蒼頡之前、文字已萌、獨太徵黃書曰、靈書八會、字無正形、謂點畫尚未區別、至蒼頡生而登陽虛之山、臨玄扈洛汭之水、河圖綠字呈焉、頡始因之、仰觀奎星圓曲之勢、俯察龜文鳥羽、山川流峙之形、以區別文字之點畫、而窮天地之變、周萬民之用、爲百王憲耳、前賢謂蒼頡二十八字、有畫卦意、謂頡書雖出於龜文鳥跡、實根六十四卦之畫、畫非字、而字不能離畫以成文、頡第緣伏羲氏以損益錯綜之耳、是亦以頡果爲黃帝史官、不知頡先於伏羲、尚數十餘世也、若雨粟鬼哭、高誘注淮南子、固爲臆說、張彥遠古今名畫記、又謂上天不能藏其秘、故雨粟、鬼神不能遁其形、故夜哭、是亦高誘之說也、夫伯禹播植、嘉穀誕降矣、京房易以歲大熟、天雨粟、而後代之雨穀、雨黍、雨稷、雨米、雨豆、載在傳記者、不一而足、或災或祥、或應或不應、又何說以處此、王充論衡、乃謂蒼頡作書、何非何惡而致此怪、迺適與之會、似亦一說、第鄂州圖經、李陽冰書篆鄂字、从四口作咢、鬼亦夜哭、余謂鬼非自哭、蓋爲世人哭耳、鶡冠子曰、有一二、即有千百、有千百、即有計算、有計算、即有文字、有文字、即有機械、而天下之禍、不可勝窮矣、今楚粵巴蜀間、（接第二版）

明王穀祥畫花鳥

原藏齋宮、絹本、設色、縱五尺一寸九分、橫二尺五寸三分、欵署嘉靖甲寅秋七月望日、穀祥、鈐印二、「穀祥」、「王祿之印」、石渠寶笈三編著錄、王穀祥、字祿之、號酉室、長洲人、嘉靖進士、改庶吉士、歷吏部員外郎、忤尚書汪鋐、左遷眞定通判、歸、工書畫、持躬儉潔、有清望、

明項聖謨寫生册之九

說明見本刊第一期、本幅墨筆、項聖謨自題曰、結亭古楡下、春夏愛餘陰、即使秋風老、同君醉雪吟、爲幼禟詞兄作、項聖謨、鈐印二、「友竹」、「所作必思古人」、項聖謨小傳、詳見本刊第一期、

溪蠻峒猺、頑獷殊常、而狉獉自若、其俗刻木示信、死生以之、亦猶結繩之遺也、故安居飽食、於人無爭、不幸而內地亡命之徒、闌入其中、教以文字、遂令狙詐日起、利爪距而尋干戈、鼎沸魚爛、不底於滅亡不已者、則文字爲之祟也、故余嘗謂圖出河、書出洛、天地所以開文明也、易曰、上古結繩而治、後世聖人、易之以書契、蓋取諸夬、夬夬、以決小人之卦、書契、以決小人之僞者也、惡知夫僞者未必決、而決者復僞乎、惡知夫治百官者、正以亂百官、而察萬民者、亦以惑萬民乎、故三代而上、文字之用、自墳典鼎彝外、無所失焉、三代而下、然後文字日繁、淫詞詖說、滋蔓霄壤、章句之學如凝脂、而奇衺之目如秋荼、文者侮俗、奸者舞文、遂至讀易卜姦、說詩拍冢、世皆以爲末世則然、而不知皆起於四目之文字也、嗟嗟、四目四口、即鬼神且畏之、況於人乎、又況於千百其口、千百其目者乎、一嘆一嘆、

贈藥編

清長洲吳　綃撰

宵約

此地最便、今宵定成佳會、速俟仙令飛鳧、

盟神詞

玉田謹涓良辰、要韻仙吳子而爲之詞、冀神聽也、其詞曰、

北里吸三年而定配、結愛相連、東隣憑一笑以爲媒、懷情永託、祇應向月、姮娥竊藥以宵奔、爲是經秋、婺女臨河而散巧、信儔侶之足慕、爰終始之有期、愧世濟欲落魄於西川、遇冰仙懷芬芳於南國、殊恩異數、寵踰玉樹之班、矢志盟心、詎取絲蘿之雅、用是披其隱願、庶幾鑒於明神、世濟之願如此者、昔求善偶、本非登徒居室之淫、夙慕閒情、亦陋相如上宮之詐、忽逢姝貌、遂發狂癡、每徧訪其年庚、輒潛呼其小字、芳流翰墨、私吟詠絮之篇、適覩雲箋、竊異生花之管、迨於鶯啼花外、已驚荳蔻苞溫、鳳咽弦中、旋覺春葱色嫩、抱柱閑尋夫屐齒、垂簾遙想乎衣香、眼波憑狹路之車、心火發金堂之焰、行時解佩、靈非我欺、懷袖置書、願惟君察、冰仙之願如此者、槃槃石狀、誠垂盼以新衣、嫋嫋魚肥、重相將而白首、本緣骨艷、豈忘花燭之輝、爲恨情多、不惜紅羅之裂、願予高義、勉爾幽期、思如結而心同、意如環而運合、博山煙重、新闌香獸之形、油壁車輕、往覓青驄之騎、

（接第三版）

清金廷標畫吳下故蹟詩意册之八（陸羽泉）

說明及金廷標小傳、並見本刊第四期、本幅清高宗御題詩曰、鱗皴石壁貯渟流、綆汲罍瓶百尺脩、笑彼吳中泉品徧、姓名翻落第三籌、右陸羽泉、

宋王鞏冷淘帖

（宋十二名家法書第四）

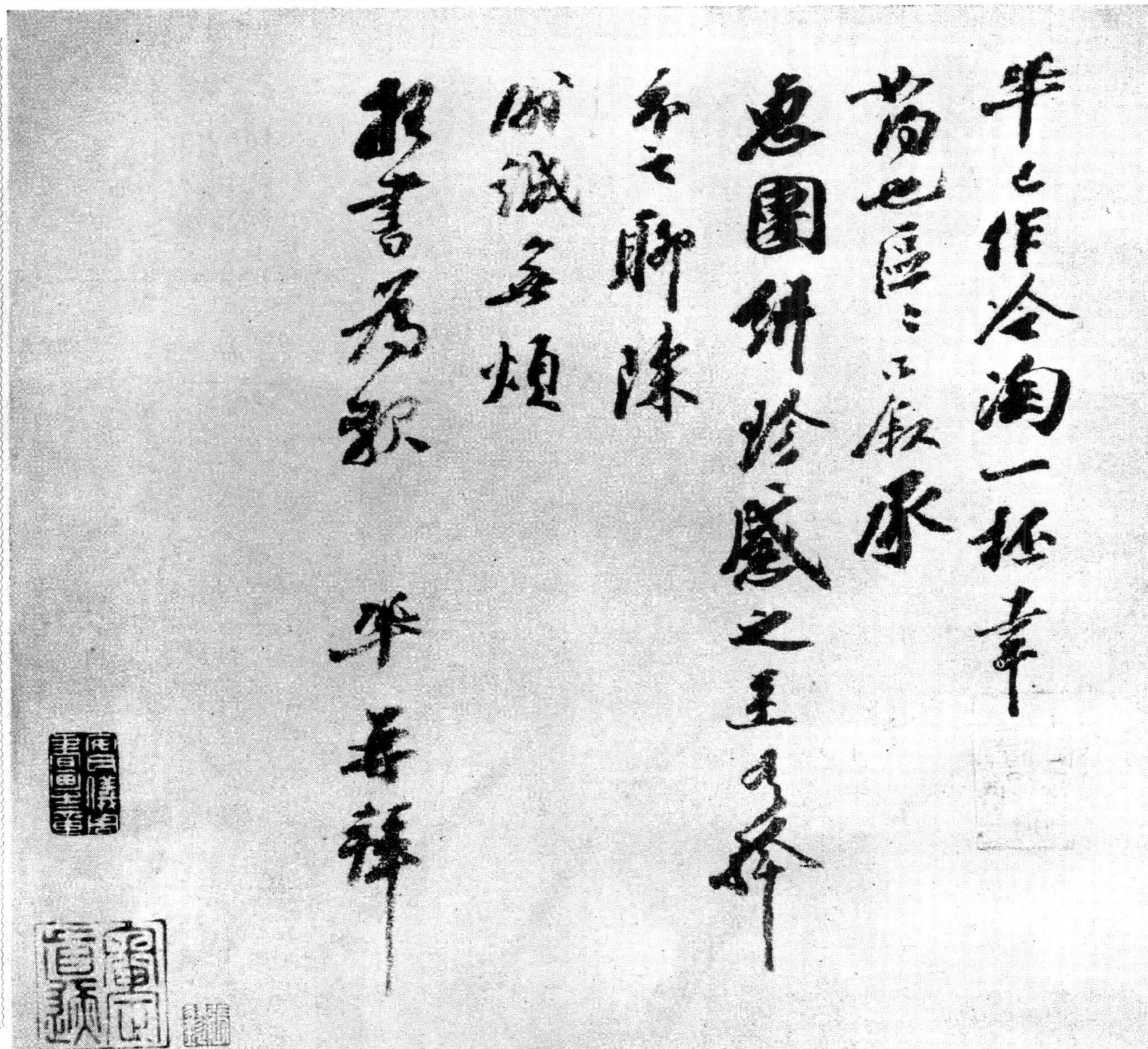

石渠寶笈續編云、第四、籤標宋王定國鞏書、縱八寸二分、橫一尺四分、行書、文曰、鞏已作冷淘一杯、幸如約也、區區口叙、承惠團餅、珍感之至、有幹示之、聊陳別誠、無煩枉書爲懇、鞏再拜、案是札刻入三希堂法帖、王鞏、字定國、魏州人、文正公旦孫、長於詩、從蘇軾遊、軾嘗謂近日米芾行書、王鞏小草、頗有高韻、必有傳於世、

以至緘恨恨來時之遠、夢回驚去路之遙、鳥啼嬌澀、曉寒欲透乎疎檽、花露香深、夕景復沉乎碧沼、奚止之君情感不斷、亦當之我命怨靡常、鍾情若斯、爲歡何極、從此以信爲重、自今以戒爲先、居惟接膝、行猶比目之魚、種附駢枝、宿共聯翩之鳥、或陪遊於春夜、或緬涕乎秋風、或纏綣乎含孌、或低迷於隱笑、（接第四版）

清袁瑛畫山水册之三—四

說明及袁瑛小傳、並見本刊第六期、

舟父乙甗

原藏漱芳齋、寧壽鑑古卷十二第七頁著錄、稱周父乙甗、高一尺六分、深自口至底七寸五分、耳高二寸二分、耳闊二寸、口徑七寸九分、腹圍二尺二分、重市秤十斤十三兩、銘文曰、舟父乙、

𠬝父癸卣

原藏漱芳齋、西清古鑑卷十五第六頁著錄、稱商父癸卣、通蓋高一尺一分、深六寸七分、口縱三寸八分、口橫四寸九分、腹圍二尺五分、重市秤十斤十二兩、兩耳無提梁、銘文曰、𠬝父癸、蓋銘同、西清古鑑曰、𠬝、象形、爲執耳、蓋提耳意也、或釋作取、

或照隻鸞之影、舞鏡非虛、或印飛狐之踪、熏香不撤、或尋犬洞、花源之迷路潛通、或飲牛津、仙客之浮槎欲近、或弄錦帷之佩、或乘青翰之舟、或描京兆之眉、或寵專城之髯、或重主家之誼、即貴無忘、或聽園令之琴、長貧不惜、

（未完）

宣鑪小誌

補注（續）

〔且閒主人欵〕杭州王福厂先生藏蚰耳彝、底刻正方印欵、楷書九字曰、「宣德年且閒主人監製」、雖出私鑄、要亦僅見、

〔逢伯欵〕編者曾得辟邪耳彝鑪、底「大明宣德年製」扁方楷欵下、復刻橫欵、楷書「逢伯藏」三字、按逢伯、馬姓、字仲甫、臺城人、幼與左光斗、馬士奇諸人游、以詩文相倡和、由貢生官博平知縣卒、此鑪或爲逢伯仿宣德製、

以上各欵、有全欵流金者、有僅鋈欵字者、皆貴品也、此外尚有蟠螭、太極、圓花等欵、無文字者、亦有不鐫欵者、

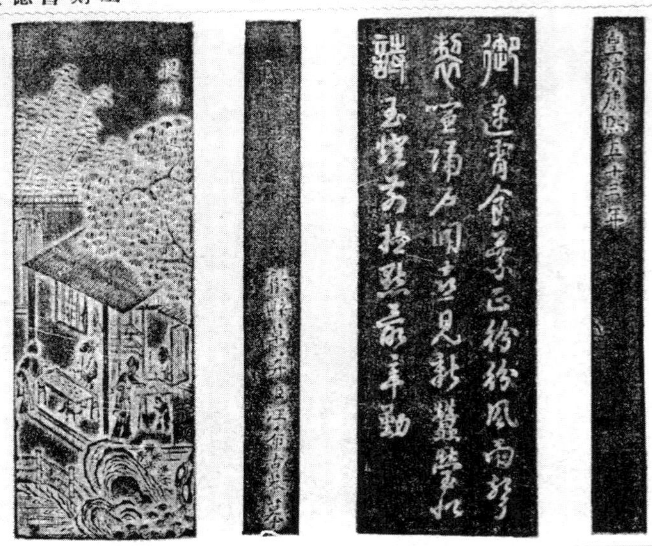

清康熙織圖墨之六

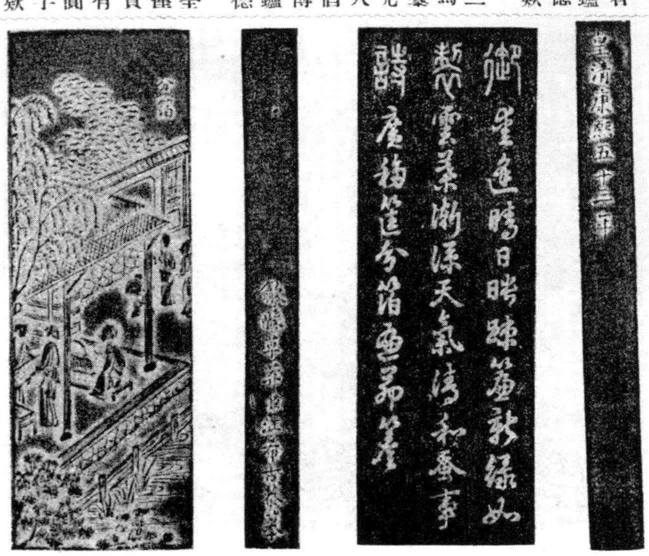

清康熙織圖墨之七

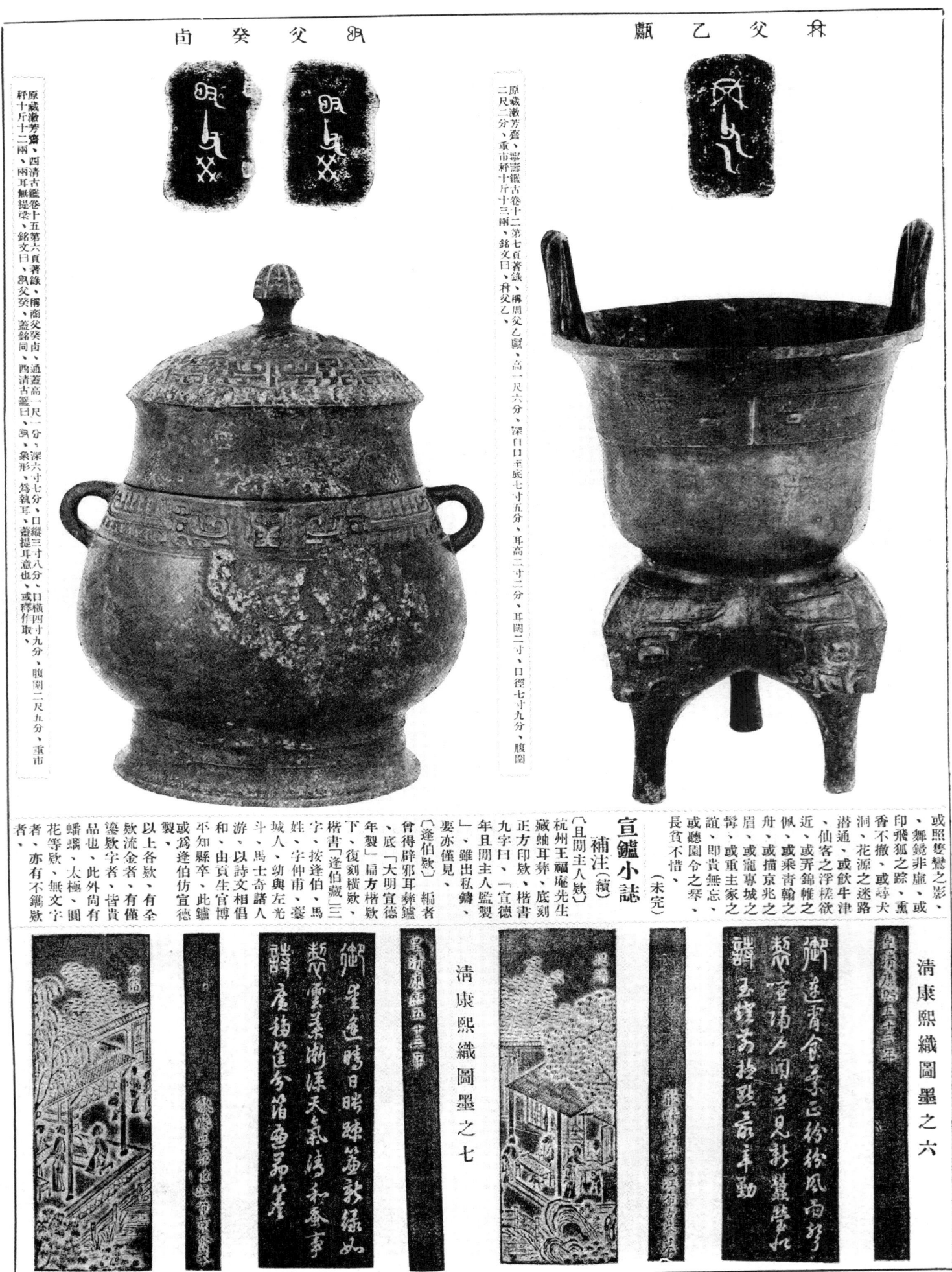

第一版　　第十期　　中華民國二十五年八月一日

故宮旬刊

西園題跋卷之一

羅浮張　萱孟奇甫著

題星鳳樓帖

余拙於臨池、顧酷嗜古今名帖、惜力薄不能盡購、第自淳化官帖外、凡名帖之烜赫者、時獲寓目焉、亦幸十之七矣、惟星鳳樓甲秀堂二帖、止聞其名、因憶祝希哲家、世購藏名帖最富、及令龍川、僅攜甲秀帖於宦笥中、至語人曰、日夕與此帖相對甚熟、其珍愛如此、吳文定公原博、精八法、其家集亦有甲秀帖跋語、謂此帖迺少時所藏、爲劉廷美僉憲借去、僉憲沒、三子異居、遂分裂之、公登第後、三子各持其半以還公、復合于一、是本故不完、而所勒石久已亡去、故公尤惜之、不知希哲所攜、即公所跋者否、余初購此帖於金臺邸中、殊費餐錢一歲、喜而欲狂、其標目曰廬山陳氏甲秀堂帖、及閱帖尾、則趙彥約摹勒上石於南康、蓋星鳳樓帖也、賈人目不知書、第聞甲秀嘗爲吳祝兩名公所賞、故借名眩人耳、昔人買王得羊、不失所望、余買甲秀得星鳳、亦足以重也、獨惜此帖非完物、與文定公甲秀帖目、多少適均、獨此帖闕秦權量銘、及漢鄧隲破羌竹簡耳、星鳳帖石亦應不存、故行世甚少、日來海內好事者、想亦不乏、二帖似尚可購、子若孫有篤於嗜古、志於臨池、獲從諸海內再購此二帖、爲寶研亭中箕裘一徵、亦繼述者大快事也、故書數語、以付囑之、萬曆甲寅至日西園公題於清音閣、

吳文定公所藏甲秀堂帖目、並書於左、以便購求、

周石鼓文　秦泰山銘
秦權量銘　漢鄧隲討羌竹簡
隋煬帝序曹子建帖
晉王右軍荀侯帖　唐歐陽率更
顏魯公倣右軍帖　祭文稿
懷素三帖　李太白醉稿
白文公詩　宋司馬文正公銘
蘇東坡手簡　黃山谷手簡

余按星鳳甲秀二帖、其帖目如一、想同一本、彼此相摹刻耳、第不知孰先孰後、而摹手與刻手之精善、又不知甲秀視星鳳孰爲父孰爲子也、

（接第二版）

清畫院畫十二月月令圖之八月景

說明見本刊第一期、

中華郵務局特准掛號認為新聞紙類

明項聖謨寫生冊之十

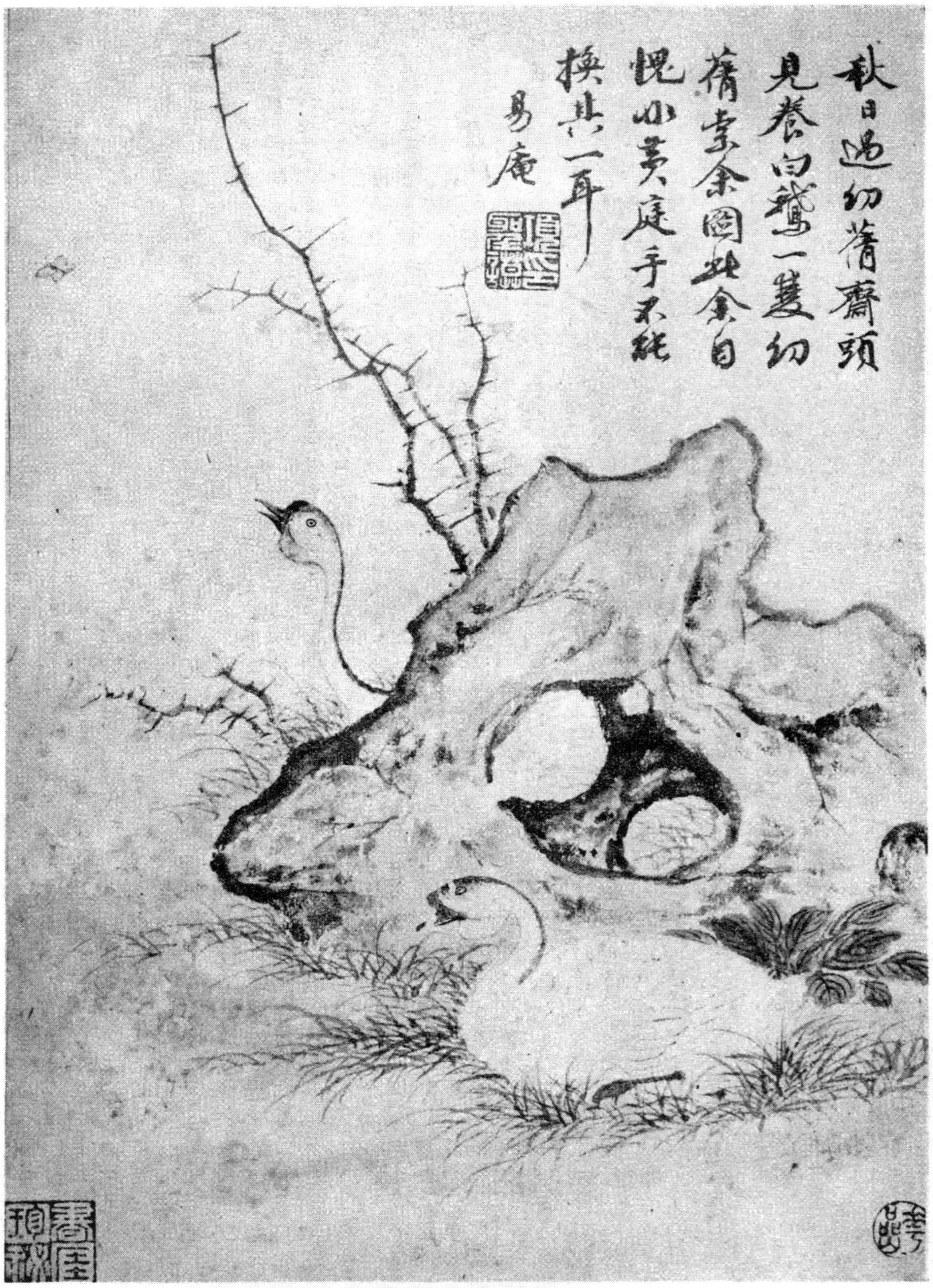

說明見本刊第一期、　本幅設色、項聖謨自題曰、秋日過幼蒨齋頭、見養白鵝一隻、幼蒨索余圖此、余自愧非黃庭手、不能換其一耳、易庵、鈐印
一、「項聖謨印」、
項聖謨小傳、詳見本刊第一期、

趙彥約史所不載、其字與爵里、無從考證、廬山陳氏、亦未見於他書、請以俟博古者、（未完）

贈藥編

清長洲吳　綃撰

盟神詞（續）

或唱吹簫之曲、或和擊缶之歌、或蒙甄后之衣、或蔽長衡之席、以至荀令之傷神暗瘁、劉嫺之刻誄深悲、玉湖之化魄相依、金谷之遊魂未散、倘遭逢之不偶、亦生死之唏欺、更或韻仙而分衛玠之委、將春果而逐羊車之勒、玉田而學吳施之態、將晴紗而邀國士之憐、更設向瑤池而作女、湘皇之淚血應勻、謫塵世而皆男、鄂渚之繡衾須暖、洛陽桃李、葉葉交花、華山梧桐、枝枝覆體、允宮商之和合、亦針石之相尋、自茲使君曲陌、莫誤蠶飢、府吏廬江、莫催馬足、莫怨空倉之雀、莫懸網戶之蛛、莫生織素之嫌、莫唱裂紈之句、莫寄迴文之錦、莫披獻賦之金、莫捐中道之崔張、莫返人間之晨肇、莫移飛語、莫改初心、孰爲棄德之寒盟、即是離心之疾謐、三生片石、難留一笑之緣、五色絲繩、誰繫薄情之足、生不沐其美春、死輒抱夫沉冤、斷石非誣、顯斥忘恩之魄、蒙顏難洗、服褫反覆之情、遂中心忘忌諱之詞、冀知己絕嫌疑之跡、玉兎牽牛、共聞余語、金妃玉母、實鑒斯情、惟念霧駕河梁、隱隱去來之跡、雨香雲氣、殷殷朝暮之期、花檻移春、未許蜂狂驚覺、柳枝眠午、莫教鶯舌傳詣、使得恣情羅襪、香塵顫翠鳳之雙翹、適志更衣、玉膩透靈犀之一點、一刻千金而增價、百年並穴以同歸、疇負載書、有如皎日、盟弟世濟百拜啓

韻仙夫人粧次、

清金廷標畫吳下故蹟詩意冊之九

（三賢堂）

說明及金廷標小傳、並見本刊第四期、　本幅清高宗御題詩曰、五字蘇州是上乘、白劉倡和亦堪稱、垂虹設以三高比、却覺斯堂風雅勝、右三賢堂、

答謝盟詞

伏讀同心約盟、恍如錦園繡圃、芬芳馥郁、若聽金聲玉振、八音鏗鏘、春明擲果、寧睽潘氏、秋思悲風、不讓宋家、吾兄眞正才子情郎、

（接第三版）

宋黃庭堅荊州帖之一

（宋十二名家法書第五）

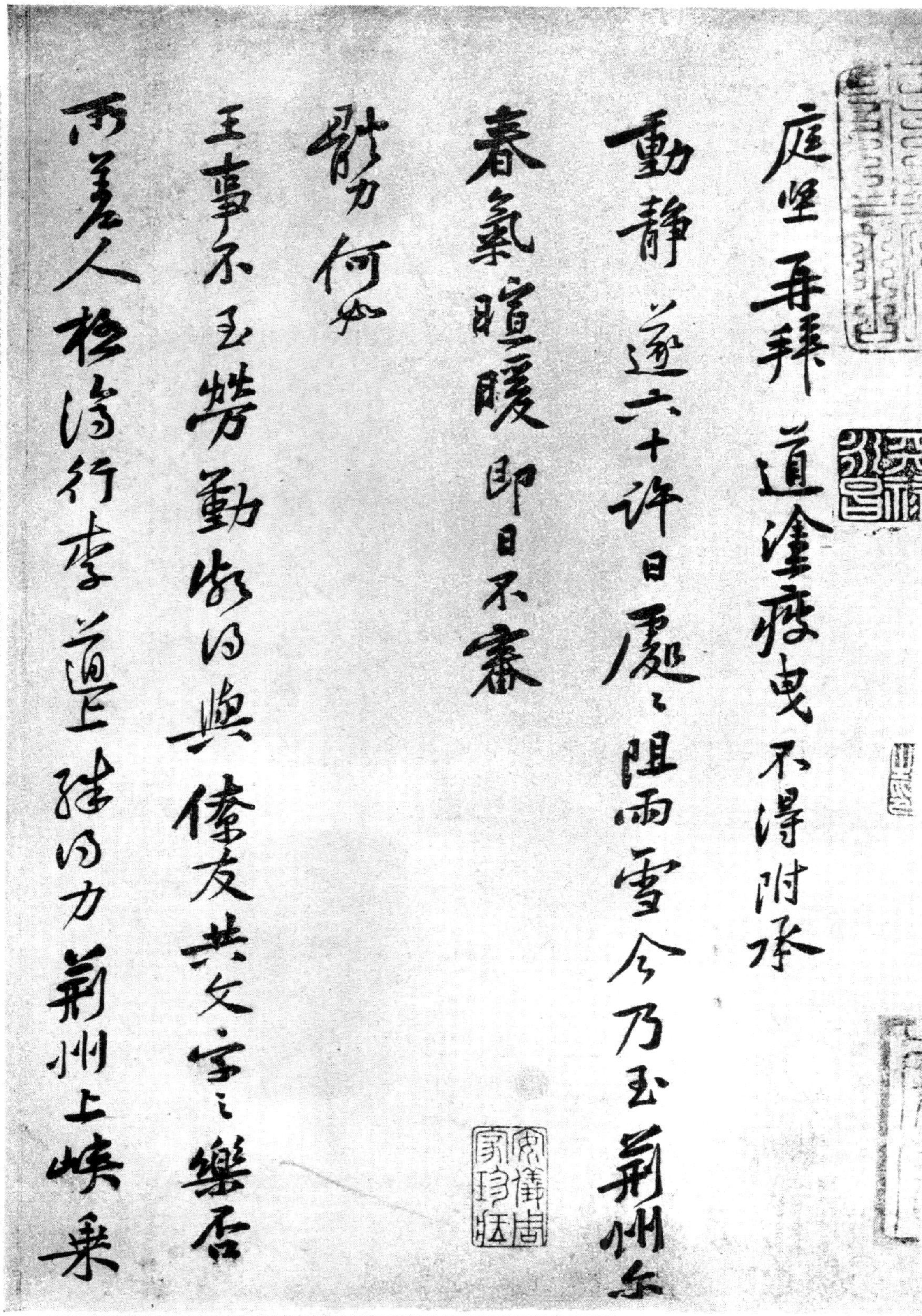

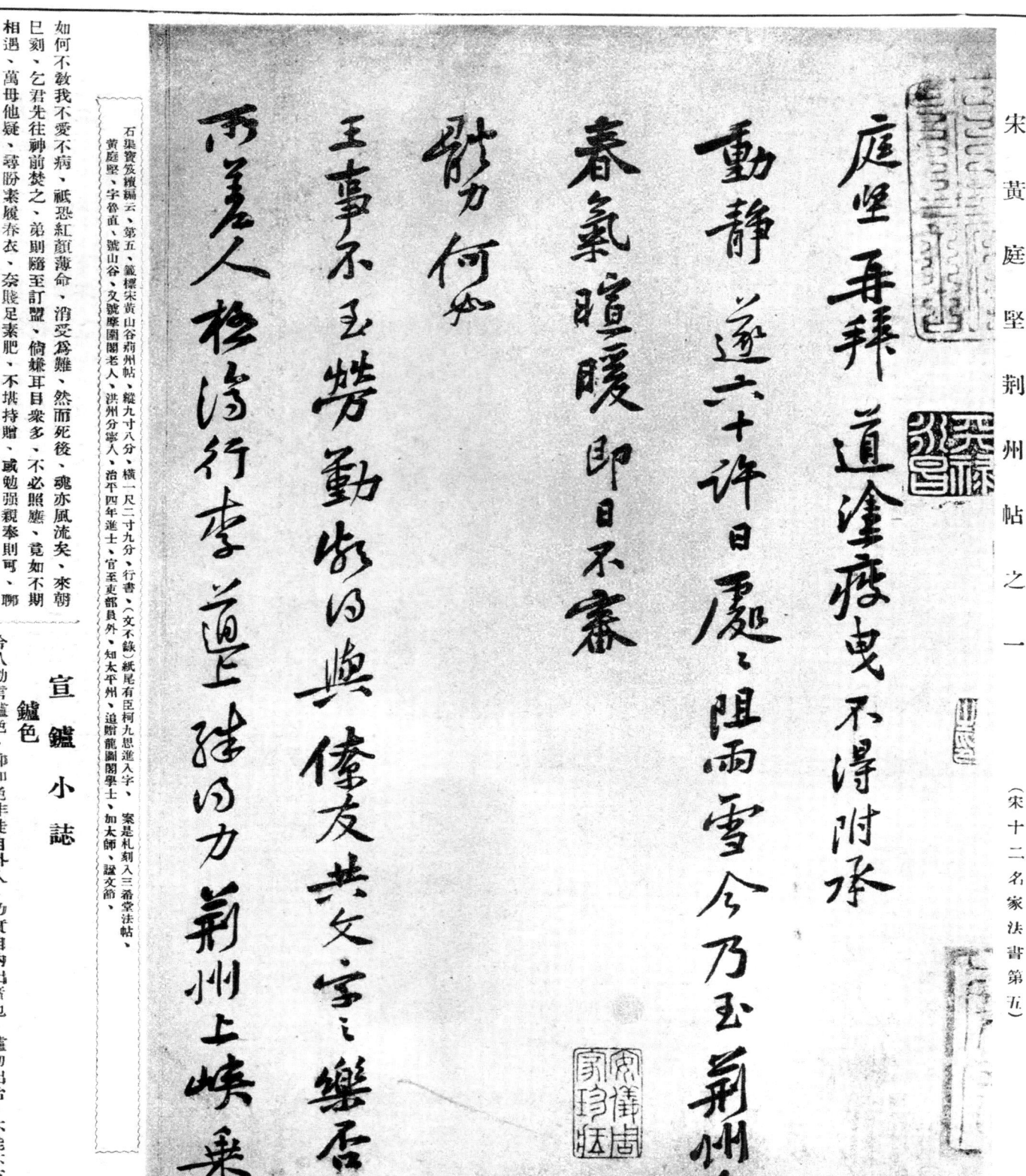

石渠寶笈續編云、第五、籤標宋黃山谷荊州帖、縱九寸八分、橫一尺二寸九分、行書、（文不錄）紙尾有臣柯九思進入字、案是札刻入三希堂法帖、黃庭堅、字魯直、號山谷、又號摩圍閣老人、洪州分寧人、治平四年進士、官至吏部員外、知太平州、追贈龍圖閣學士、加太師、諡文節、

如何不教我不愛不病、祇恐紅顏薄命、消受爲難、然而死後、魂亦風流矣、來朝巳刻、乞君先往神前焚之、弟則隨至訂盟、倘嫌耳目衆多、不必照應、竟如不期相遇、萬毋他疑、尋盼素履春衣、奈賤足素肥、不堪持贈、或勉强親奉則可、聊以汗衫裯服二件馳至、皆頃刻脫下、垢膩未除、仁兄少迓春愁可乎、洛浦無舟、藍橋伊阻、空憐形影、從晨與昏、孱弟龐頓首子齊才子情哥、

宣鑪小誌

鑪色

今人動言鑪色、抑知色非徒自外入、乃實自內出者也、鑪初出冶、不能不下藥水提洗、誠以生銅雖鍊、不能發光、硇砂等藥、附銅得火、入而能出、不過引銅汁外現、並非如血竭硃砂各種厚色、掩鑪本質也、但須久鍊、方能去糟粕而存精液耳、宣鑪初年仿宋燒斑、尙沿永樂鑪製、中年謂掩銅質、用番硇砂浸擦薰洗、易爲蠟茶、蠟茶、本色也、至末年、本色盡顯、愈淡愈妙、可知淡色之貴、不自今始矣、又考宣鑄有鎏金色、以眞金鑠爲泥、數四塗抹、火炙成赤、所費不貲、非民間所能仿彿、此鑪中之最富麗、而不失爲大雅者也、後來重色、適不及此、他如金流腹下爲湧祥雲、金流口下爲覆祥雲、未免穿鑿、須得質美火透、金色剝落者爲佳、景泰成化年間之獅頭彝、亦尙鎏金、其底識無印文、惟用藥燒景泰年製等字、頗有古趣、然間有用赤金厚片作雲鳥形貼鑄者、亦屬魔道、大抵舊鑪不同處、總以火氣融化、藥色盡退、精華在隱顯之間爲妙、而人之誤鑪、正復不少、鑪之厄有三、一在專務絢爛、取舊色沉浸者、上藥重燒、色愈厚、光愈閉、一則過求本色之露、不問年久深色之斑駁、淺色之瑩邃、磨治一新、甚有歲一再磨、縱有火功、不能生色矣、一則性急、放火踰度、致水色澄徹之舊鑪、一變枯燥、前功盡棄、尤爲可惜、鍊鑪者、當以此爲戒、鑪色惟紅黑多僞、青黃本質易見、無僞而有新舊之別、白則不可多得、舊色佳者、黃如秋葵着露、白如玻璃澄水、紅如朝霞映日、青則魚膽、黑則點漆、雖極光耀奪目、而其中自饒一段沉淨之意、迥異凡品、且年遠流傳、非出一家一手、兩耳覆手、及底足拂拭不到之處、豈無藏垢、豈無傷痕、究之藏垢亦發光華、痕迹亦歸渾化、無損完璧、此鑪色之大較也、

讀此、悟凡事不離個眞字、

補注

編者按宣鑪色采、名目繁夥、綜其大要、臚舉如左、仿宋燒斑色、（俗名鐵鏽花）、仿古青綠色、硃砂斑、石青斑、石綠斑、黑漆古斑、（接第四版）

葡萄斑、朱紅斑、淡藍斑、棗紅色、猪肝色、甘蔗紅、海棠紅、桑椹色、石榴皮色、茄皮紫、珊瑚色、(淡紅帶粉、有本身泥金泛此色者、頗似灑金珊瑚箋、極罕見、)琥珀色、紅黃色、杏黃色、蠟茶色、栗殼色、棠梨色、(淡棠梨色、似淡藏金而稍深、熟棠梨色、似駱色稍深、即白黃帶黑色、宣鑪小志論銅質謂棠梨靑色、大謬、)秋白梨色、山查白、駱色、褐色、(黑白帶紅淡黃色、有深者、即紫褐色、)鱔魚黃色、藏金色、(一名藏經紙色、分深淡二種、)水白、花藏經色、赤金純裹、(周身流金)湧祥雲、(赤金流耳及腹下足上者、)覆祥雲、(赤金流耳口頸及腹上者、)(沈子謂湧祥覆祥、未免穿鑿、須得質美火透、金色剝落者爲佳、此眞未見譜錄、信口雌黃者矣、)金帶圈、(耳及口腹、塡以赤金、名金帶圈、有僅繞腹者、有並流口耳項脰者、有作細金帶者、有寬帶屈曲、如波紋起伏者、有帶中金色濃淡不一、錯鏤雲氣者、有金帶高起鑪面分許、乃以赤金鑲嵌者、)金帶石榴、(似金帶圈而微異、乃用番硇砂點硃砂斑、碎紅點點、如石榴皮色、流金腹間、成祥雲覆湧之勢、專施之雙魚耳彝、)流金仙桃、(見宣鑪博論、不言其色、或係淡紅如桃、而流金其上耳、)滲金色、(分三種(一)雨雪點、滲金細大相間、如雨點雪片、飛布鑪身、(二)大金片、滲金作大片、以渾成人物花鳥之形者爲上、(三)碎金點、滲金作細點、密布鑪身者、)泥金色、鑠金色、麩金雨雪點、流銀色、(用銀流花紋或帶、亦有覆祥雲湧祥雲之號、)白銀純裹、(周身流銀、)滲銀色、泥銀色、赤金霞片、金銀雨雪點、(合滲金銀作雨雪點、黃白相間、最爲瑰麗、)金銀商嵌、綠色、鸚羽綠、秋葵花色、茶葉末色、蟹殼靑、靑甕色、水銀古色、鉛古色、土古色、甕泑色、雞皮色、(三卷譜名雞皮皺砂斑、簡稱雞皮皺、宣鑪注稱橘皮紋、俗名橘皮色、小塊微凸、皺紋叠起、狀如甕器中之橘皮泑、泥金流金各鑪、多作此色、)敷漆色、(宣鑪中有敷漆一種、多後鑄者、故譜錄不載、)宣鑪說曰、「或謂鑪之舊者、覆手必有靑綠色、(覆手者、鑪腹內也、)却不盡然、予家索耳宣鑪、覆手頗黑」、以今所見、大半本色者覆手多黑舊、若仿古靑綠及帶斑點者、覆手多各呈異色、如硃斑覆手呈紅色、靑綠呈黑綠色者皆是、蓋燒斑等色、乃將顏料與銅鎔合、非如本色之僅從外調敷也、然本色亦有在覆手另敷他色者、曩得倪氏小淸秘閣舊藏甘蔗紅沖天耳中乳鑪、覆手純綠色、勻淨鮮豔、絕非銅鏽、是未可一概論也、

應公簋

原藏徽芳齋、西淸古鑑卷十三第十九頁著錄、稱周應公彝二、高三寸九分、深三寸一分、口徑五寸六分、腹圍一尺六寸六分、重市秤四斤九兩、兩耳有珥、銘文曰、「應公作旅車彝」、西淸古鑑曰、博古圖有應侯敦、應侯爲周武王第四子、按春秋列國有應、此周器無疑、

分吉父簋

原藏徽芳齋、西淸古鑑卷二十七第二十五頁著錄、稱周吉父敦、高五寸七分、深三寸八分、口徑六寸、腹圍二尺五寸、重市秤八斤十三兩、兩耳有珥、三足、銘文曰、「分吉父作仲姜寶尊設、其萬年無疆子子孫孫永寶用享」、西淸古鑑曰、分、卽肦字、與費通、尙書費誓、史記魯世家作肦誓、疑吉父或魯之費大夫、而仲姜蓋其所祀也、

故宮旬刊

西園題跋卷之一

羅浮張萱孟奇甫著

題星鳳樓帖(續)

此帖趙彥約初刻於南康、曹士冕復摹刻於南宋、東書堂帖序、及陸文裕書輯、皆止知士冕有星鳳帖、不知星鳳初刻、爲彥約也、昔者余友屠長卿藏有星鳳曹本、語余曰、淸而不穠、當爲太清樓帖之亞、余未及借觀、第法書傳摹、一解不如一解、曹刻旣亞太清、則此帖又當爲曹本嚴考矣、余藏太清樓帖止第二卷、亦吉光之片羽也、以較此帖、乃知西園公非櫝燕石者、

偶閱一說、甲秀堂帖、迺李氏所刻、非陳氏也、亦不知李氏爲何人、又云、前有王顏書、皆諸帖所未見者、後多宋人書、則吳文定公所藏、果非完物也、吳中嘗重摹之、惜未之購、

題淳熙祕閣續帖

祕閣續帖、故有二種、一爲宋哲宗元祐中所鐫、一爲宋孝宗淳熙中所鐫、趙希鵠洞天淸錄、謂元祐續帖、後徙置太清樓、又名太淸樓續帖、自淳化官帖火災不存、幸眞蹟尚藏御府、大觀中、蔡京奉旨摹勒上石、他奇跡爲官帖所未收者、皆參入之、其中有蘭亭叙、名大觀太淸樓帖、嘗重刻於會稽、亦名蘭亭續帖、是太淸樓亦有兩帖、一爲蔡本、一爲元祐本也、及元祐本與官帖、皆爲鬱攸所奪、故祕閣續帖行世者、止一蔡本耳、蔡本今世亦鮮藏者、余止得其第二卷、與此帖稍異、不知與元祐本亦相同否、或云、會稽重刻名蘭亭者、即此帖也、古帖爲今人所亂類如此、余按元祐淳熙二帖、皆奉旨摹勒禁中、故皆不著摹手爲誰氏、而此帖前人皆謂御史劉燾所摹勒、燾又宋史所不載、惟黃長睿東觀餘論、嘗與燾論古今法書最詳、燾字無言、果官御史、蓋精心八法者、此帖出燾手、其聲價故不減太淸、陸文裕公謂燾求備於王著、乃失之蠡、殊乏風韻、此曲筆也、余官西省時、有四彝舘譯字生王弘憲鳳崖者、故西省黎惟敬臨池弟子、工臨摹、嘗摹祕閣續帖十卷、皆雙鈎未塡墨、頗精、謂余里中多精珉、欲售於余、歸而勒石、第懸價踰百金、非冷曹所能購、至今以爲恨、今追憶之、當是會稽蘭亭續帖、非此帖之初刻也、余藏此帖、亦不知爲初刻否、第非今人僞帖、可望而知、雖非完物、然卷中皆奇跡、即懷素自序一帖、較他刻亦更精、貧波斯何必聚寶成船、幸得火齊木難一二、亦足碁富耳、子孫其韞櫝而藏之、萬曆甲寅長至、西園公題於寶研池頭、

(接第二版)

明 履空道人畫牧牛圖

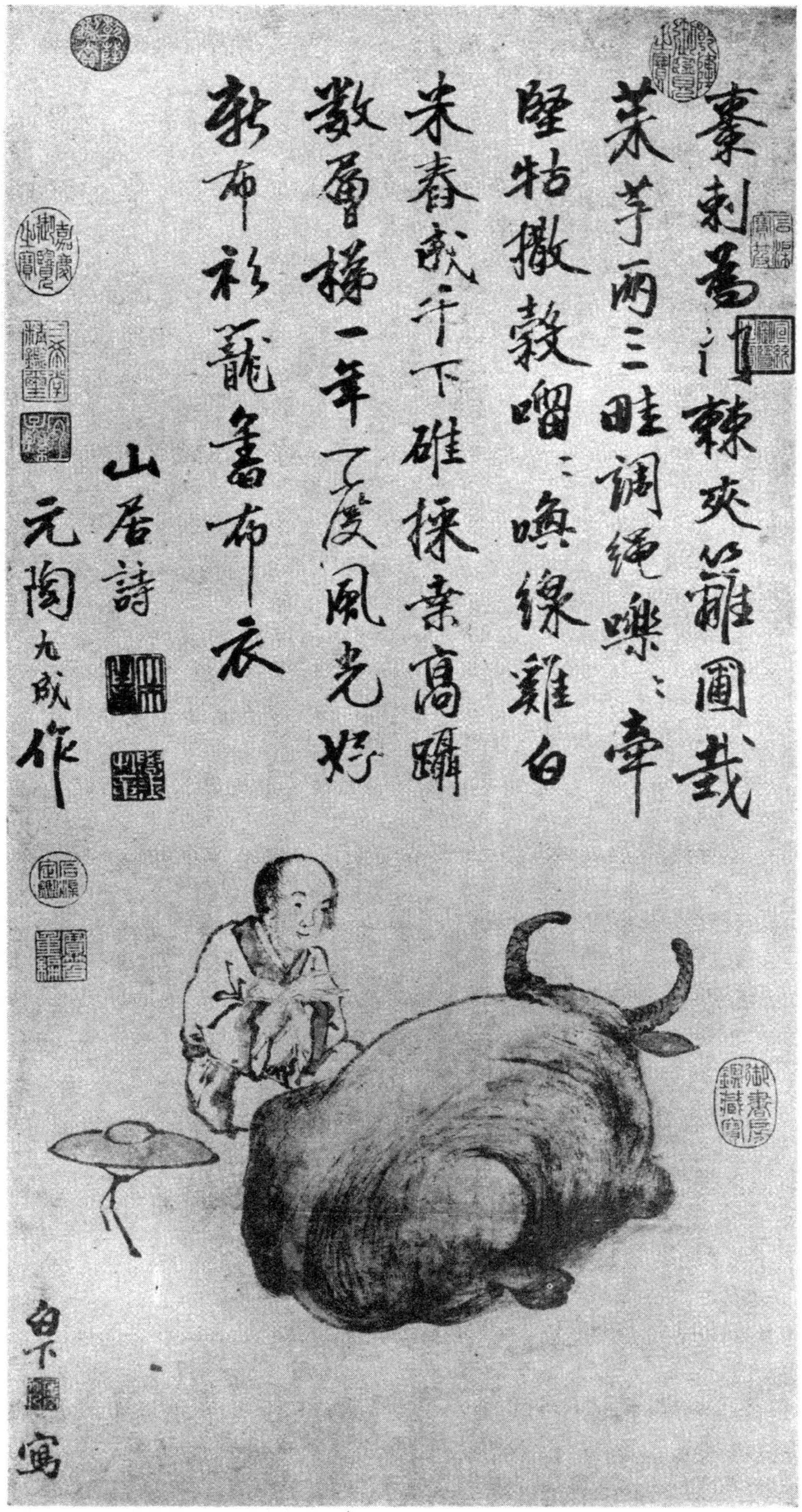

原藏齋宮、紙本、墨筆、縱二尺三寸、橫一尺一寸六分、幅上題曰、棗刺爲門棘夾籬、圃栽菜芋兩三畦、調繩噪噪牽堅牯、撒穀嘈嘈喚綠雞、白米春成千下碓、採桑高躡數層梯、一年一度風光好、新布衫籠舊布衣、山居詩、元陶九成作、鈐印二、「大夫之章」、「學士之章」、下欵白下寫、中鈐「履空道人」一印、石渠寶笈續編著錄、標明人牧牛圖、履空道人、姓氏爵里待考、

明項聖謨寫生冊之十一

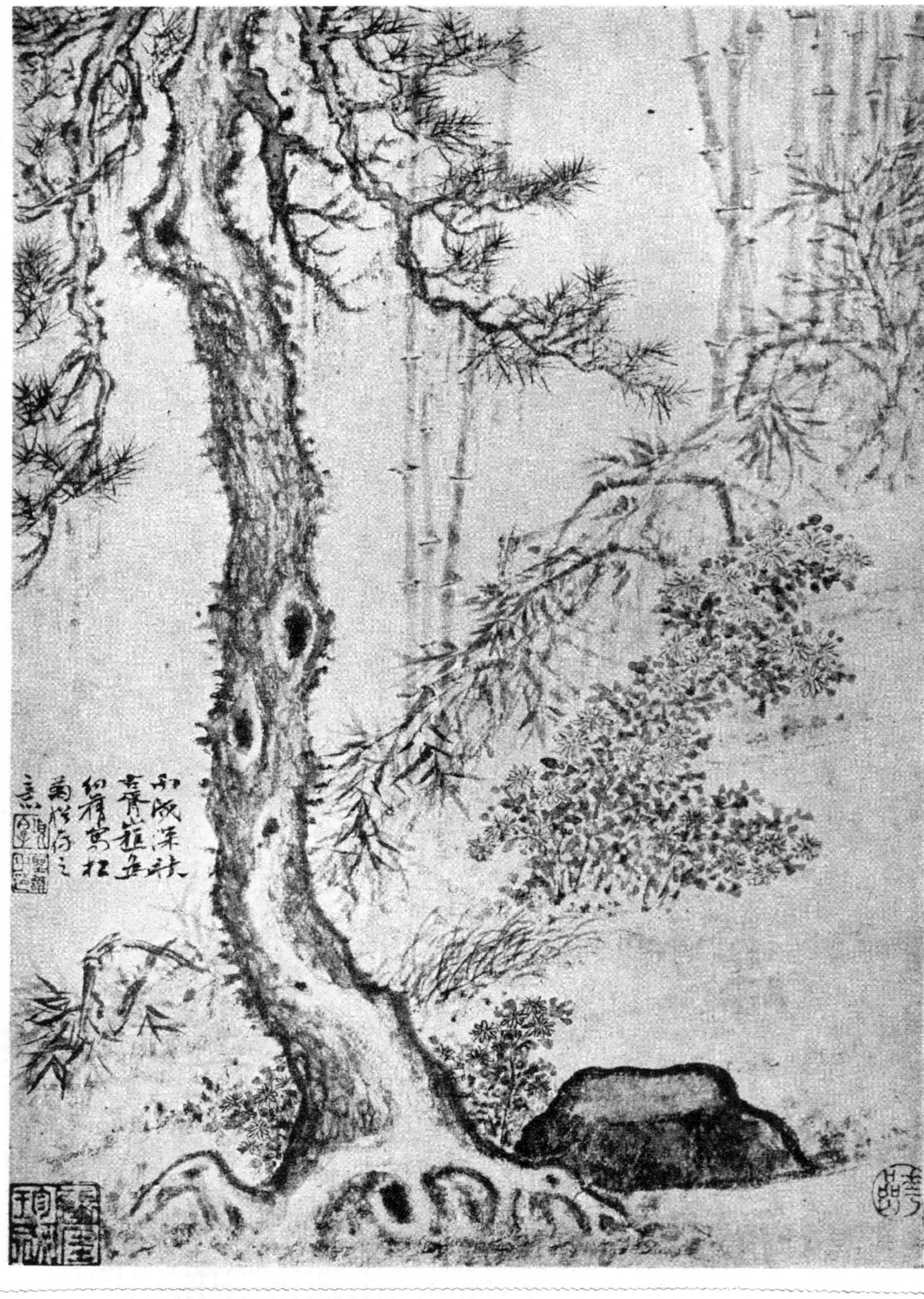

說明見本刊第一期、本幅設色、項聖謨自題曰、丙戌深秋、古胥山樵爲幼倩寫松菊猶存之意、鈐印二、「項伯子」、「聖謨之印」、

項聖謨小傳、詳見本刊第一期、

題文與可眞蹟

陸務觀集中言、常遊鶴鳴觀、即今鄰溪張天師龍虎山鶴鳴化也、其東北絕頂上清宮壁間、有與可留題一詩曰、天氣陰晴別作寒、夕陽林下動歸鞍、忽聞人報後山雪、更上上清宮上看、余壬寅歲、以中書舍人得告、假滿還朝、取道鄰溪、時邑令休寧吳君帶河、爲同席友、投轄數日、欲借入龍虎山、時以家累不能從、因以與可留題問吳、吳未及見也、後天師張君世祥居長安、與余輩紀綱社事甚驩、亦以此數詢之、則曰、漫滅久矣、與可書、可以伯仲蘇黃米蔡者、詩旣飄飄欲仙、筆應奕奕可愛、羽流惜非曇礦、遂至漫滅、一嘆一嘆、

贈藥編

清長洲吳　綃撰

相思

東君果爲惜花、猶遲阻駕、多情若此、不枉葵心刻捧也、感君不忘、腐草餘煙、屢煩爲予太息、恩崇山岳、何用懷酬、惟有一片石心、化作山頭人狀而已、年來膏火煎心、更罹多悔、肌消如紙、裹得數根清堅瘦骨、向特君溺情鍾愛、謂我琅玕玉樹、條條嫩柯、可憐黃花同悴、曉香明鏡、零涕自憐、然而血輔雖枯、猶存喉間一絲氣、尚可强拈豪素、題寫相思、但恨指莖如筋、握管有鈞石之重、每作數字、必極酸楚、便欲少停、若此遲日俱拋、置君寂寞、何以爲情乎、偶因枯槁見憐、故再試溫生之臺、細陳司馬之骨、以語同契恩兄、祇宜題咏、以紀此一段焯雨落花之況、勿作傷心可也、連宵皓月長門、愁眠永夜、豈無吹簫弄玉之懷、援琴隔戶之思、宛轉春愁、靈心蕩漾、幸則夢借高唐、不幸則嗁殘更漏、揉碎綾衾而已矣、傷哉傷哉、不喻今日之悲、何知昔時之樂、從前事、料此生難再矣、徒留殘喘、何盍鄙人、所以刻志死期、欲圖美滿於來世耳、恩兄恩兄、忍無同志者乎、最遲十年後、（接第三版）

清金廷標畫吳下故蹟詩意冊之十

（齊雲樓）

說明及金廷標小傳、並見本刊第四期、本幅清高宗御題詩曰、傑閣無須拾級登、吳天縱目喜晴明、白家詩及王家記、來往吾儕早識名、右齊雲樓、

宋黃庭堅荊州帖之二

（宋十二名家法書第五）

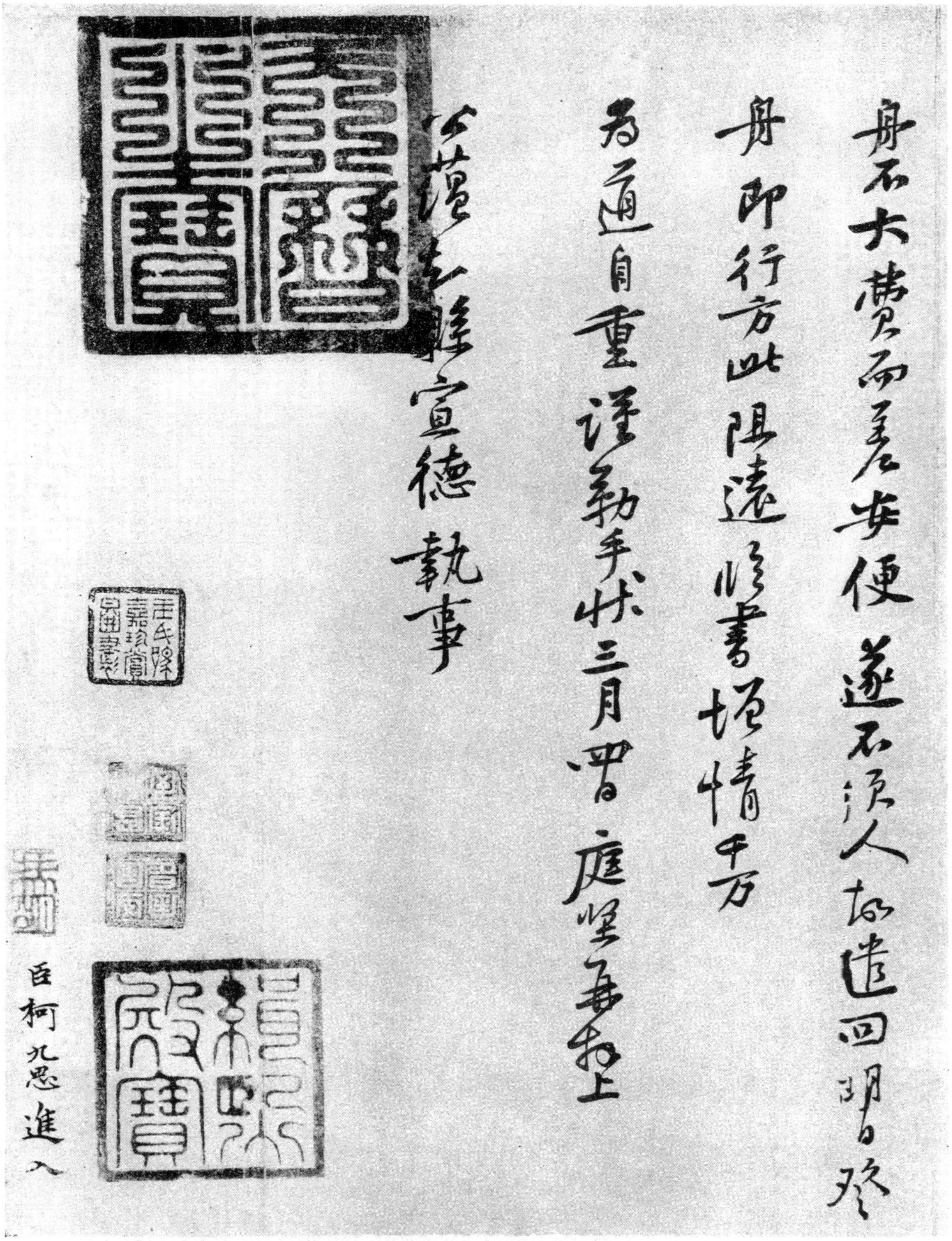

說明及黃庭堅小傳、並見本刊第十期、

必來索君去矣、莫怪弟纏綿粘結、苦苦如此、寃也孽也、夙逋於弟、君所不得辭者耳、來賜金箋、俟弟指力稍旺爲之、爾時正未能承旨也、子齊親哥哥愛我、

別緒

莫慘於別離也、思緒悠悠、驚魂入夢、覺來餘香猶暖、半枕未寒、嗟乎玉人、雖去路之未遙、恨無腳足、不能追還耳、曉風微透、落月初沉、鳥試聲而嬌澀、花含露以香深、朦朧曙色、黯淡愁雲、此眞銷魂時哉、翔鴻信杳、霜雁難憑、戚戚每懷、凋零日甚、我命不能久長、得一見芳儀、遊魂地下、弗作怨鬼矣，沉沉結願、安得颶清風而雙舉、傍蘭渚以相依、得遂此期、不測橫罹、亦所甘蹈、祇惟仁兄以隕黃見棄、鄙人則肝胆難傾耳、圖晤事、日夜苦思、奈何智昏無策、仁兄謀壓六奇、豈無良計、何不一試通天手、不辜高義、亦慰鄙人生平雙眼也、妾欲齋叩神明、求賜撮合便、即期仁兄同往、可否可否、只爲玉人才貌、費盡萬千心血、未知後來光景如何、靜言惟有浩歎、雕玉環一雙付到、玉取堅貞、環取終始、君心如玉、妾意同環、世世連結、視此爲期、臨紙嗚咽不盡、辱愛弟簫謹呈子齊仁兄、

慰喪偶

忽聞夫人之變、不勝驚嘆、何昊天不仁若此、珠沉玉碎、蕙折蘭摧、人間異慘、況於君乎、但夫人旣歸閬苑、悲之無益矣、玉體爲重、惟宜自愛、勿用鬱鬱也、祇恐兄鸞臺月冷、鳳帳寒生、角枕錦衾、何堪獨處、恨不得將身飛至君旁、親拭君淚、始可安心耳、潘岳撫膺、應多嗟悼、盍便賜敎、以效巴吟、佳詞紅豆新聲、弟曾非知音、安得百斛求珠、爲舞明君此曲，令金谷主人、一回擊節也、仁兄愁緒紛紛、而更爲弟胃懷若此、是以報恩自矢耳、日因怯病、攻發前期、尙欲少停、俟商報、辱弟簫頓首子齊風流才子親哥哥、

宣鑪小誌

銅質

鑪之美惡視銅質、而銅質之高下視對鉛、質宜淨宜嫩、有沙眼及頑硬者、不取也、頑銅雖以出水、沙眼多、則鮮光澤、一鑪入手、先辨銅質易燒與否、即辨鑪色與質合否、質嫩者佳、色不對質、見火色變、質淨者佳、色不對質、久鍊色死、蓋質色相附而顯、有一定之質、即有一定之色、如質紅、不能强之使靑、質靑、不能强之使黃、僞者掩質、死活易辨、

（接第四版）

郎世寧畫花鳥摺扇

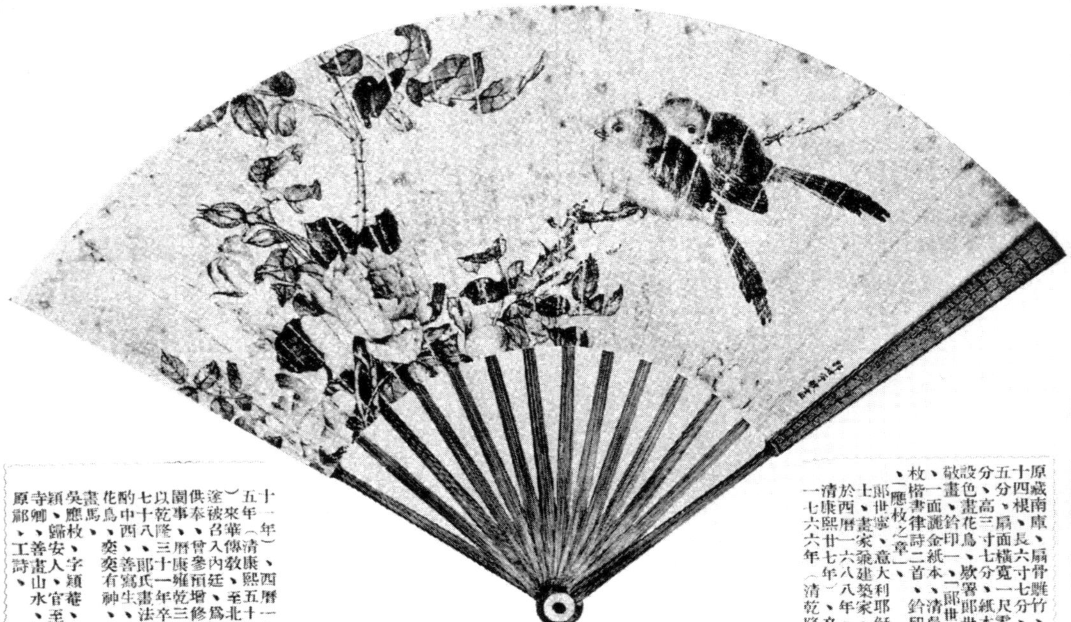

原藏南庫、扇骨雕竹、計十四根、長六寸七分、寬五分、扇面橫寬一尺零七分、高三寸七分、紙本、設色、畫花鳥、款署郎世寧敬畫、鈐印一、「郎世寧」一面、灑金紙本、清吳應枚楷書律詩二首、鈐印一「應枚之章」、
郎世寧、意大利耶穌會士、畫家、建築家、（生於西曆一六八八年（清康熙廿七年）、卒於一七六六年（清乾隆三十一年）、西曆一七一五年（清康熙五十四年）來華、傳敎、至北京、逢被召入內廷、爲畫院供奉、曾參預增修圓明園事、歷康雍乾三朝、以乾隆三十一年卒、年七十八、郎氏書法、參酌中西、善寫生、人物花鳥、奕奕有神、尤工畫馬、
吳應枚、字穎菴、號小穎、歸安人、官至大理寺卿、善畫山水、師王原鄗、工詩、

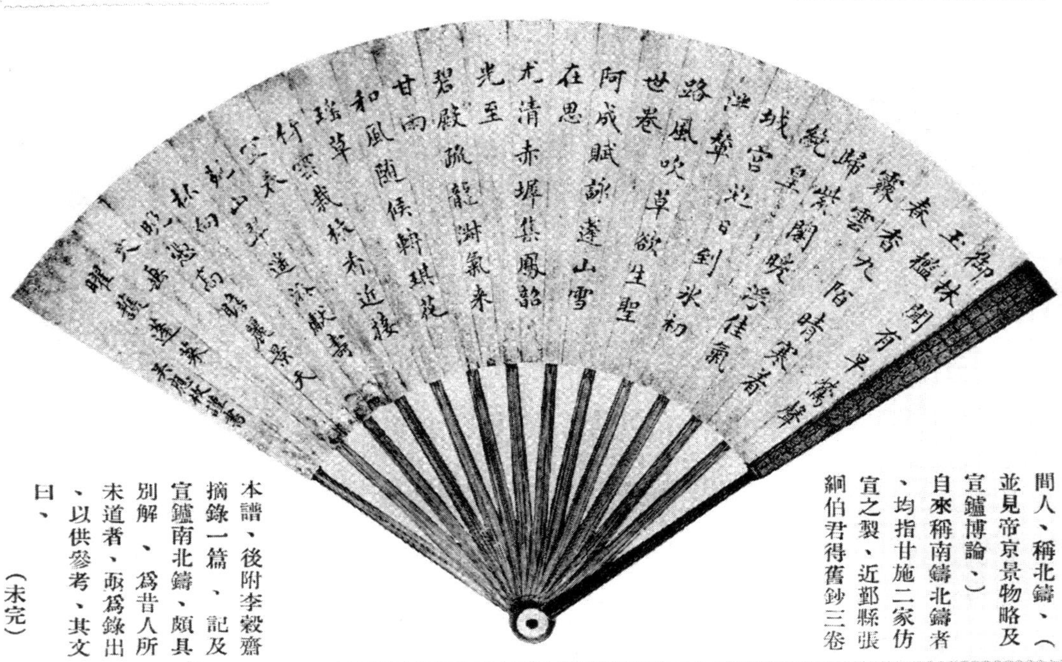

景物略所載栗殼、乃黑黃色、茄皮色、即紅色中之變幻、此二種、三分鉛、青色曰棠梨、五分鉛、黃中間紅曰褐色、徽黃而淨爲藏經紙色、其有淨極光如水者、則今所謂水白是也、二者鉛在三四分之間、以上諸色、須鍊銅極精、斯出色光潤、但鑄工法以黑鉛引路、方能滿注摸印、而鉛氣多雜、重用致銅色昏暗、故鑪之美惡、鑄時已定、而火鍊功夫、則其後起者也、雉皐冒巢民宣鑪歌注云、如好女子肌膚、柔膩可掐、形容頗似、此皆色與質對、愈鍊而色愈內融、質愈外現、故不致勞而無效、宣鑪相傳宣廟時內佛殿災、金銀銅像流液、因用鑄器、又云、寶藏焚、金銀珠寶、與銅俱結、命鑄鑪、夫五金相融、理或有之、至珠玉異種、見火則爲灰燼、豈能入銅液而與之渾化、此固不可執以論鑪也、又考宣廟鑄鑪、問工以何法鍊銅始精、工對以六火、則現殊光寶色、上命鍊十二火、條之、復用赤炭鎔條於鋼鐵篩格上、取其極清先滴下者爲鑪、存格上者製他器、此宣德年製、所以得名、然百無一存、存者亦多損缺、後人僞造、如蔡家蘇鑄、甘家南鑄、施家北鑄、極意仿宣、惡劣固所不免、間有質高火到、而款色俱佳者、亦自令人驚心動魄、吾鄉頗尚此事、而雅俗各別、少見者多怪、鶩名者濫收、非爲清賞、只自取累、不能辨銅、安從識鑪、無惑乎日言鑪而美惡倒置也、

補注

編者按譜錄所載、僅內庭所用仿古鼎彝敦甗、及彝鑪乳鑪等、用十二鍊精銅鑄成、餘如勛名鼎等、僅十鍊、頒給臣員及郊壇祠廟如索耳鬲押經鑪等、則僅八鍊、且有五鍊六鍊者、未必皆十二鍊也、

甘家、指甘文堂、金陵人、萬曆末年、以鼓鑄名、稱南鑄、蔡家、名字不詳、蘇州人、與甘文堂同時、稱蘇鑄、施家、名不詳、萬曆天啓間人、稱北鑄、（並見帝京景物略及宣鑪博論、）

自來稱南鑄北鑄者、均指甘施二家仿宣之製、近鄞縣張絅伯君得舊鈔三卷本譜、後附李穀齋摘錄一篇、記及宣鑪南北鑄、頗具別解、爲昔人所未道者、亟爲錄出、以供參考、其文曰、

（未完）

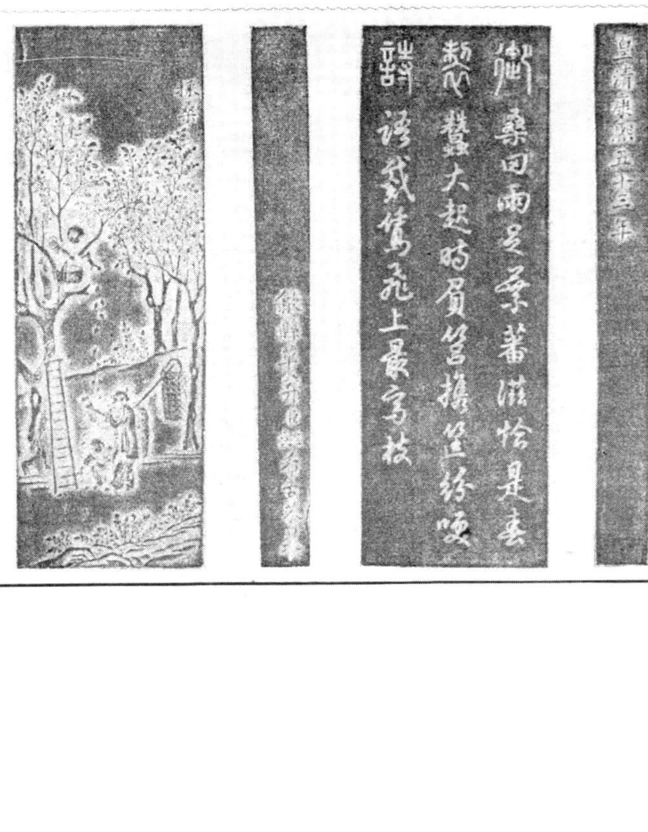

清康熙織圖墨之八

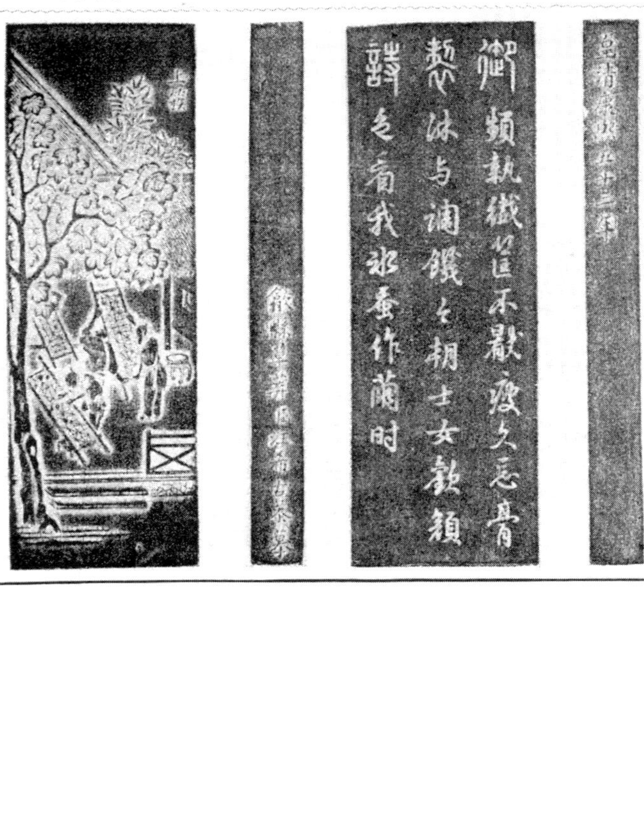

清康熙織圖墨之九

故宮旬刊

西園題跋卷之一

羅浮張萱孟奇甫著

題蔡忠惠眞蹟

自朱考亭之評一出、而忠惠書名、遂欲上掩東坡山谷海岳三公、故吳文定公寬爲沈啟南跋四家書、有云、世俗甲乙曰蘇黃米蔡、寬更定之、爲蔡蘇黃米、余謂書亦非一家矣、考亭謂三公爲胡亂寫壞、今三公之眞蹟具在、亦何嘗有一點一畫胡寫乎、夫以右軍父子之冠絕古今、考亭尚曰我所不解、其左袒忠惠、又何疑焉、

題蘇東坡羅池廟碑

坡公擘窠書爲世所重者、醉翁豐樂二亭記、表忠觀記、柳子厚羅池銘詞、蓋四絕也、王元美曰、醉翁豐樂、遒偉俊邁、羅池勁拔古雅、表忠委態婉潤、皆公得意筆、法皆出顏平原徐會稽、余謂四絕之中、更以羅池爲勝、蓋醉翁豐樂以狗知、表忠以近名、皆有意、而羅池則無意也、惟可與法眼論之、

明劉原起靈巖積雪圖

原藏齋宮、絹本、設色、縱一尺九寸八分、橫九寸九分、欵署靈巖雪積、壬子冬月寫、劉原起、鈐印二、「劉振之氏」、「原起」、幅上文柟書靈巖記、鈐連印一、「端文」、石渠寶笈三編著錄、劉原起小傳、詳見本刊第六期、

題薛尚功鐘鼎篆

館閣書目、鐘鼎篆韻有二種、皆不著其名氏、其一則十卷、乃集元祐中呂大臨所藏、僅數百字、或曰、紹興中、通直郎薛尚功所集也、其一僅一卷、亦不過數十字、或曰、政和中、主管衡州露僊觀王楚所集、余又見一本於友人少宗伯朱元价處、凡一萬一百一十有五字、亦不著其名氏、第尚功有鐘鼎法帖十卷、刻於江州、則元价所藏、當是尚功所撰無疑、

題范文正公伯夷頌

文正公所書韓昌黎伯夷頌、其眞蹟嘗入秦會之賈秋壑家、我朝弘成間、公裔孫從規猶寶藏之、其末有文潞公諸賢及元人題識、吳文定公嘗有手跋、而文徵仲停雲帖、止錄公道服贊、不錄此頌、何也、余亦見一石本、其後獨有純粹二字、而文潞公諸賢及元人題識皆闕、豈公書時、即已刻石、故諸題識、未及勒上耶、獨石刻後系以秦會之一詩、有曰、韓范不時有、此心誰與論、余爲嘔噦、嗟嗟、以公之手澤、而闌入於會之之家、已爲不幸、更爲會之穢筆所汙、又不幸中之不幸也、一嘆、

（接第二版）

明項聖謨寫生冊之十二

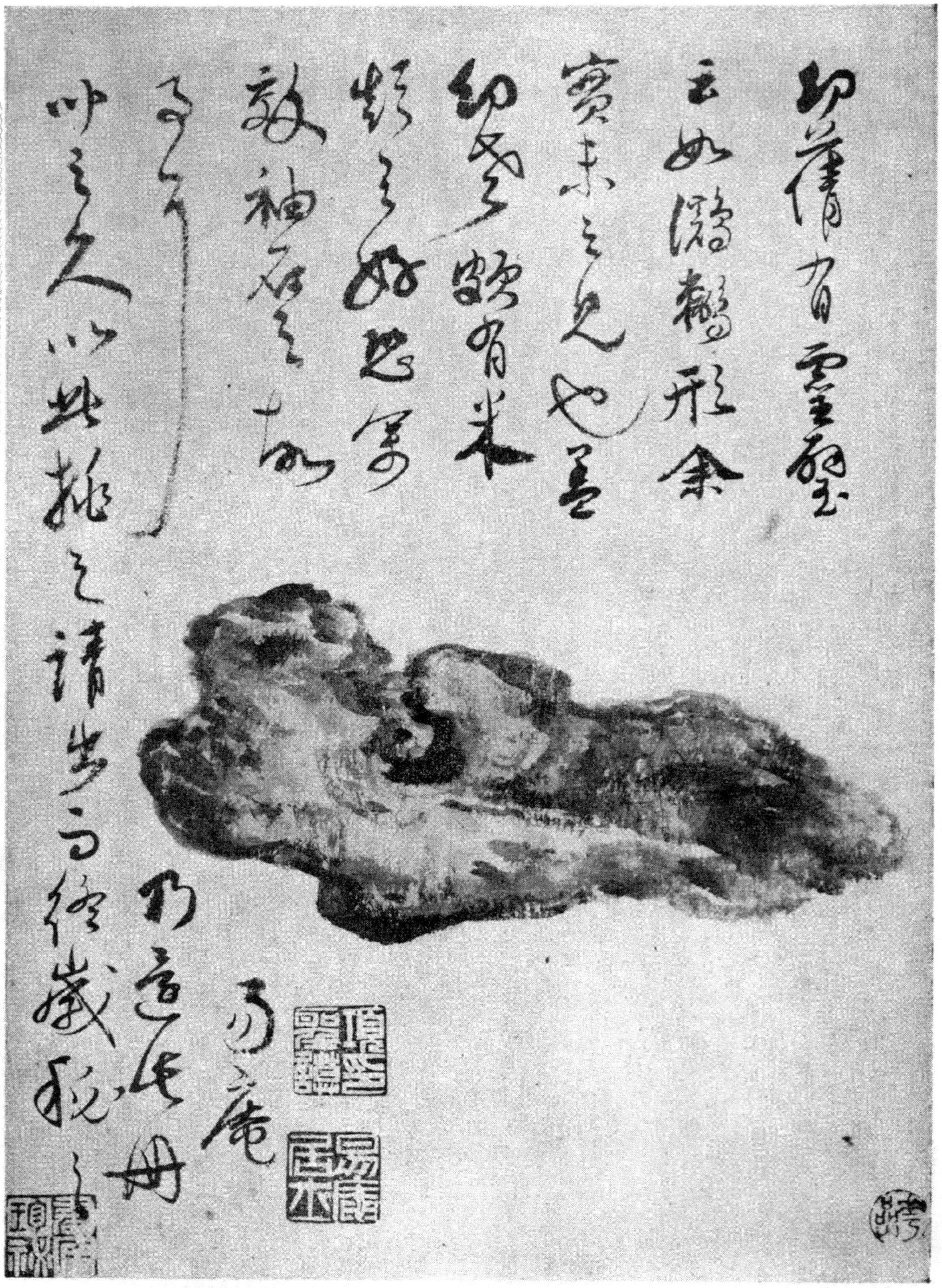

說明見本刊第一期、本幅墨筆、項聖謨自題曰、幼蕉有靈壁、云如瀾翻形、余實未之見也、蓋幼老頗有米顚之好、恐余效袖石之故事耳、間之久、以此挑之請出、而終戱秘之、乃還此冊、易庵、鈐印二、「項聖謨印」、「易庵居士」、項聖謨小傳、詳見本刊第一期、

題歐陽文忠集古錄

先賢裒集前代金石法書最富者、文忠集古錄、趙明誠金石錄兩家耳、洪适隸釋、止載其文、鄭樵金石略、止載其名、酈道元水經注、亦止載其文與名、最後出者、有王球嘯堂集古錄、亦不能出於歐趙二公之外、古今金石之湮滅不傳、何啻千百也、朱弁曲洧舊聞、有謝節使者、有石刻千卷、名金石友、不知與歐陽酈王諸公同否、吳文定跋曰、古器物今世不可多見、其銘文題字、賴有刻板、如嘯堂集古錄之類、歲久板亦毀、則印板在人間、又賴有臨摹之者耳、然臨摹惟私於一家、印刻可公於四方、世之好事者、能捐千金以成此舉、則三代秦漢以來之制作、人家有之、當與孔壁科斗書並傳于世、而老而嗜古如陳君廷璧、亦免矻矻之勞矣、余因念文忠之集古、已見公全集中、鄭之金石略、亦附見於通志、洪之隸釋、近已梓於廣陵、獨趙之金石錄、則止見其序、及易安居士一跋耳、若嘯堂集古、則世罕有傳者、廷璧、吳人、余遊吳門數四、覓不獲購求而梓行之、以成文定公之志、至今深以爲恨、

贈藥編

清長洲吳　綃撰

私幸私憶

連接翰敎、垂眷有餘、毋乃偶然之言乎、妾懷來夙昔矣、自霞關一見、寤寐爲勞、對月長啼、臨風掩涕、結想清揚、宛然我室、一段閒愁、無從告語耳、妾非輕狂無賴之流、亦非忘舊邀新之輩、兄之才也情也、風流閒雅、來我清閨、子建安仁、合生一體、能無□人者乎、幸侍荆州、古人嘗輕萬戶侯矣、邇來因兄絲竹無心、饔飧都廢、堪憐形影、非復曩時、從來不識相思滋味、有如此苦者、不如長往夜臺行矣、來珍秘異、佩以周旋、永對玩如君耳、

清金廷標畫吳下故蹟詩意冊之十一(滄浪亭)

說明及金廷標小傳、並見本刊第四期、本幅清高宗御題詩曰、濯纓傲志寄歌詩、怪石珍花儘足奇、自是士信於知己、不妨激語答韓維、右滄浪亭、

恨浪遊

捧覽情詞、句句是勾魂妙訣、鐵石猶動、何況多愁多感如弟者、從今不病死、亦應害死矣、只有一節不平處、兄怨弟鱗死鴻枯、不思量野外春郊、拾翠尋芳、令我行踪安遡(接第三版)

宋錢勰跋先起居帖

(宋十二名家法書第六)

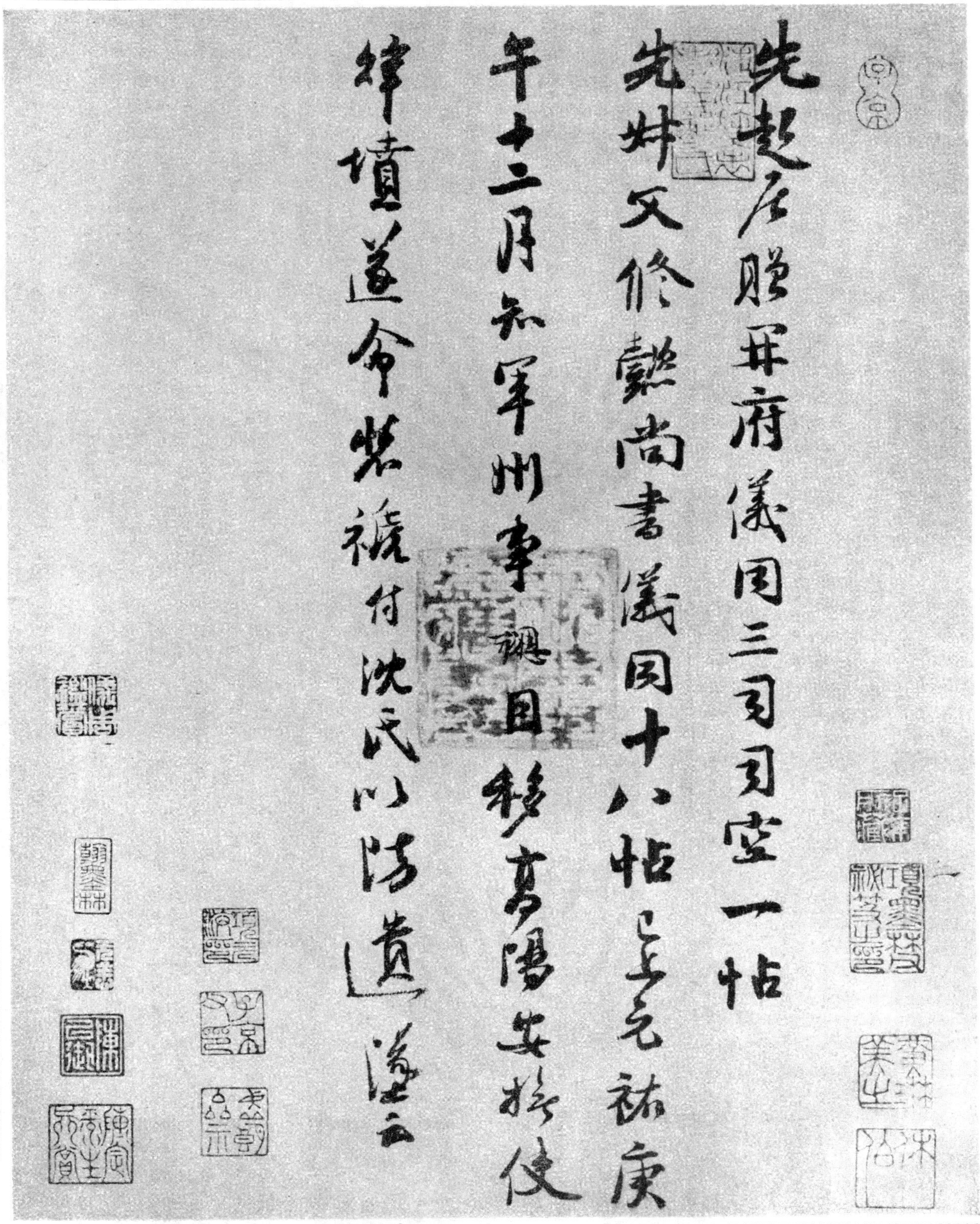

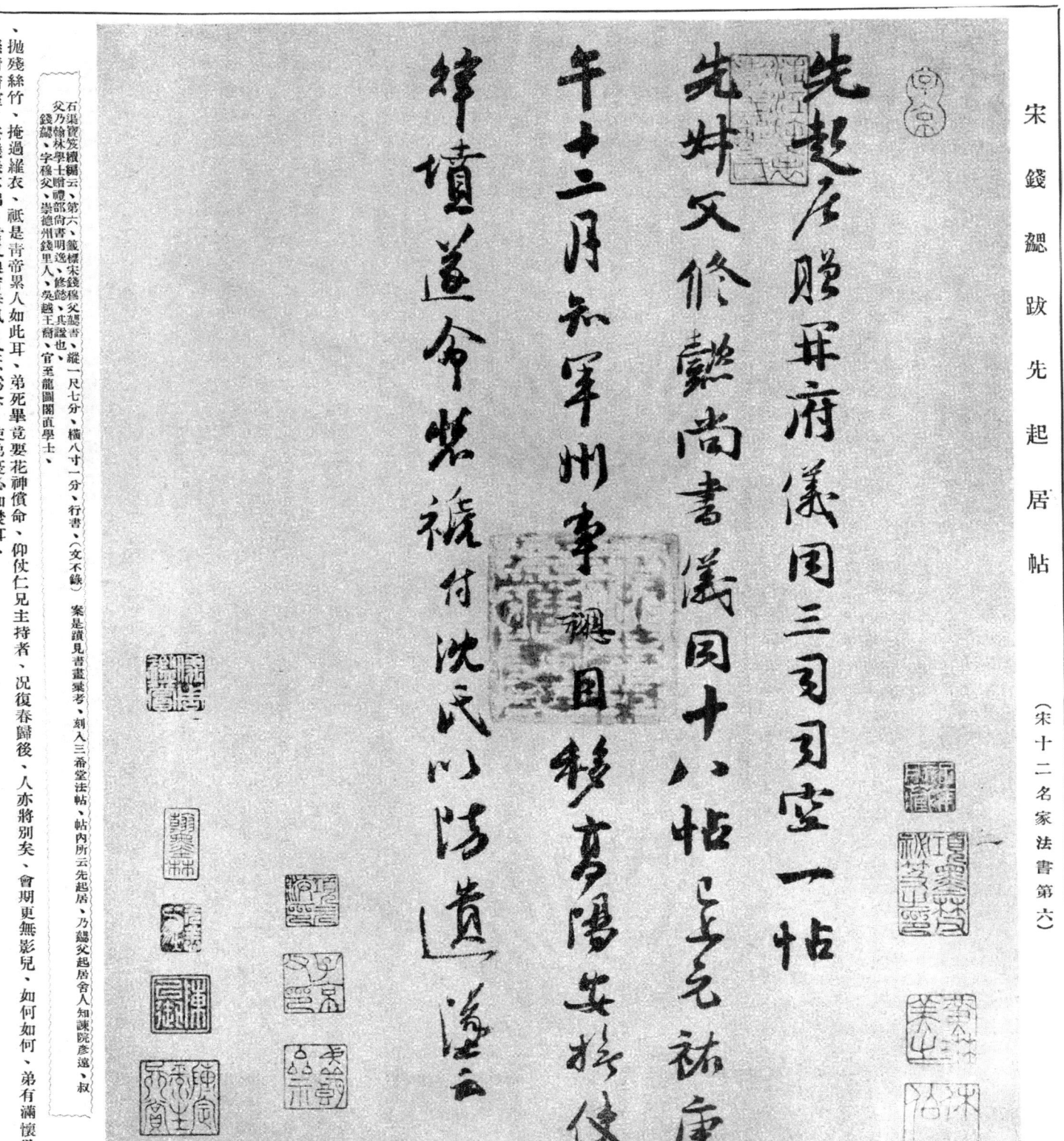

石渠寶笈續編云、第六、籤標宋錢穆父勰書、縱一尺七分、橫八寸一分、行書、(文不錄) 案是蹟見書畫彙考、刻入三希堂法帖、帖內所云先起居、乃勰父起居舍人知諫院彥遠、叔父乃翰林學士贈禮部尚書明逸、修懿、其諡也、錢勰、字穆父、崇德州錢里人、吳越王裔、官至龍圖閣直學士、

、拋殘絲竹、掩過羅衣、祇是青帝累人如此耳、弟死畢竟要花神償命、仰仗仁兄主持者、況復春歸後、人亦將別矣、會期更無影兒、如何如何、弟有滿懷欲訴、懸情清室、奈機緣不偶、君又浪宕春風、全不爲念、使弟憂心如焚耳、

寺遇

又做一場春夢、空落得滿肚愁腸如繫、最可憐廻廊宮殿乍相逢、欲言還止、欲近還離、眼睜睜對面如千里、一聲聲催人去也、留戀因無計、更傷心、臨行不敢道別、待回頭再顧、又是淚眼愁眉、一則怕添君慮、二來恐使人疑、因此上掩淚含悲、不告而歸矣、入得門來、昏昏如醉、所問忘對、所遇不知、早壓着衾兒枕兒、擬心再追歡夢裏、恨愁多神散、難成佳會、短嘆長吁、無聊無倚、生憎那淋漓暮雨、滴入心肝、不由不碎、却不知仁兄歸去、更復何依、且遭風雨、瘦怯書生、何堪經此磨折、多是緗郎之罪矣、懸念懸念、辱愛弟簫頓首恩兄子齊親親、

喜瘧寺遇次日

弟因昨日出門、飲得幾甌泉水、回家擬睡至曉、不覺寒侵、方知腹餒、端的是半死之人、忽然又作瘧疾、別人有病、愁煩不已、我却生歡喜、總是多活多受一日苦況、早死早得一日安逸、昨弟徧叩諸神、念吳緗非爲求壽求福、特以求死而至、死無所爲、欲來世早與齊郎爲伉儷、縱無食無衣、心猶樂矣、志誠以祝、神靈必賜、祇愁仁兄功名富貴爲念、何能輕棄、祇向鬼門關待君可耳、更得佳作、宛然描花下遊魂、非才子孰能爲此、如一派清泉流白石、千峰秀致會煙霞、何獨屆宋擅絕千古哉、梅花梅花、非緗一片苦心、結識天下一個風流俊俏的才子齊郎、誰得此錦心繡製如此、可羨可羨、墨絲一縷、弟自手綑、持以奉獻、不識可意否、辱愛弟簫頓首恩兄子齊俊俏書生、

宣鑪小誌

補注(續)

婁東紳士、有官於明者、必家有編年、王煙客所藏爲尤詳、並有嘉萬時邸鈔、及客氏拜帖、言及宣鑪南北鑄、據唐東江先生見陸臺中編年內、載有寺人孔姓者、先世浙東、名孔公、入宮、性聰慧、嗜讀書、宣廟委以幾務、賜名傳聖、遂令司鼓鑄、南鑄是伊所司、(接第四版)

又一梁拱極者、亦寺人、令司鼓鑄、是爲北鑄、後以厚者爲北、未知是否、

內府彝器、有南鑄北鑄之分、皆出一廠、其工作有南北也、士大夫不重北鑄、以其癡肥耳、宣廟外賜者、多北鑄、於是人益輕之，得北鑄易求完好、質地厚重故也、

有云、南鑄北鑄、果是眞宜、質皆佳、惟是北鑄過厚、其所以使之過厚者、爲飾色於上、燒不退、故也、南鑄恃銅質之美、不畏飾色之退、自有本色可觀、且本色必駕於飾色、是以賞鑒家惟貴南鑄、

論新舊

新鑄之鑪、皆僞識宣欵、而舊鑪亦不盡宣製、僞宣亦間有古雅可取者、此執宣論宣、固不足以定鑪之高下也、蓋鑪有眞舊、有僞舊、有先天之舊、有後天之舊、有舊而不足供玩者、有舊足供玩、而俗手磨治熏染、無異新鑪者、不可以不辨、新鑪率趨簡易、耳足口底、多不勻稱、輪轉凸凹處欠圓渾、僞舊者、用藥燒斑、假爲舊迹、或有意敲作損痕、再加磨擦、然後上火烘炙、驟視亦炯炯可觀、然色非沉淨、汁水淺薄、何如久鍊之物、其光淵然內藏、如清泉渟泓、望之沉沉、莫測其際、間有斑痕、亦自然渾雅可愛、此眞僞之別也、而先天後天、則又人之爲之也、

（未完）

清蔣廷錫花鳥摺扇

原藏乾清宮、扇骨棕竹製、計十六根、長九寸七分、寬六分、扇面橫寬一尺五寸五分、高五寸四分、金箋本、設色畫花鳥、欵署臣蔣廷錫恭畫、鈐印二、「臣廷錫」、「朝朝染翰」、一面清世宗御書題松五律一首、鈐璽三、「朝乾夕惕」、「雍正宸翰」、「爲君難」、

蔣廷錫小傳、詳見本刊第六期、

清世宗、名胤禛、聖祖第四子、在位十三年、年號雍正、

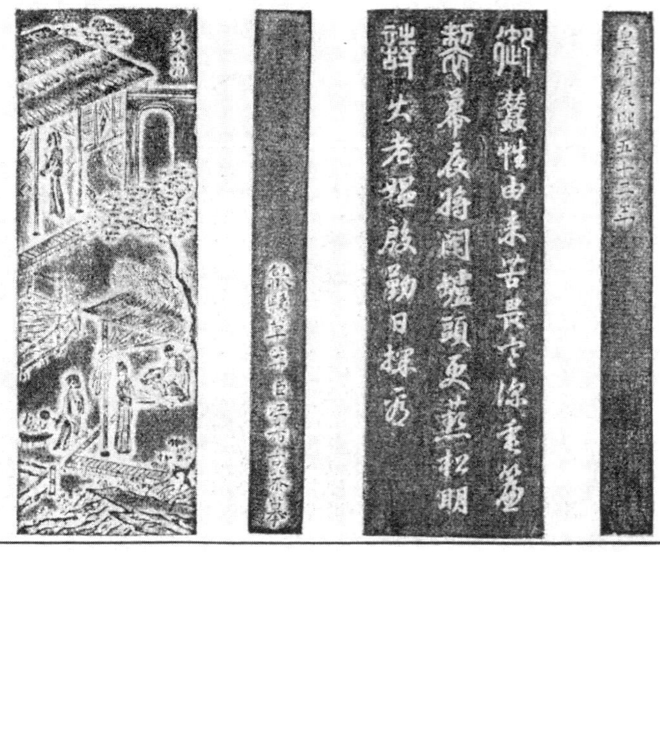

清康熙織圖墨之十

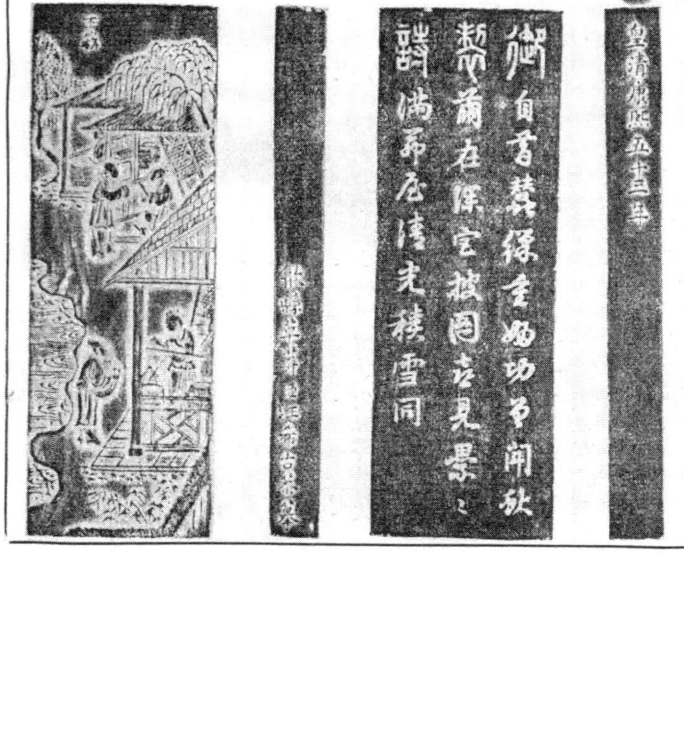

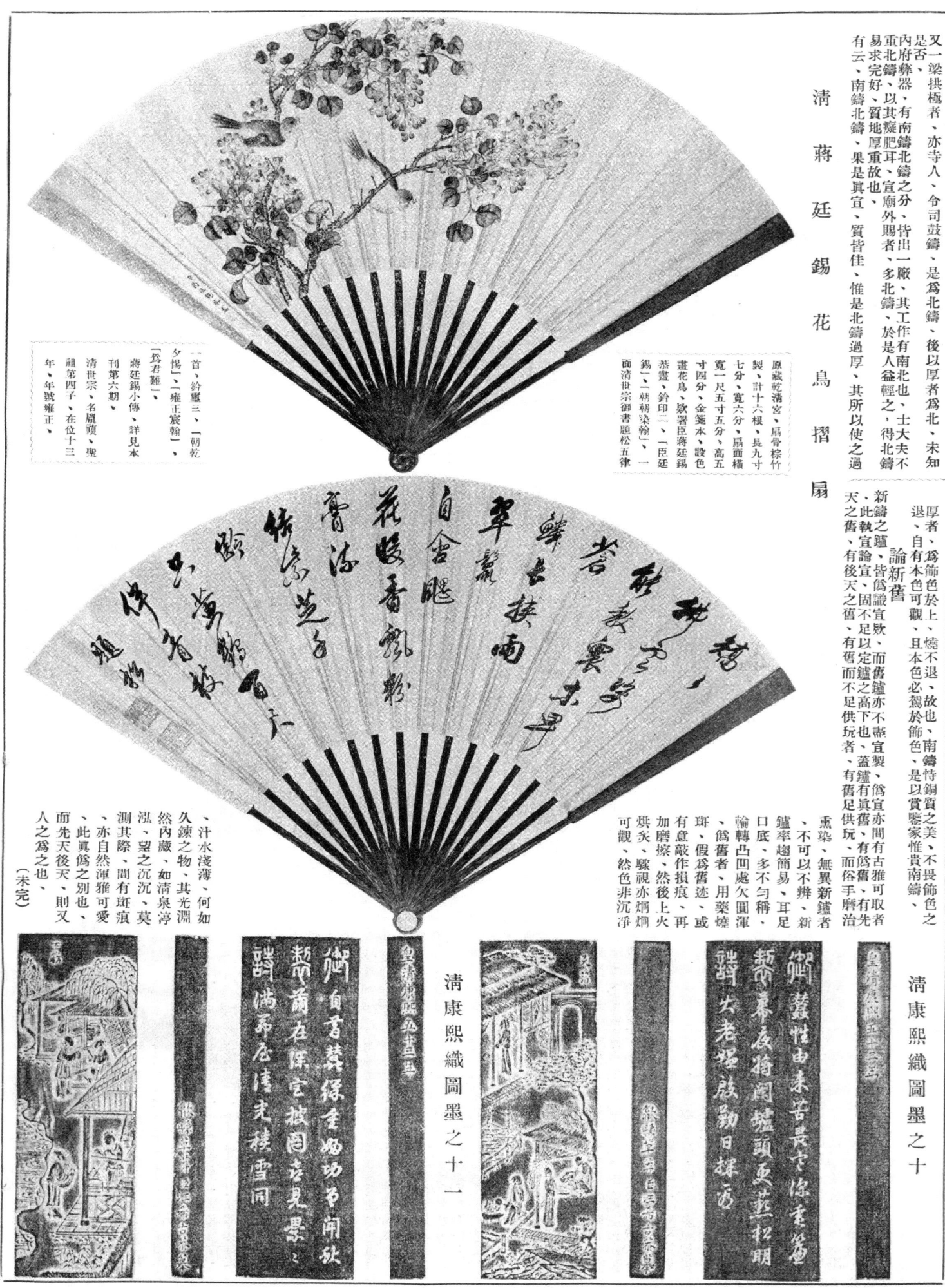

清康熙織圖墨之十一

中華民國二十五年九月一日　第三十期　第一版

故宮旬刊

西園題跋卷之一

羅浮張　萱孟奇甫著

題朱考亭真蹟

昔人謂朱考亭學曹瞞書、楊用修謂瞞書傳世絕少、惟賀捷表刻本、元時尚有之、余未及見、瞞書何似、第見考亭眞蹟頗多、往往有逼元常者、豈元常亦嘗學瞞耶、往遊新都、有以考亭大學中庸注稿眞蹟示余者、卽草草而點竄不過數字、及居京邸、又嘗見考亭眞蹟易繫本義稿本數幅、皆烏絲欄、大小字、分經注書、及司馬涑水眞蹟通鑑稿本、亦終篇不甚點竄、其端愼類如此、余故非能書者、然自少壯時、每屬詞申楮、未嘗起草、卽連篇累牘、燕乙亦稀、年來數行半札、往往易紙、仰追二公、固慙端愼、亦耄已及之、由於生平弛懈、不能如王紹宗水墨積習之過也、後之稱書者、可不勉旃、

清畫院畫十二月月令圖之九月景

說明見本刊第一期

題張即之真蹟

安國世稱于湖先生、樗寮、溫夫別號也、安國初師顏魯公、然聲價不及溫夫、蓋溫夫年八十餘、至咸淳間猶存、安國二十八卽棄世、書家不可無年、如此、余按安國登第、甫弱冠、時以師友淵源策試士、同人秦塤曹冠輩、皆力攻程氏之學、主者遂首塤而安國次之、塤、檜孫也、高宗讀塤策皆檜語、故更以安國爲第一人唱第時、有貴人曹泳揖安國於殿庭請婚焉、安國不爲禮、時論偉之、第安國故爲湯思退所取士、數得峻擢、時知平江府張浚、力主復讐、嘗疏薦安國、思退紹述檜議、滋不悅、安國浮沈於二人之門、爲世所訾、其書之聲價、豈以人減耶、溫夫書亦出安國、更以刻急自喜、故虞道園極口詆之、然溫夫既引年、時有制置使余晦者入蜀、以讒刻閬州守王惟忠、坐棄市、惟忠臨刑曰、吾死當上訴于天、七揮刃、不殊、血逆流、溫夫傷之、從閒居移書准東制置使賈似道、恤其遺孤、又令從孫士倩、娶其孤女、史言溫夫以書掩其名、余謂溫夫蓋以行掩其書者也、今錢塘南屏山寺、有宗鏡堂額、字二尺許、雄偉飛動、米家父子、嘗亦低頭、行書妙法蓮華經、今藏閤師蛟門沈公家、余獲寓目、凡七卷、劍拔弩張之勢、溢於毫楮、而肉不裹骨、鋒芒刺人、則誠有之、蓋書、心畫也、昔賢謂書宜人品高、嗟嗟、二公聲價、豈在書、亦豈在年哉、

題米元章詩卷

用修之稱元章詩、猶其稱伯高詩也、第伯高四詩、不惟清逸、（接第二版）

明項聖謨寫生冊之十三

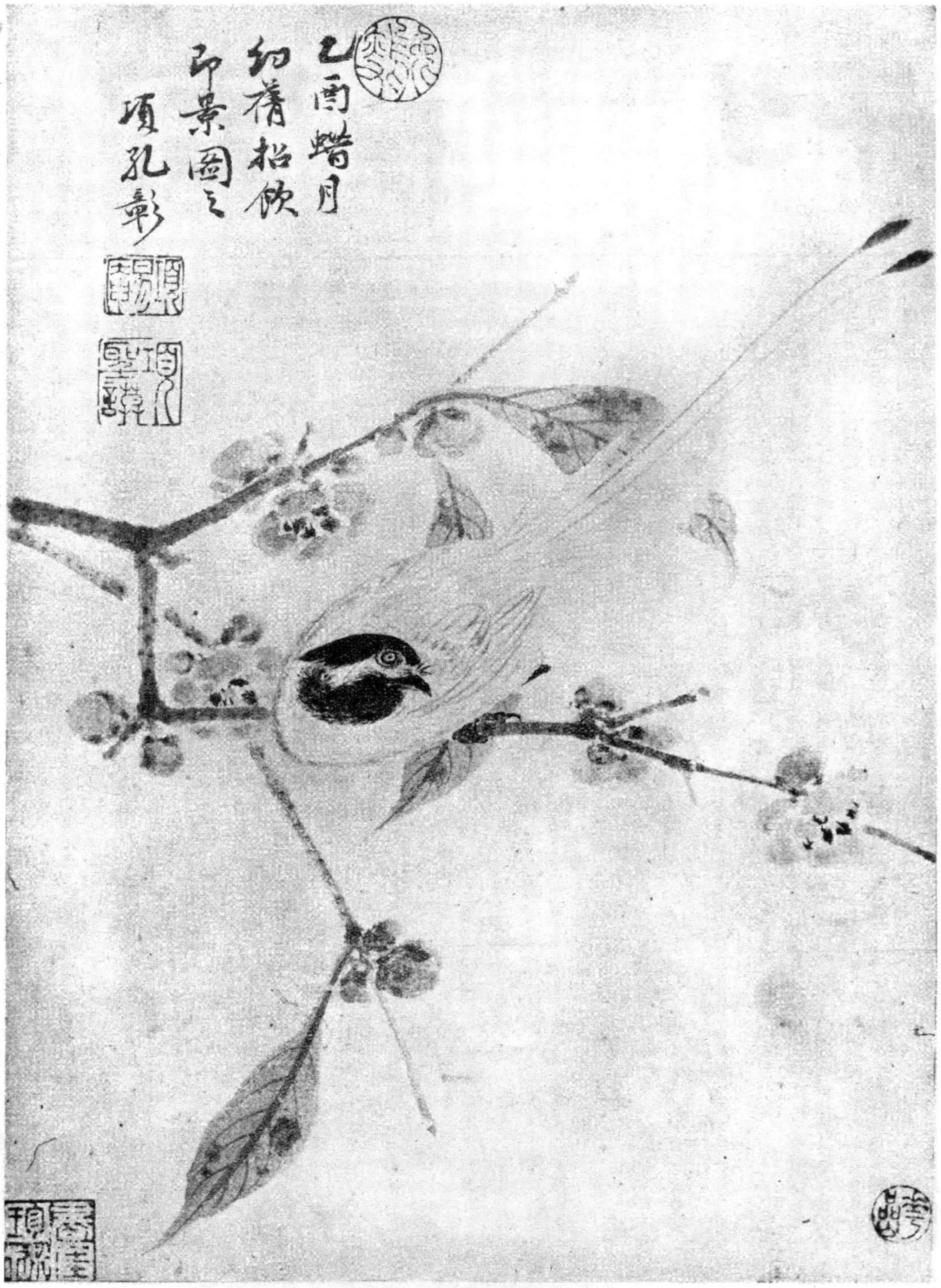

說明見本刊第一期、本幅設色、項聖謨自題曰、乙酉蜡月、幼稿招飲、即景圖之、項孔彰、鈐印三、「項易庵」、「項聖謨」、「兎烏叟」、項聖謨小傳、詳見本刊第一期、

且有風人之致、元章二詩、止垂虹亭一絕、差可諷詠、若望海樓及詠潮二章、多不成語、知元章者、亦以其書足矣、何必以詩乎、

題米芾真跡

范至能謂元章書、自沈傳師來、晚年乃入大令之室、余謂元章蓋肖蛻溫飛卿博州學記、而以會稽父子潤色之耳、故其行書、宛然有晉人興致、溢於筆墨之外、而欹側處、自是風子態態、昔人評書、元章如天馬脫銜、追風逐電、雖不可範以馳驅、要自不妨痛快、眞知言也、元章嘗評唐人書、草法不入晉格、終爲下品、豈亦自道耶、噫、麝煤鼠尾、薰染窮年、而所就若此、有志臨池者、可不勉旃、

贈藥編

訂期

清長洲吳　綺撰

知君駕幸豪門、弟又添一段新愁矣、此行相逢知己、柳堤花畔、金谷玉樓、怎能去去便回、可怜拋的影冷清清、香殘花燼、撇的人愁脉脉、雁斷鴻稀、何以爲情耶、從今免不得設一定局矣、三六九是君文會、四七十是用功心苦之餘、惟有么五最閒、即以相期可也、計除二十四日、其餘六日、任君醉眠芳草、不可惧事、此規一立、欽此欽遵、外求凰事、弟本心相勸、况天生此一副美貌奇才、若不配以風月佳人、誠爲可惜、願君思之、莫待後日思弟語也、前已說過、千萬不敢往春郊遊戲、如何昨日又在山前、罰令之說、如何設處、速之速之、弟學做一二首詩詞、久欲求教、恐仁兄笑壞、不敢漫呈、昨以梅稿探兄、一味謬贊、不肯提指、豈愛我之言哉、待兄亦不過貪兄高才耳、坐視暗笑若此、不敢時來獻醜矣、

清金廷標畫吳下故蹟詩意冊之十二

（虎邱閣）

說明及金廷標小傳、並見本刊第四期、本幅清高宗御題詩曰、版簃云當日朗時、紙攬無遺、試爲乃信無其事、紀載荒唐率若斯、右虎邱閣、御製雜詠吳下故蹟十二首、臣于敏中敬書、鈐印二、「臣敏中」、「敬事」、

戒踏春

所云罰令、欺弟不知、竟欲捉弄我耶、如此却不自罰、有何便宜、弟尚有主意、未便相許也、花神償命、豈無爲而然、因其故縱妍華、垂妖吐粉、勾引郎心、日尋春陌、累我時常水米不沾、顏色俱悴、畢竟要死、

（接第三版）

宋米芾眞脉帖

（宋十二名家法書第七）

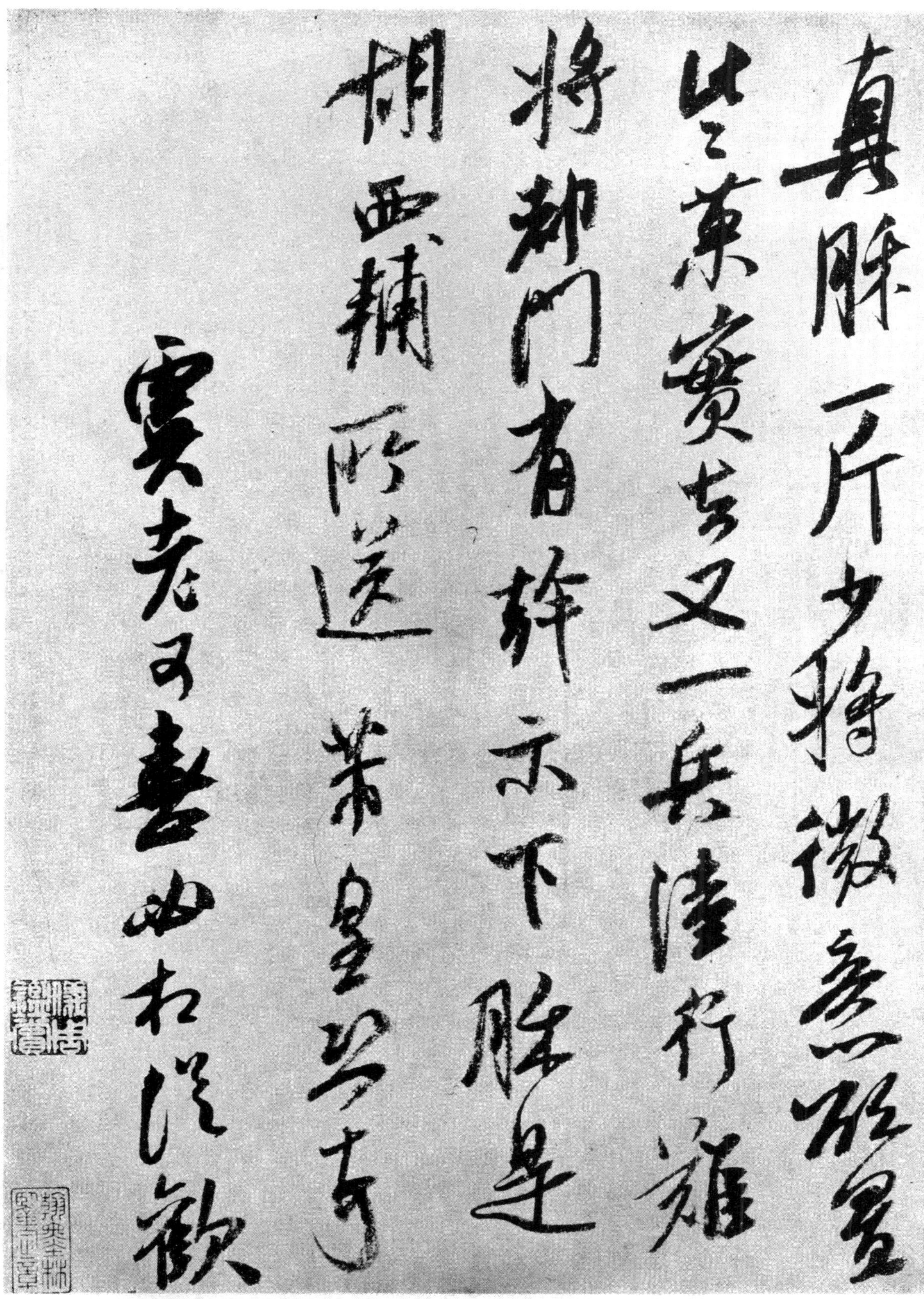

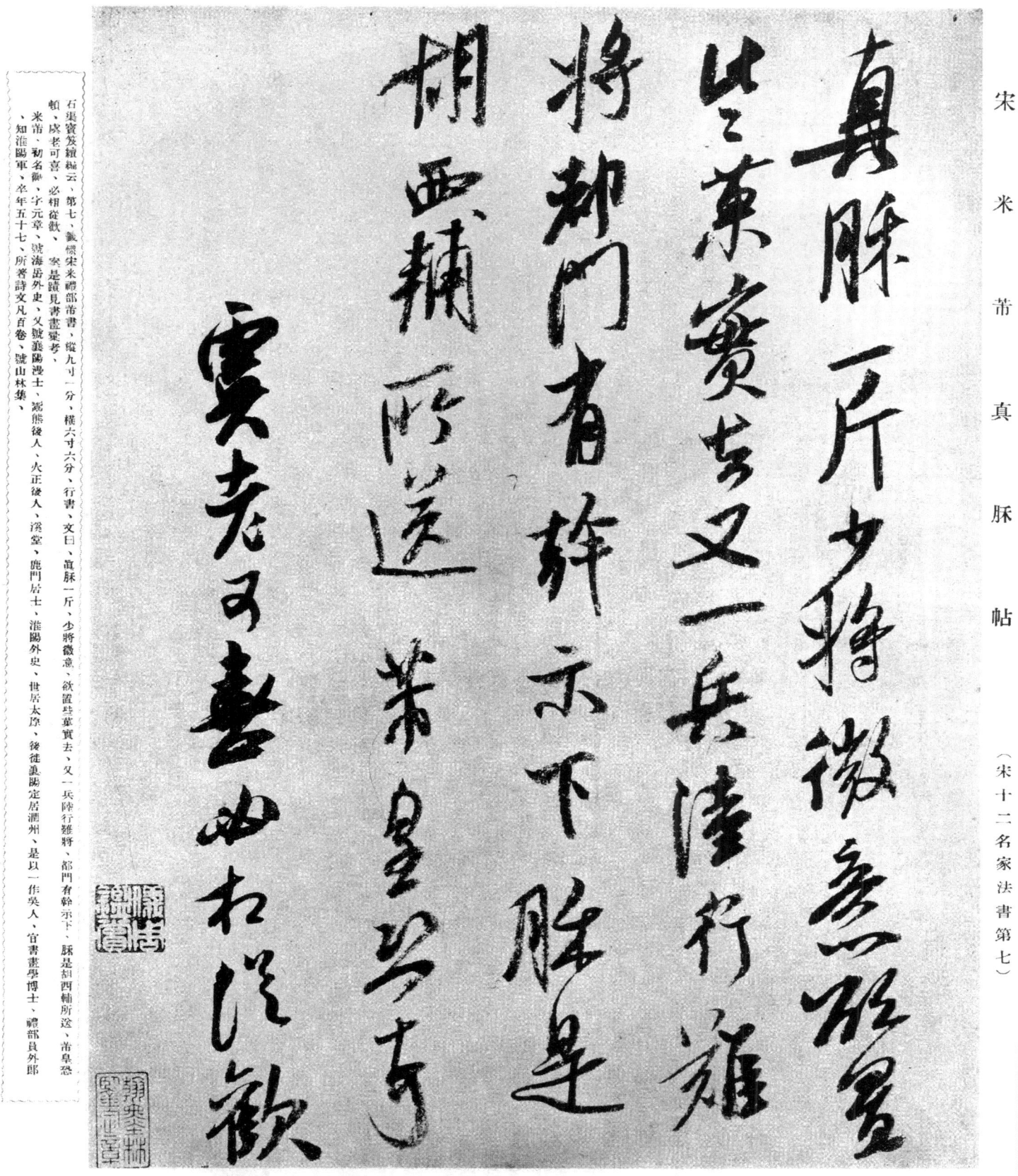

石渠寶笈續編云、第七、籤標宋米禮部芾書、縱九寸一分、橫六寸六分、行書、文曰、眞脉一斤、少將微意、欲置些菓實去、又一兵陸行難將、都門有幹示下、脉是胡西輔所送、芾皇恐頓、虎老可喜、必相從歡、　案是蹟見書畫彙考、

米芾、初名黻、字元章、號海岳外史、又號襄陽漫士、鬻熊後人、火正後人、溪堂、鹿門居士、淮陽外史、世居太原、後徙襄陽定居潤州、是以一作吳人、官書畫學博士、禮部員外郎、知淮陽軍、卒年五十七、所著詩文凡百卷、號山林集、

這相思病裏、哥若可惜花神、則莫踏春郊可也、明日尚欲少完俗事、不能早來、諒之、

密約

同心方勝、何事前日故意講道學以嚇我耶、弟久矣爲兄病懨、心虛膽怯、倘破訝死、兄何忍乎、從今幽期不遠矣、須防弟來報復者、愼之愼之、來夕設一小酌相邀、兄可假醉留榻、弟密遣諸奴、幷計誘旁撓人、潛赴仙郎成事、大約在宵分子刻也、前領教密室已定、曲而多門、特爲玉人樂地、勿令虛度可耳、幽懷百種、總侔良時、愛弟蕭頓首巫山玉人子齊仙郎、

宣鑪小誌

論新舊（續）

舊鑪自成器後、火鍊得法、收藏得法、或傳之一家、世知寶愛、或轉售識者、益以火功、則愈年久、愈完美、此先天不敝、最上乘器也、夫夏鼎商彝、秦璜漢璧、晉帖宋窰、及古琴硯異物、自昔珍重、而兵荒水火、銷亡殆盡、區區一爐、詎能永寶無患、則垢翳者使復淨、暈晦者使復瑩、微瑕纖點、黑結紅斑、一經能手、精采煥發、雖屬後天補救、仍不失爲舊物、正不得褻視之也、然而舊鑪之中、亦美惡互見、如款合而質病、色佳而款劣、與款色俱佳、而殘缺太甚、均不堪把玩、今人得一舊鑪、不問好醜、卽自謂眞賞、何異古畫黑裂、（接第四版）

明張復畫繞屋天香摺扇

扇骨烏木製、計十八根、長一尺零五分、寬六分、扇面橫寬一尺七寸九分、高五寸六分、泥金紙本、設色畫繞屋天香、左上行草書題、甲子新秋寫繞屋天香、張復、時年七十有九、鈐聯印一「元春」、又有「乾隆御覽之寶」一璽、

張復、字元春、號苓石、太倉人、一作無錫人、工畫山水人物、初師錢穀、後頗擅出藍之譽、

筆跡莫辨、猶懸秘閣、古玉燬鑠、與石無殊、猶誇佩飾、娛目費心之謂何、否則磨洗一空、用藥重燒、詎思復舊、尤戛戛其難矣、大抵鑪質取舊、色亦忌新、舊鑪佳者、不必定目爲宜鑄、如果款色兼美、裏有結綠、或瑩淨、或斑駁、皆屬妙品、見火自有殊光、拘拘執一節以言鑪、未免貽譏膠柱、且鑄造非經目覩、訛傳任人言、彼又安知眞者非僞、舊者非新、夫亦於美惡之間、辨之而已矣、

沈子與余往來最密、嘗見所取鑪、半皆塵垢蒙翳、偶遇舊款、即微有損痕、必審視再三、然後釋手、詢其故、則曰、時款雖美弗尚、舊鑄雖多蕪雜、得一佳者、實可寶玩、今謂斯論、益信所言非虛、余齒長沈子三十餘歲、所蓄舊鑪二四、如黑琴鑪、覆祥雲、乳鑪、天鷄之類、頗自愜意、惜先後爲友人攫去、今老矣、欲借鑪香、借盌茗自娛、而如我意者、百不獲一、懷舊物以興思、覽斯文而致慨、沈子其許我爲知音乎、

明袁尚統仿梅道人畫扇

扇骨雕竹、計十六根、長一尺零二分、寬六分五厘、扇面橫寬一尺六寸七分、高五寸六分、泥金紙本、墨筆畫淡山煙雨、大木蕭森、上方行草書題、巨木搖天發、清泉帶霧飛、己亥仲春、擬梅道人筆、併題、袁尚統、鈐印二、「尚統」、「天高郎」、右上端鈐「乾隆御覽之寶」一璽、

袁尚統、字叔明、吳縣人、善畫、山水渾厚、人物野放、頗得宋人筆意、

故宮旬刊

西園題跋卷之一

羅浮張　萱孟奇甫著

題米元章真跡

米元章與蘇子瞻黃魯直皆同時、皆以書名、皆不相下、蓋蘇黃長於藏蓄、而米過於奔放耳、此南宮眞跡書七言絕四首、末有華長史張掄二跋、奔放中又未嘗不藏蓄也、古人不可測、類如此、

題千文

自周興嗣千文出、古今臨池家相繼書之、各體具備矣、其在人耳目之外者、唐書有篆書千文一卷、亡其姓名、宋太祖時、有南陽郡王維吉眞草千文、刻石以獻、宣付史舘、太宗時、有孫景璠篆書千文五十餘體以獻、授國子書學博士、宋仁宗時、宗子宗望獻集虞世南筆法千字文、遷資州刺史、黃長睿云、唐河南有千文、未曾見、豈即宗望所集者耶、米元章嘗奉詔、以黃庭小楷作千文、其眞跡、金陵見之、友人吳用卿、上勒石入餘淸齋帖中、元章表語、自謂臣少與顏行、於小楷了不留意、然流麗遒俊、亦不失爲黃庭兩廡也、余按隋書、蕭子雲有千字文、胡肅注、并篆草千文各一卷、南平王令蕭子範製千文一卷、蔡遠注、梁武帝又常製千字文詩、沈衆注、隋潘徽爲萬字文、宋胡寅有叙古千文、黃灝爲傳、胡宏有叙古蒙求、凡三十二章、亦千文之類也、李建中手寫郭忠恕汗簡集以獻、皆科斗文字、意倣千文、余官西省日、常請於三閣師、欲彙千文、萬文、及蒙求、汗簡、集爲一書、以示小學、業就緒矣、而兩閣師遽拂衣去、不獲終事、惟蒙求一書、四明師始重梓之、世皆惜焉、然當今字學方興、安知無好事者、亦獲我心、嗣此盛事、以嘉惠後學者乎、

（卷一完）

清　王原祁仿黃公望山水

紙本、設色、縱三尺三寸二分、橫一尺八寸七分、石渠寶笈三編著錄、王原祁、字茂京、號麓臺、太倉人、時敏孫、康熙庚戌進士、由知縣擢給事中、改翰林、補春坊、供奉內廷、充書畫譜館總裁、晉戶部侍郎、工畫山水、淺絳尤稱獨絕、與其祖時敏、及王鑑王翬、並稱四王、襟懷高曠、工詩善文、兼精六法、性廉潔、不治生產、通籍後家居十年、猶蕭然如寒素、卒年七十有四、

贈藥編

淸長洲吳　綺撰

不管

纔提報復、便說驚壞哥哥、難道前日長病、不思嚇壞了人也、天下情郎、是安然受用者、偏弟費盡心力、哥哥那裏知道、從今弟亦不管矣、

（接第二版）

明項聖謨寫生冊之十四

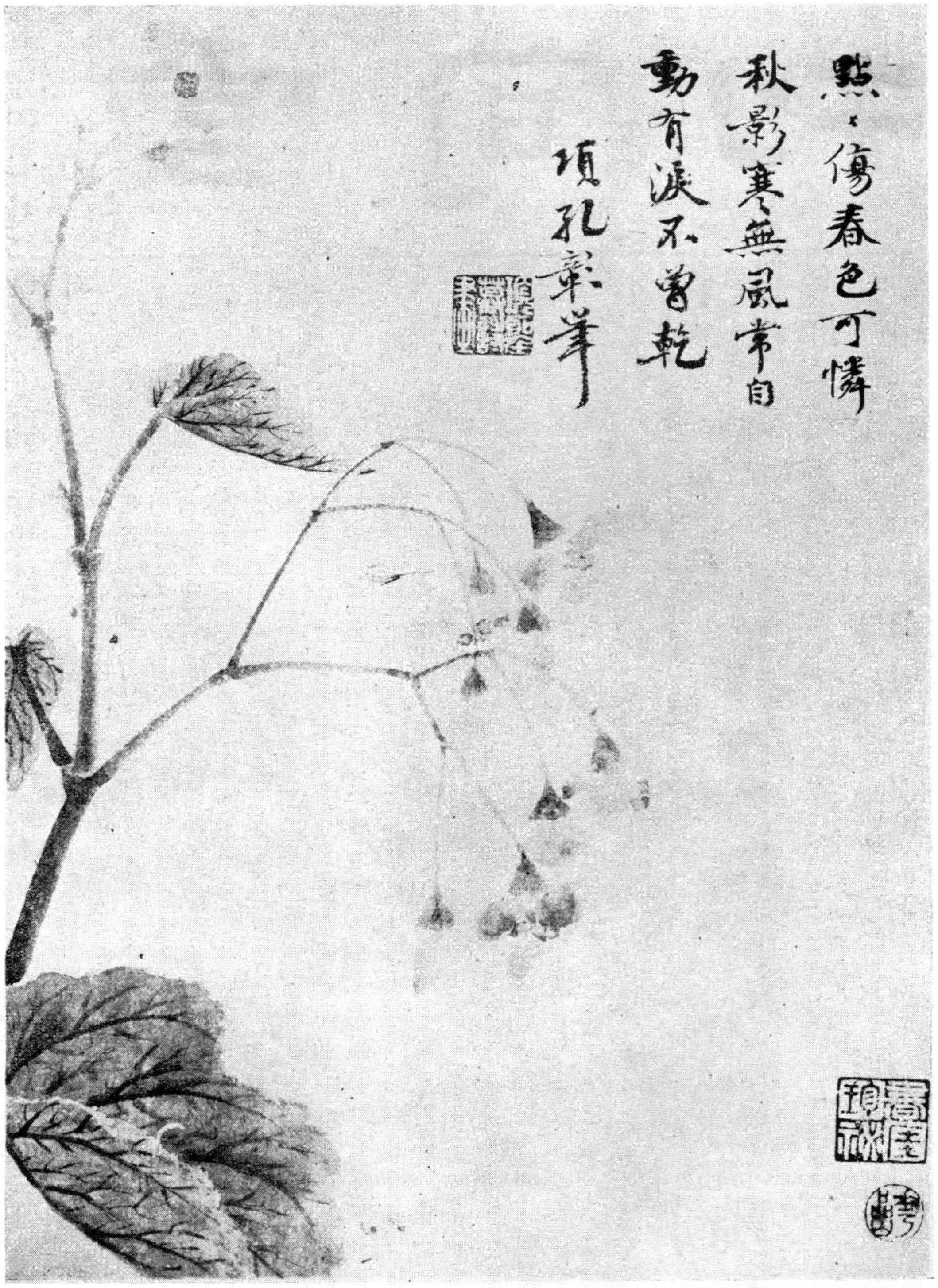
點點傷春色可憐
秋影寒無風常自
動有淚不曾乾
項孔彰筆

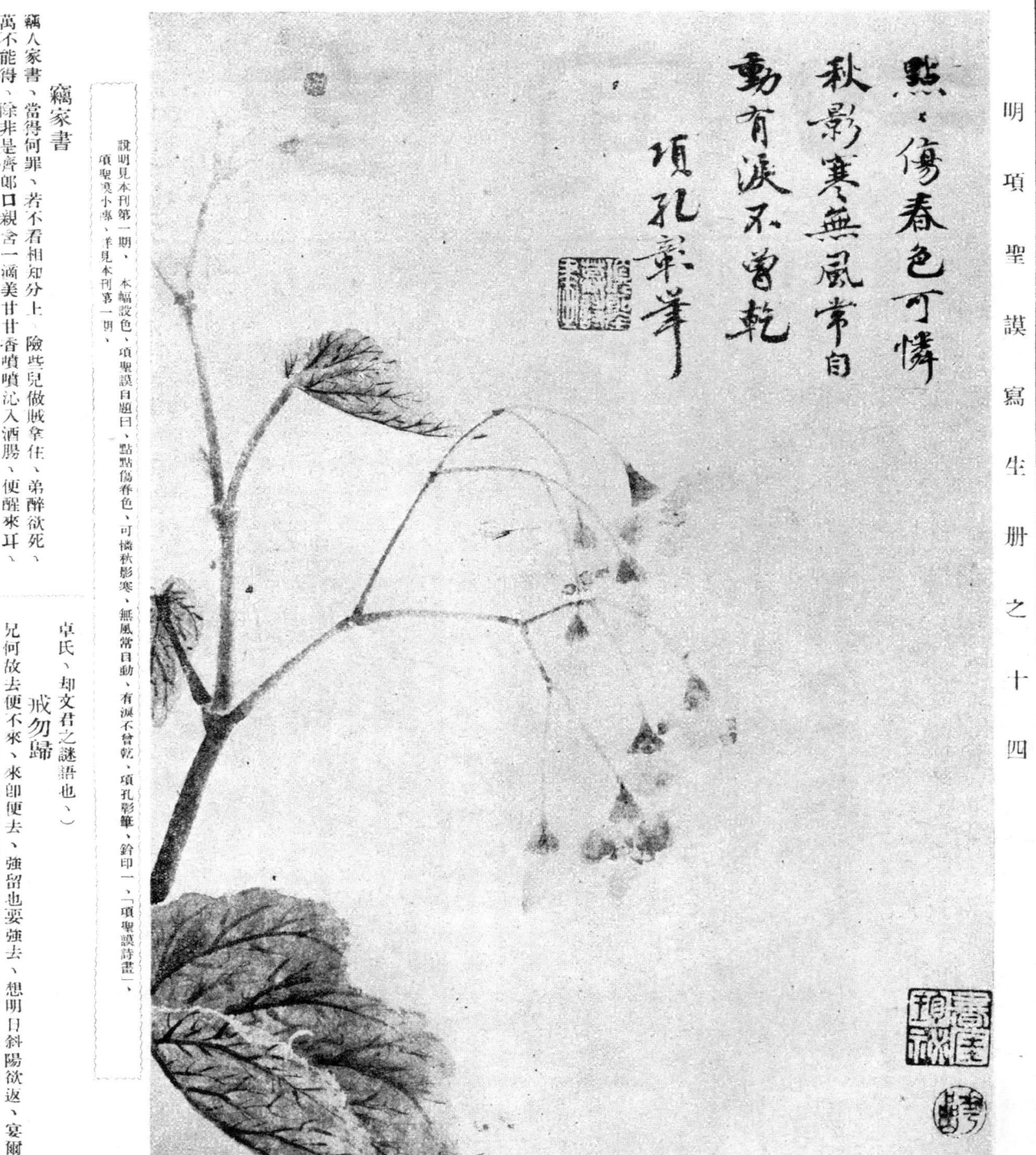

說明見本刊第一期、本幅設色、項聖謨自題曰、點點傷春色、可憐秋影寒、無風常自動、有淚不曾乾、項孔彰筆、鈐印一、「項聖謨詩畫」、項聖謨小傳、詳見本刊第一期、

竊家書

竊人家書、當得何罪、若不看相知分上、險些兒做賊拿住、弟醉欲死、萬不能得、除非是齊郎口親含一滴美甘甘香噴噴沁入酒腸、便醒來耳、

索詩

昨觀文作、尚以莫覩君陽春之和、筆花墨艷、的的仙才、兩玉人酬和如流、幸多賜療俗、望望、弟酒病稍可、心病越沉、長宵皓月、四起秋聲、冷冷麗琴、枕邊作伴耳、夢語頓覺綢繆、想緣地近神親、也不得私自逃歸、逃歸又要賊論、（夫字文玉、故云文作、後文兄文君仿此、外云卓氏、却文君之謎語也、）

戒勿歸

兄何故去便不來、來即便去、強留也要強去、想明日斜陽欲返、宴爾新婚、苦苦兜留、雖是撓人歡處、不知體量、但近來弟傷心特甚、聞君歸去、不覺刺胸、君行一步遠、弟心一時痗、何忍何忍、寃孽纏君、可奈何、可奈何、

覓機會

蒙許機會、切切心頭、兩日刻望駕至、而不可得、覩月懷人、因風泣訴、相思淚弟知幾許、聞至雲踪、必有奇計、洗耳以待、

罵郎

有甚喜音可俟、且待我罵幾聲出氣再處、普天下那有玉田這般不識好的油花賊、險些兒將老婆活活氣死、除自己罪過多端、反來圖賴着人、我竭盡平生之力、又云做作、眞正要氣死、眞氣死、俺秪爲個渴相如愁雲怨雨、因此上害

清董邦達畫舟行雜興詩意冊之一

是冊原藏懋勤殿、宣紙本、推篷式十二幅、每幅縱二寸八分、橫五寸、下設色畫、款署末幅、曰臣董邦達恭繪、鈐印一、「達」上梁詩正行書清高宗御製舟行雜興詩十二首、款署末幅、曰臣梁詩正敬書、鈐印二、「臣詩正」、「染翰」、（製板從略）石渠寶笈續編著錄、

本幅清高宗御題詩曰、三山也只一舟通、疑在虛無縹緲中、何似遡天空闊處、牛帆新水坐微風、

董邦達、字孚存、號東山、富陽人、雍正拔貢、尋成進士、授編修、充日講起居注官、累擢工部尚書、卒諡文恪、博學嗜古、工書及畫山水、

夫人密約偸期、逢非容易、最苦是一帶峻巍巍巖垣峭壁、插翅難飛、（接第二版）

宋薛紹彭伯老帖

（宋十二名家法書第八）

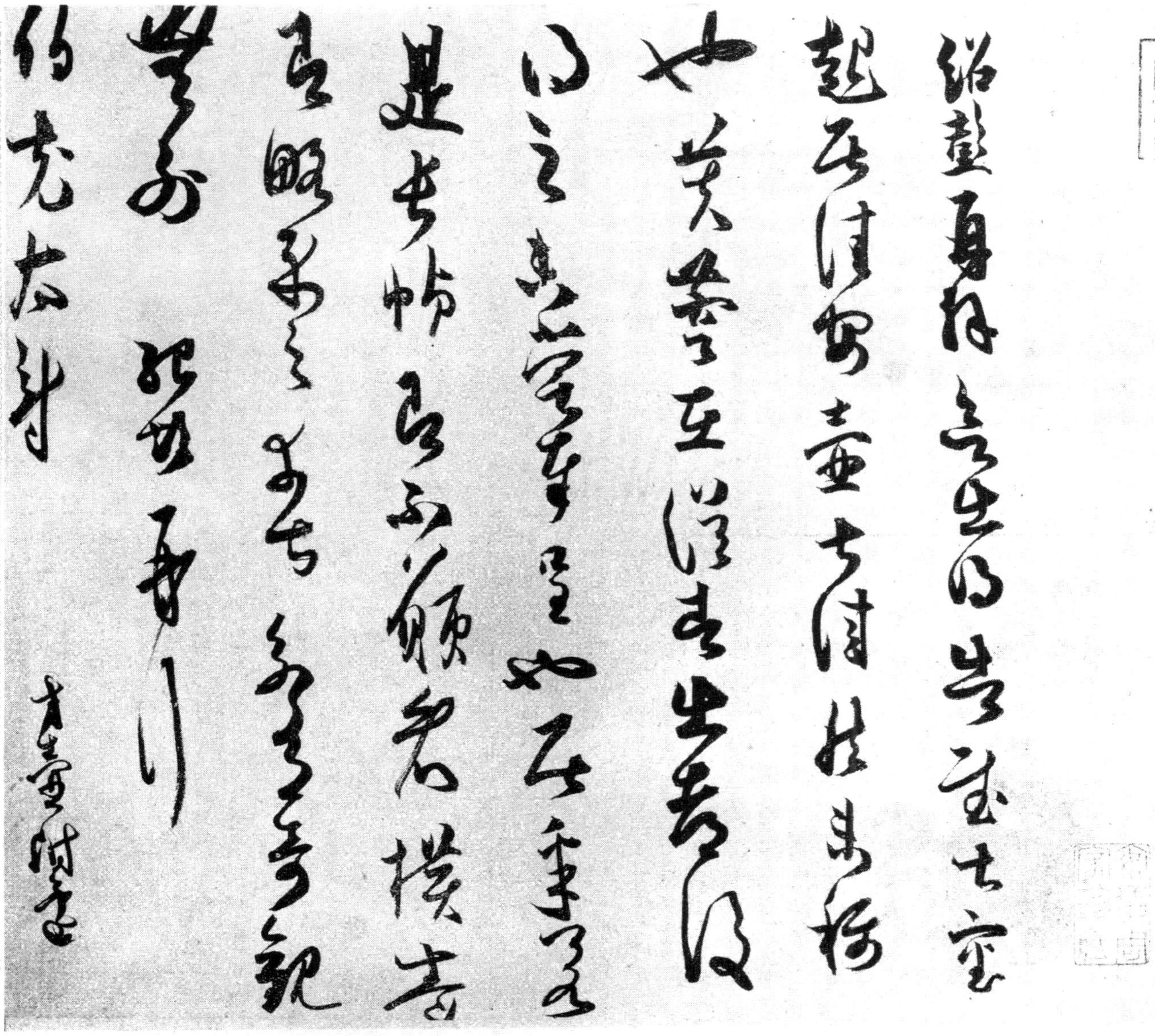

石渠寶笈續編云、第八、籤標宋薛紹彭書、縱七寸九分、橫九寸三分、草書、文曰、紹彭再拜、欲书得告慰甚、審起居佳安、甚甚佳、然未稱也、芙蓉在從者出都後得之、未嘗奉呈也、居宋若是長幀、即不顧看、橫卷即略示之、幸甚、別有奇觀無外、紹彭再拜、伯老太守、方壺附還、案是札刻入三希堂法帖、亦見快雪堂帖、薛紹彭、字道祖、號翠微居士、長安人、累官祕閣修撰、知梓潼路漕、有翰墨名、工書、人稱米（芾）薛、自呼薛米、高自標許如此、

惡狠狠猛虎狐狸、張牙來戲、念恩荷難棄、每日裏牢費心思、陪氣力、安排巧語、廣弃神機、成就歡娛、鶯儔燕侶、不銘重建之功勛、反將人無端陪罪、俺今日受些懊惱之氣、到其間肯饒干休、仔細仔細、

聞考信

爰來正圖歡聊、忽聞府案、仁兄第一、文兄第九、頃刻間煩慮俱消、喜狂欲絕、諒玉人亦必欣慰矣、快極快極、弟從此可加餐也、但兄即日榮行、弟則未免有陽關之恨、歡期未遂、別緒又牽、人被利名、何時得已乎、可憐可憐、行期已請過、云廿四吉期可行、又不敢強、只得推下日耳、巫雲夢斷、能不悲傷、弟眞有百日之願、以期來生美滿、今心期將足、肯一日付之東流乎、且再世是誰受用、原是玉田、何不免此頃刻行、以定生生世世久長之好、不宜早早講定、然省爾時惹氣、除此爲罪、事事依兄、

惜別

昨別無端、乃爲弟淹遲一日、離顏況味淒、其不必言、更屬新寒初透、煙冷屏山、銀剪舞聲、蘭膏新燼、孤眠未穩、度曉連昏、唯以邂逅雲蹤、細細追憶、撫以香枕、覆以鴛衾、如何得我玉人也、五更神倦、一晌昏昏、日出東南、華胥夢正未足耳、所謂中心藏之、何日忘之、體中稍旺、調藥爲助、卓氏亦甚相訝、謂弟從來不肯嘗藥、何以苦口如此、豈知全是情郎之力、因思君舉動、便足引魂、深思雕覺、何以報有心人憐重耳、然而吹扇業波、易纏膏火、君之罪耶、弟之罪耶、亦可以爲戒也、癸行幾時、尚欲少陳種種、家兄雖則和結一宵、爲昔齋期未滿、敢違此戒、是夕恩神明鑒、別非誑語、腐舌苦腸可也、弟唯恐心期不同、洗除冰電、要於神明、君却不以爲心、如疑如棄、弟願君勿忘神盟也、（家兄、指其夫、）

清黃邦達畫舟行雜興詩意册之一

本幅清高宗御題詩曰、杏霧渶濛傍曉封、姑蘇城外恰聞鐘、吳儂什軋搖柔艣、舟過不教覿面逢、

宣鑪小誌

補注

編者按仿宣德鑄鑪者、在明代有琴書侶、（此吳邦佐別記、

（接第四版）

清吳時兒戲圖摺扇

扇骨素竹、計三十根、長一尺、寬三分、扇面橫寬一尺六寸八分、高五寸四分、冷金紙本、設色畫柳陰茅舍、開坐讀書窗外兒童三人、爲撲捉之戲、右上楷書題、日長睡起無情思、閑看兒童捉柳花、丁卯春日、吳時、鈐聯印一、「吳時」、上端鈐「乾隆御覽之寶」一璽、吳時、字化之、爵里行誼待考、

凡所私鑄之鑪、皆鐫琴書侶篆款、）高氏、（杭陳氏伏廬藏有宣德五年高氏監製鑪、）且開主人、（杭王氏福盦藏有宣德年且開主人監製鑪、）張氏、商玉、（見古董錄、稱宣鑪精者、以蘇州張氏商氏爲尤、張製下署「清河郡家廟用」六字二行、多係隸書、商製則署「商玉」二字、橫列篆書、以戧金及海棠紅爲貴、）學道、（嘉靖初人、冒襄以爲嘉靖後人、不知其姓、）施家、廿文堂、蔡家、（均萬曆天啓間人）徐守素、（吳中人、見遵生八牋卷十四、）周文甫、（吳中人、萬曆末年、以仿宣名、）湯子祥、（明末清初時人、見秦東田宣鑪說、）在清代則雍正乾隆兩朝、曾仿鑄宣鑪多種、間有底款鐫「大清雍正仿宣」、或「大清乾隆仿宣」者、私人仿宣、則以巴格爲最著、底款鐫「大清巴格仿宣」、或「大清巴氏仿宣」、或「巴格仿宣」、惟其人里世不見著錄、未知爲清河時人、鑪亦稀見於世、爲可慨也、自乾隆以後、鑄鑪秘法絕傳、輓近僞造、色質益旋、不足言仿宣矣、

明陳嘉言書梅花小鳥摺扇

扇骨外斑竹、內素竹、計十八根、長九寸五分、寬五分、扇面橫寬一尺五寸九分、高五寸二分、泥金紙本、墨筆畫梅花山鳥、右上行書題、暗香纖上月、嘖嘖對棲時、夜半山風急、驚飛過別枝、己酉清和、竹齋漫寫、陳嘉言、鈐印一、「嘉言」、上左鈐圓印一、「世表之交」、上中鈐「乾隆御覽之寶」一璽、陳嘉言、字孔彰、嘉興人、工畫寫意花鳥、

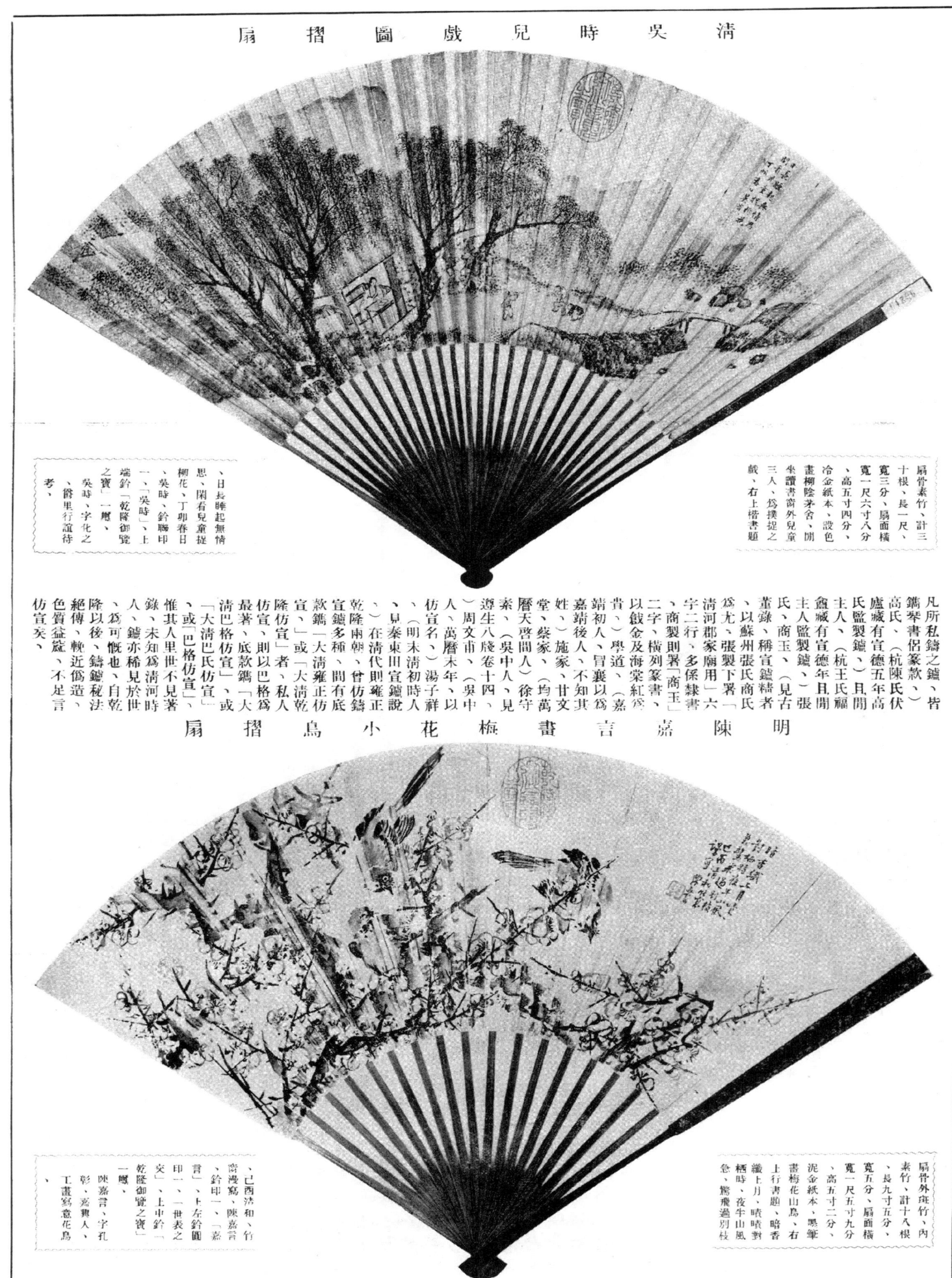

故宮旬刊

西園題跋卷之二

羅浮張萱孟奇甫著

題趙魏公小楷悟眞篇

余往家金陵、嘗閱此卷於故儀部董君青芝客舫中、蓋庚寅春二月也、時儀部出其所攜魏公眞蹟、凡數十種、皆行草、惟此卷小楷耳、余因憶曾從友人王元美司寇弇中、閱魏公小楷粉金書法華經、其結法與此卷差別、又闕第二卷、我朝夏太常仲昭補之、司寇至損一附郭莊、與購法華、結搆細密、肉骨豐適、脫胎於北海誠懸之間、而此卷蕭散爽朗、蓋以大令肉、調右軍骨者、極其蜚動、則金翅之翔游風、縱橫盤旋、有意無意、昔人謂魏公之筆、如丹鳳冲霄、眞定論也、且魏公副墨竺乾人間不乏、此卷則與公黃庭、僅爲雙璧、未審司寇玄珠室中、曾覩此否、

儀部擊節久之、無何、儀部指館去、此卷遂爲朱提紹介、入貴勢家、余幸直綸扉、數爲人諛墓、遂有以此卷贄余者、豈宿緣耶、及讀儀部跋語、則舫中閱此卷時、尚非儀部物也、余以懷璧爲罪、堅却之、因借觀彌月、了此宿緣、贄者復堅以投余、往還數四、余乃以史館餐錢、兩歲所積者、凡四十緡、售焉、此卷非此緡可購、第藉意余之文、或足償其半耳、今聞司寇法華、亦已闌出人間、久非弇中故物、謂畢此生、不復覩阿閃國矣、嗟嗟、人間世何者非楚弓耶、余於此卷、往來胸中、凡十餘年、始獲購之、雖有宿緣、亦何必長爲淸眞館中故物也、萬曆乙巳王正之九日、書於金臺客邸、

題趙吳興小楷唐人絕句

萬曆戊申禊日購藏、費吳綾八兩、子孫有志於臨池者、其永寶之、九翁題、

明董其昌畫秋景山水

絹本、設色、縱五尺五寸五分、橫二尺三寸九分、幅上鈐「宣統御覽之寶」一璽、

董其昌小傳、詳見本刊第一期、

己酉春日、嘗閱吳興所書瀘華經於金昌、與此册筆意正同、皆蚤與初年書也此卷豐媚遒逸、肉骨亭整、十四李北海、十六米襄陽、得意處咄咄大令、此公有韻之文、無一語合唐調、而故書諸詩、豈亦欲以持誦爲歸依耶、桓靈寶嘗盛陳法書名畫、請客觀之、客有食寒具、不濯手而執書畫者、因遺涴跡、靈寶不懌、自是會客、不設寒具、其珍惜古人名跡如此、余暇日重裝所藏書畫、臺請此册、日事臨摹、余爲一快、乃妄用俗鐫圖章、以私識之、殊令人有靈寶之憾、幸猶未汙幅中、亟令剔割、夫手跡微涴、尚見憾於昔人、况可以惡俗之跡、汚我希世之珍乎、因書數語誡之、汝輩凡見祖父所藏名蹟、第能諦玩、更加珍惜、便稱克肖、不宜妄加點涴、佛頭放糞也、甲寅仲冬日西園公書、

初學臨池、宜先工楷、此帖以楷兼行、欲工楷者、不宜學也、楷書之法、最上歐陽信本九成宮帖、近日董太史玄宰戲鴻堂帖信本千文、亦居其次、夫不能楷而先行、是嬰兒學步、尚未循牆、遽欲超距、有不仆者否矣、臺其勉之、

題趙吳興小楷千文

二十年前、余嘗閱此卷於新安友人汪子山眞州客邸、有方希直先生跋語、宋舍人仲珩謂爲魏公中年最得意筆、極其讚嘆者、無何子山登鬼錄、生平所藏法書名畫、可數千金、卽舉羣失之、不知此卷入於誰手、余往來胸中、亦二十年矣、歲壬寅、乃獲購於錢唐一好事家、而方跋已爲烏有、民則一跋、又從他卷闌入於此、檇李項子京圖章具在此、近時市賈狡獪、往往取古人名蹟、（接第二版）

明項聖謨寫生冊之十五

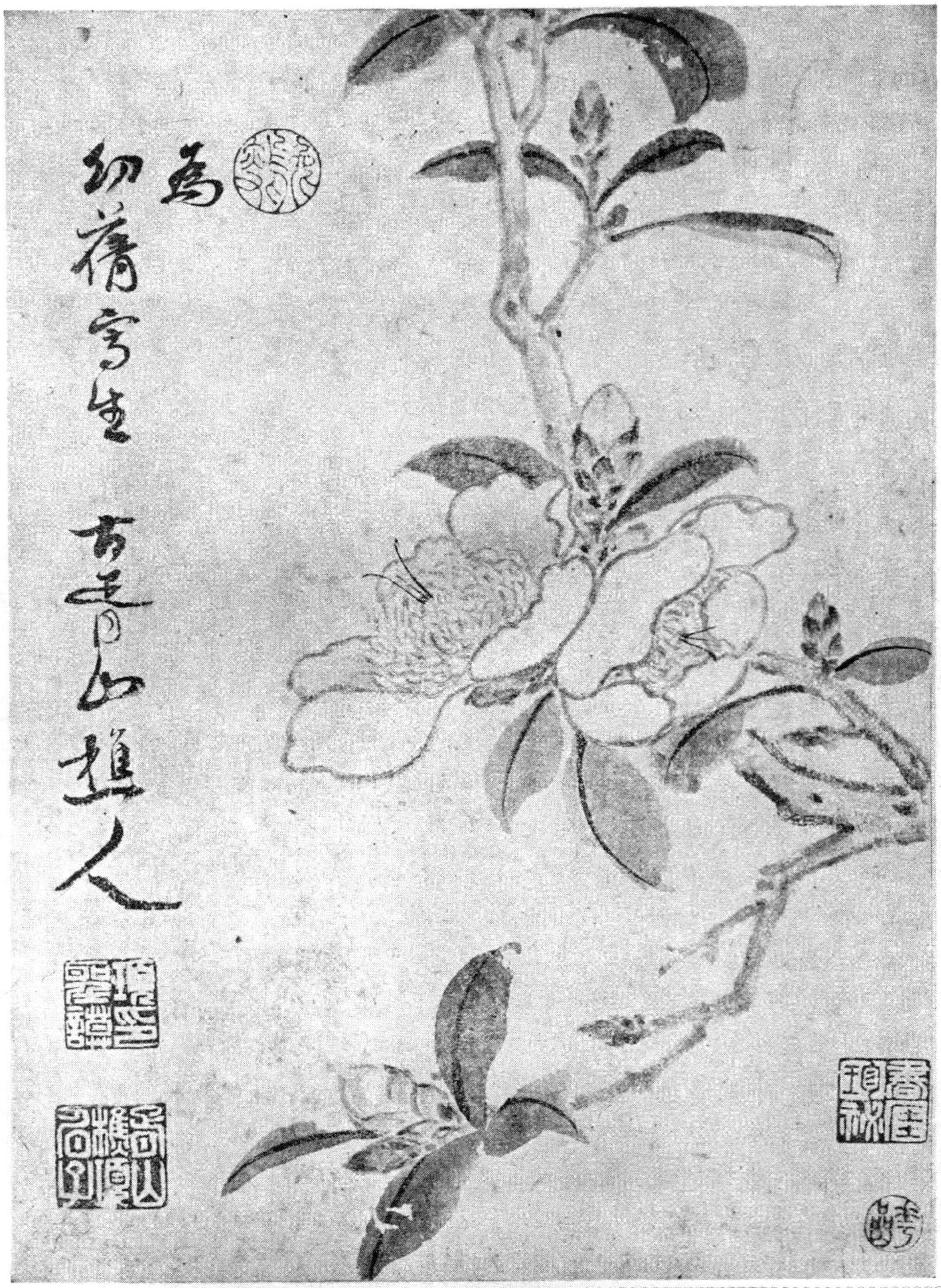

說明見本刊第一期、本幅墨筆、項聖謨自題曰、爲幼犢寫生、古胥山樵人、鈐印三、「項聖謨印」、「胥山樵項伯子」、「兔烏叟」、項聖謨小傳、詳見本刊第一期、

一卷而兩割之、各爲一卷、蹟眞則跋僞、跋眞則蹟僞、以便兩售、亦浦珠津劍之一厄也、余藏魏公眞蹟頗多、獨此卷秀潤流麗、如三河少年、千金裘馬、過靑樓而墜鞭、據黃鑪而索酒、一種豪俊愍態、橫溢楮墨間、與余所藏公初年小楷唐人絕句悟眞篇、若出兩手、乃知書以年進、即魏公猶然、董玄宰太史之跋、旣非浪語、民則學士楷法、亦足爲此公兩廡、第得沈失方、尙幸買王得羊耳、子孫其永寶之、萬曆乙卯冬日、西園公題於淸音閣中、

贈藥編

清長洲吳　綃撰

還寵夫人札

比來欲入郡幾時、願君不以離別爲憶、寵夫人華札、藉手還歸、乞賜珍藏、完其璧彩、恐周聞有以十五城相市者耳、（寵夫人、子齊之他遇、）

問恙

玉股有何貴恙、不生緊要處否、弟脊來沐體洗心、將以望日親叩神明、願恩郞早安、佳期無阻、至誠所感、靈爽可通、安心安心、熟筧連章、刻骨銘心、恩郞更添幾重膠漆、也有心郞如此、豈非弟之連城重寶乎、謝謝、

餽蘭花

同心金蘭、正在痕靑小閣、豈非佳兆、留以奉君、此花香艷、足以依傍風流、更當賜以佳詠耳、前無聊月下弄一小詞律體、博恩師之憐、且祈斧正、乃以一味褒譽、如笑如嘲、豈望於

清董邦達畫舟行雜興詩意冊之二

說明及董邦達小傳、俱見本刊第十四期、本幅淸高宗御題詩曰、悉携茶竈耆岷江、月在瓷瓶風在窗、此際且渾題七字、悠然靜會果無雙、

骨肉氣誼、或恩師自有可意門生、故不屑指語頑石耶、負悔抱慚、以後不宜如是也、空覩柳絲、誰當共折、行行重賦、黯欲銷魂、

問卜

靈哉水部恩神、弟久矢微誠、欲叩行止、今早達靈埤、爐煙未燼、燭照光搖、知僊駕已去矣、弟添香叩告曰、玉田已往懇禱、（接第三版）

石渠寶笈續編云、第九、冊宋劉文憲公正夫書、縱九寸七分、橫一尺三寸八分、行書、（文不錄）案是帖見書畫彙考、刻入三希堂法帖、劉正夫、字德初、衢州西安人、元豐八年進士、官至少宰、進尙書、贈太師、封康國公、諡文憲、

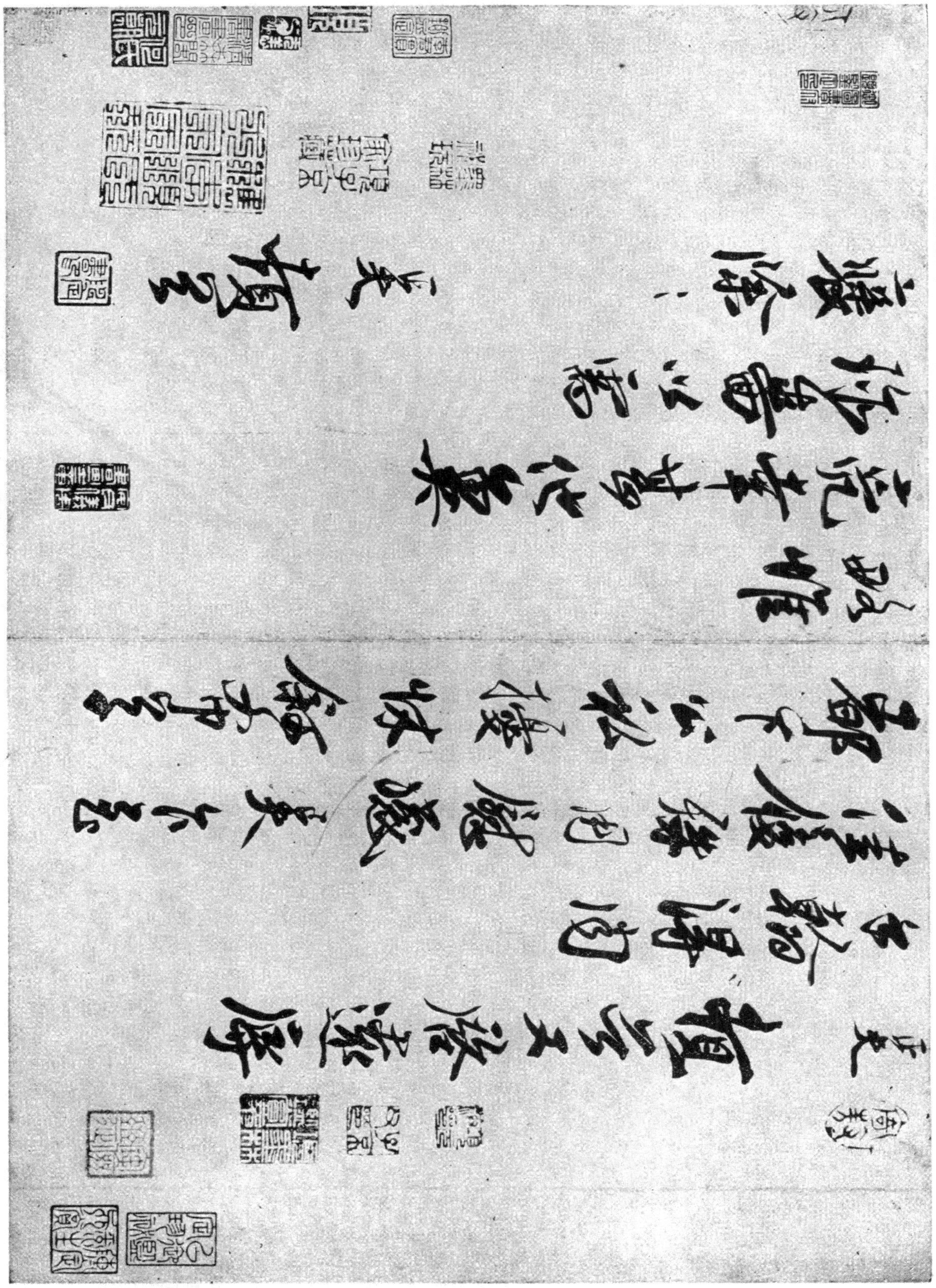

宋劉正夫又啟帖

（宋十二名家法書第九）

氷郎重致素心、兩人果有夙世種緣、今生結契、來期匹偶、莫改莫移者、願得吉兆、果遭逢未偶、幽期不終、死負生離、傷心慘目、願得凶兆、再拜致詞、乃獲桃梅重熟之應、一一揆度、得意有時、且神助情如此、亦不愁仁兄走眺矣、但未知仁兄所得何兆、願教青帝常爲主、分付東風莫浪吹、神契冥冥、敢申幽懇、

竊詞

事機有變、昨晚偶因思兄、塡綴小詞一二首、正欲求教、家兄喫藥、覺被袖中竊去、幸得尙未指明、巧語支吾、大懷疑惑、今風波且息矣、每念情兄仁誼如膠、弟身何惜萬死、必欲圖成此事、凡爲女子、不死於節、則死於義、弟豈有兩失耶、若今歲不得見兄、當北面自刎、以報大恩、誓不再生於世、君須見諒、勿負鄙人之志、可也、弟籲頓首子齊親兄、

宣鑪小誌

論大小

書齋清玩、與廟堂之器不同、廟堂壯觀瞻、故尙大器、如寶鼎鐘彝之類是也、書齋焚香、以口徑三寸乳鑪、石榴足戟耳各種小彝鑪爲合式、一則案頭附他器擺列、易於取携、一則放火簡便、摩弄不至費力、余目中所見舊鑪、專愛小者、亦非偏也、小鑪鍊銅、視大鑪較精、且火力易透、故間有佳者、大鑪則百無一佳、以銅質既劣、而火候難以驟効也、今以口徑三寸爲度、極小則二寸、亦不失爲清賞、如位置所宜、欲得一二稍大者、則口徑四寸足矣、至大不過六寸、亦須厚薄得中、樣式古雅、方不等呆物可惜、近有新鑄大鑪、其質夾沙、其色若瞖、重二十餘斤、或十餘斤者、華堂寒白、炫耀俗目、豈容混入我齋清供、

火候

五行無尅不生、鑪以火鍊、火尅金也、火候到、則金水相生、而銅之精華畢露、此自然之理也、蓋製新鑪、與鍊舊鑪不同、新爐出冶、磨治滑熟、即上色藥、火功一氣而成、銅質佳者、不數日間、金光燦爛矣、然火色外炫、不足清賞、舊鑪易代易人、年久傷殘、俗手垢黳、一遇識者、因其色之淺深純雜、放火得宜、漸燒漸透、漸透漸退、漸退漸瑩、其色沉而淨、無烈烈之光、非比新鑄之色、可一覽足而辨也、故論鑪莫重於火、而火不宜缺、亦不宜驟、夫一暴十寒、鮮克有功、火之鑠金、其理從天、其事在人、（接第四版）

明文徵明仿雲林畫幷書七言律書摺扇

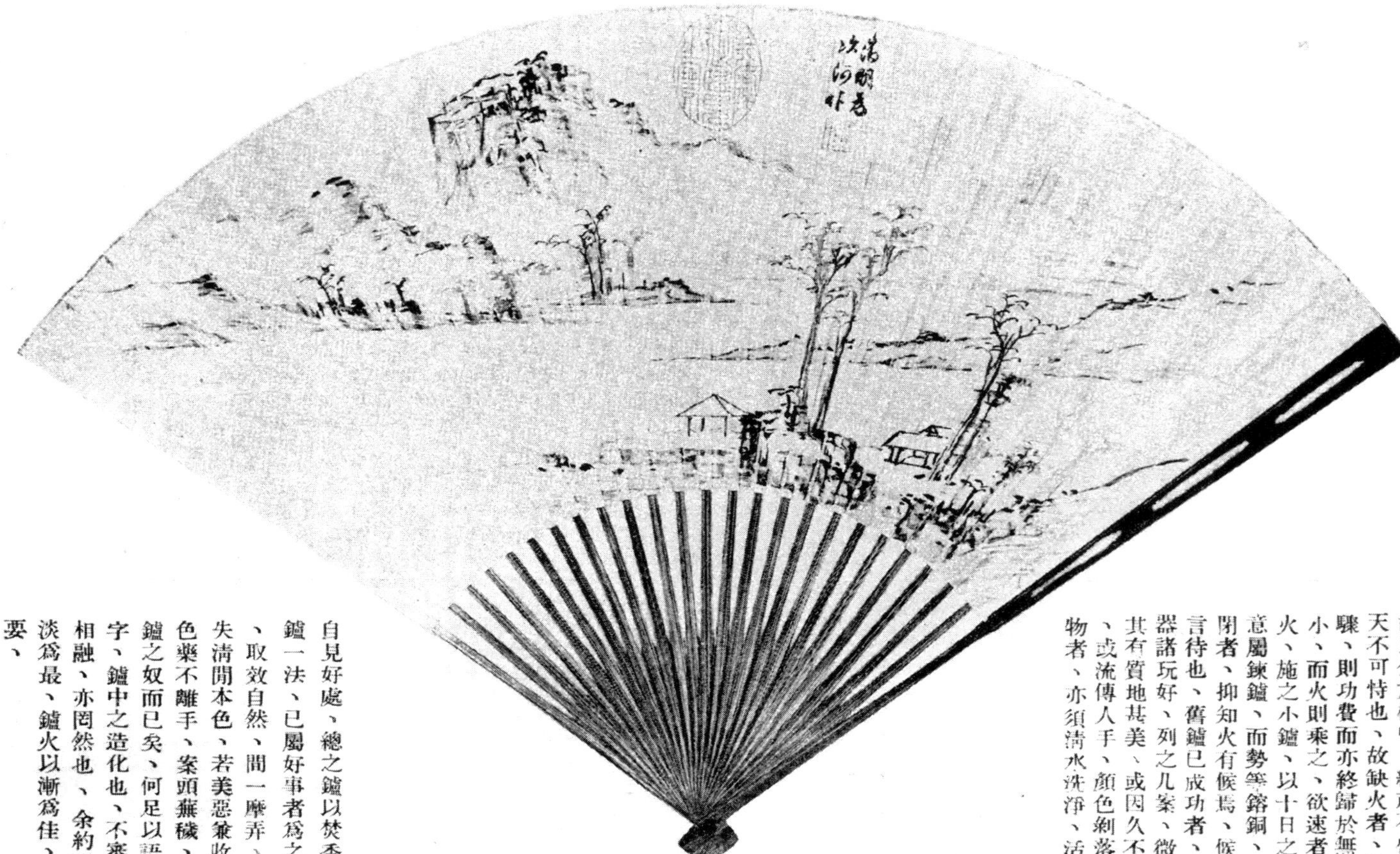

置良金於櫝中、經歲不啓、色不加新、知天不可恃也、故缺火者、無功者也、而太驟、則功費而亦終歸於無功、鑪有厚薄大小、而火則乘之、欲速者、譬如以大鑪之火、施之小鑪、以十日之火、併之一日、意屬鍊鑪、而勢無鎔銅、鮮有不質枯而色閉者、抑知火有候焉、候之爲言時也、又言待也、舊鑪已成功者、可附書畫玉石藝器諸玩好、列之几案、微火令常温足矣、其有質地甚美、或因久不着火、陰霾外蝕、或流傳人手、顏色剝落、而終不失爲佳物者、亦須清水洗淨、活火緩緩煨鍊、漸透銅質、進則三五年、近亦期歲、然後可以增雲晃日、若遽加大火相逼、死色亦見、舊物遭刦、豈不惜哉、是故時者、萬物之所以成、即人情之所由靜、鍊鑪、猶養鑪也、如修鍊家微火養丹砂、着不得一毫性急、讀書亦然、窮年咕嗶、功候到、則豁然貫通、時固不可以不待也、誠使鑪火酌乎大小之分、至火氣融注時、即斷數日火、亦無傷損、有意無意、久久不輟、自見好處、總之鑪以焚香、清閒事也、鍊鑪一法、已屬好事者爲之、然果鍊之得法、取效自然、間一摩弄、則雖好事、猶不失清閒本色、若美惡兼收、用火不如分、色欒不離手、案頭蕪穢、碌碌終朝、是亦鑪之奴而已矣、何足以語清閒耶、火候二字、鑪中之造化也、不審乎此、妄言色質相融、亦罔然也、余約斷之曰、鑪色以淡爲最、鑪火以漸爲佳、鍊鑪家以安靜爲要、

（未完）

扇骨鏤空素竹、計二十五根、長九寸六分、寬四分、扇面橫寬一尺五寸四分、高五寸四分、泥金紙本、墨筆畫仿雲林秋山亭子、上方行書款、徵明爲次河作、鈐印一、「徵明」、又鈐有「乾隆御覽之寶」一璽、一面行楷書二十五行、七言律四首、款署丙辰五月三日書、徵明、時年八十有七、鈐連印一、「徵明」、後有文彭題一則、六行、款署長男彭記、鈐印二、「文彭」、「文壽承氏」、又周天球題七絕一首、二行、款署周天球書、鈐連印一、「公瑕」、又彭年題一則、七行、款署後學彭年題、鈐印

一、「孔加」、

文徵明小傳、詳見本刊第一期、

文彭、字壽承、號三橋、長洲人、徵明長子、以明經廷試第一、仕爲國子博士、能詩、工書畫篆刻、有博士詩、

周天球、字公瑕、號幼海、太倉人、隨父徙吳、從文徵明遊、善寫蘭草、尤善大小篆古隸行楷、一時豐碑大碣、皆出其手、

彭年、字孔嘉、號隆池山樵、長洲人、少與文徵明遊、以詞翰名、時稱長者、有隆池山樵集、

故宮旬刊

西園題跋卷之二

羅浮張萱孟奇甫著

題趙吳興真蹟

吳興早歲喜臨智永千文、壯年法思陵、稍後師北海、往往有紈綺態、晚年乃爾蒼雅、當在右軍伯仲間、第腕力過人、一絲萬鈞、俊氣橫溢、幸能自把握、蓋功力兼到者、惟筆鋒尖而稍佻、故神情覺露、仰視右軍之渾深、尚隔數塵耳、虞伯生曰、吳興出而臨池家始知以晉名書、得無唐突右軍乎、余藏吳興真蹟數種、皆其最得意筆、過錢唐、嘗見其秋聲賦一卷、乃晚年書、惜未購之、

清畫院畫十二月月令圖之十月景

說明見本刊第一期、

又題趙吳興真蹟

昔人論真行與篆隸、有方圓之辨、余謂真行、始於動、中於靜、而以媚終焉、媚者鋒稍溢出、是曰姿態、第鋒太藏、則媚隱、鋒太正、則媚露、而不充悅、故趙吳興師李北海、其均靜也、媚則趙勝李、動則李勝趙、故學書者、與其方也寧圓、

題趙吳興十四札

趙吳興書、昔人有訾其傷於媚者、余謂吳興、王孫也、裘馬翩翩、纖穠流麗、其人則然、其書何獨不然、余所藏吳興小楷真蹟悟真篇一冊、唐絕句一卷、及此行書十四札、皆姿態綽約、真如插花美女、臨鏡笑春、百媚溢於毫楮、又嘗見吳興小楷道德經真蹟、於新安友人吳孝父處、縣價二百緡、卷有白描吳興小像、孝甫曰、亦吳興筆也、恐未必然、第眉目如畫、足以掩映數人、一如其書、必有所本、古人論書如論美女、曹子建見甄氏而悅之、媚勝也、王獻之讀洛神賦而深悅之、而數書之、賦之媚亦勝也、黃長睿最知書、其詠河南王氏所藏大令遺墨、有云、君家大令書盈紙、筆勢翩翩趁多媚、後世深悅大令洛神賦、而永以爲寶者、亦以筆之媚更勝也、先師曰、不有祝鮀之佞、宋朝之美、難乎免於今之世矣、西園公之卒老於西園公也、又何疑哉、余因論吳興書而拈出之、以爲人間世枯柴蒸餅者之戒、萬曆壬子秋日、西園公書於文隱堂、付囑瑩兒、其永寶之、

又題趙吳興臨十七帖

古人能書、未有無所師承者、吳興故有書才、而手臨右軍十七帖、至數十餘本、此本爲故學士靳公家所藏、未有李文正公手跋者、雖骨格間有可議、(接第二版)

明項聖謨寫生冊之十六

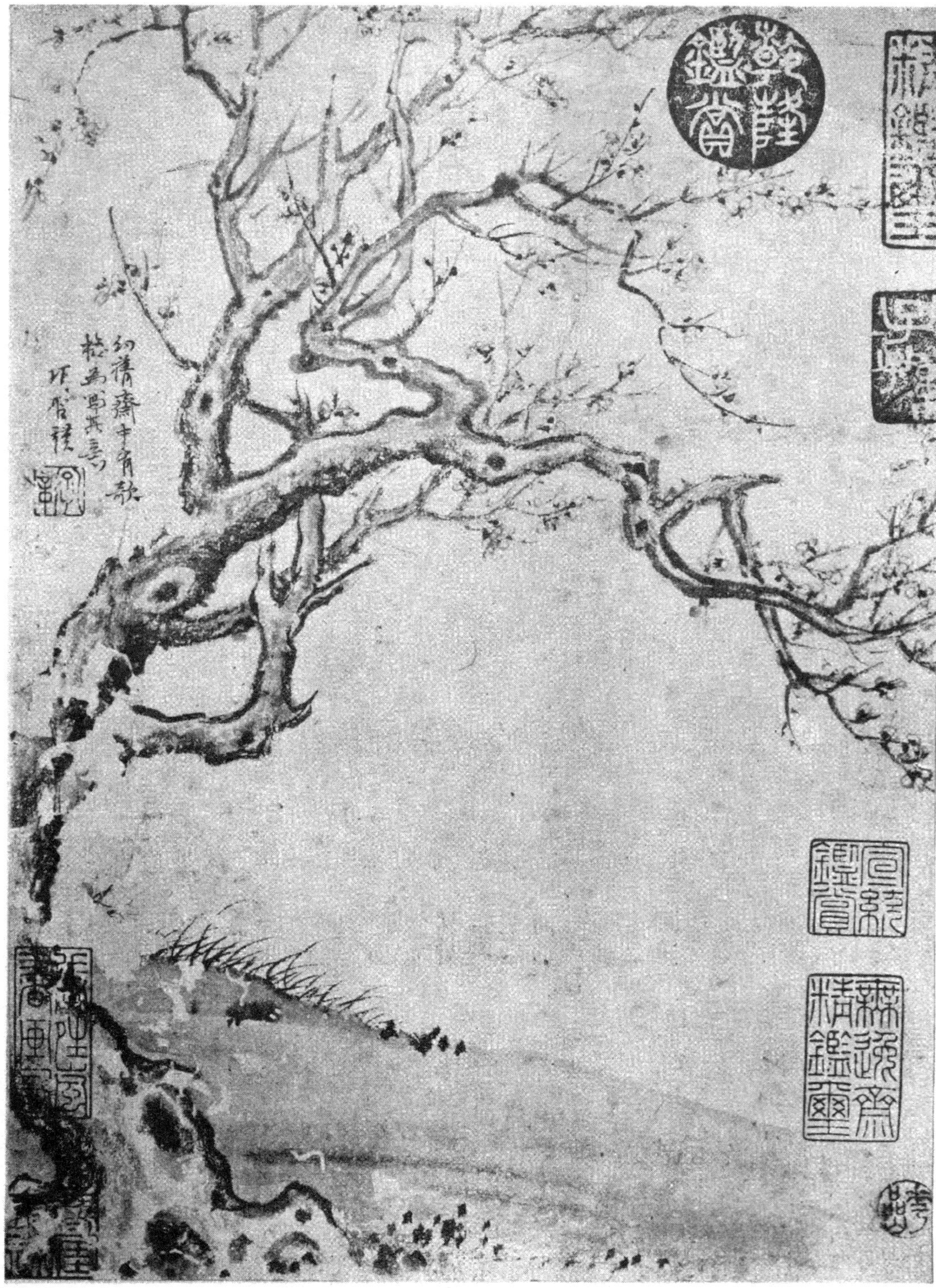

說明見本刊第一期、本幅墨筆、項聖謨自題曰、幼清齋中有欵梅、爲寫其意、項聖謨、鈐印一、「孔彰」、項聖謨小傳、詳見本刊第一期、

而風韻最饒、過得意處、咄咄逼人、且奇拔過之、豈非述者易而作者難乎、

題管夫人帖

婦人書於古少見、獨石刻有衛夫人與帥一帖而已、余嘗於長安友人處、見趙吳興眞蹟一卷、管夫人一帖存焉、頗俊而婉、有雅致、不類𢌿流、吳興刑于、可想見矣、

贈藥編

清長洲吳　綃撰

七夕約

今夕天上佳期、宵分時、弟亦當傍蛙魂而至、所謂重門不鏁相思夢、隨意到天涯、

山閣成

入痕青非弟不情、奈無藏春隱處、喜得山閣將成、此地寂靜麗室、紅塵隔斷、大約鵲駕成、則媵役矣、可與雙星同渡、俟之俟之、

謔新娶

聞君三星在戶矣、弟今宵笑倚鬱金牀、潛訪鴛鴦夢、准擬魄化莊周、祗恐神女陽臺正忙、不得清心入半閨裏也、笑笑、

清董邦達畫舟行雜興詩意冊之四

說明及董邦達小傳、並見本刊第十四期、本幅清高宗御題詩曰、最欣毀社與菱絲、春水如油拍岸時、欵乃歌聲想漁樂、吳音吳語倩誰知、

喫醋

兄果喜酸、弟當來發號施令矣、明日起、便捉到痕青、澆花寫黛、弄粉和脂、染翰裁箋、熏香和酒、一不得風絮遊踪、一不得強項使氣、荀有觸犯、軍令從之、親親能耐否、原來尚未知人、弟託交肺腑、曠月經年以來、未識情性、但慮我一味喫酸、寃極寃極、（接第三版）

石渠寶笈續編云、第十、氣樓宋王羔羊升書、縱九寸六分、橫一尺四寸九分、草書、文曰、升再拜、翁老杜門多病、久不承顧居之間、日往承誨、近觀叔見臨、能道勵止之祥、用以爲甥、累案見示一滿敵圖、竟不聞足音、同出切幸往臨、至叩至叩、升拜拜、案足讀見得畫題考、王升、字淳老、號羔羊居士、汴人、官提舉京畿、官祕閣、被召、補各爵、南渡後、寓居吳不羔羊叫、時高宗留御翰題、名對傑格、官至正使、

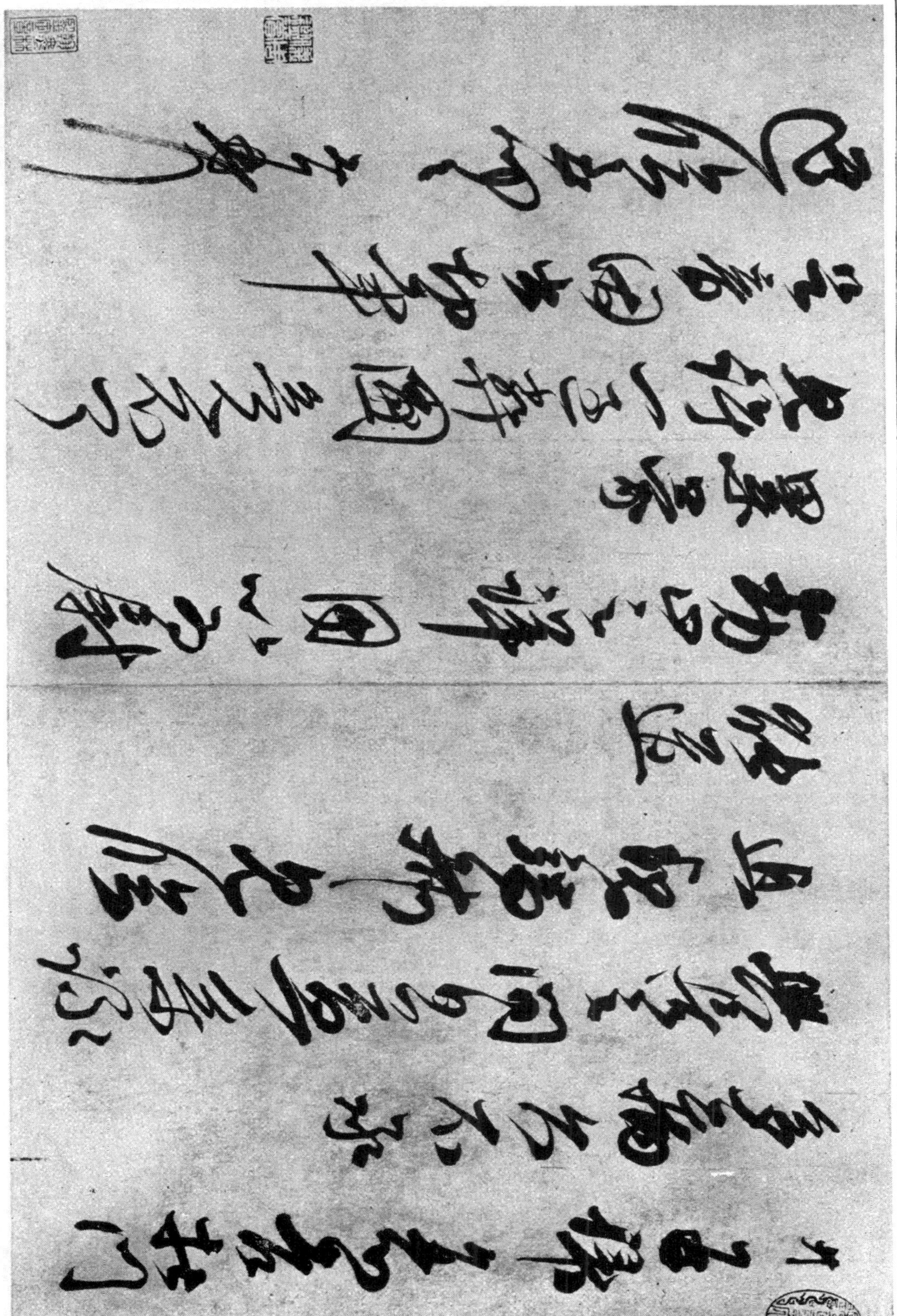

宋王升杜門帖

（宋十二名家法書第十）

恨郎不至

昨日親許早至、弟未晚即便梳洗相待、此何時也、尚未見薄倖郎、決今番失機、怨只怨慣失信的陶玉田、不干他人事也、好恨好恨、早知誤事、亦不至怨君矣、如此令達、亦是蒼穹妬寵、但弟念此生已久、歲月無多、必得再遘芳辰、連宵暢叙、或君來我閨、或我入君室、交頸聯唇、幷棺同死、化爲南方之鳥、東方之魚、豈不甚快、祇恐君未必見許耳、不然、亦不敢唐突、只因昨有早約、曉起徬徨、午後未到、沉綿鬱結、和衣昏睡、醒來意君至矣、復理殘粧、往識春風一面、座滿俗客、不見情種齊郎、此時何能不恨、是則愛兄之至、每每自怨耳、諒之恕之、

罰違令

弟自遙面後、百病相侵、久塵粧鏡、初五日滿望幽期、強臨梳洗、誰知又屬畫餅、空閨納悶、獲奉鸞音、喜謂是和氣丸、却原來是驚心彈、被伊抱怨不過、便欲自盡、思量又撇不下、又恐伊道眞箇不肯憐惜、准准筭了三日三夜、行望醉夢、無刻非思、纔尋得機會、如此如此、而量度而行、行寒號衣不可忘帶者、（此句疑有訛脫）還有一句話、五期一封、送來兩次、沒處推尋、端的向誰行留戀、此是第一箇五期、便違令如此、速供出示罰、不然、便將此會准折矣、

宣鑪小誌

火候（續）

大學知止節、由定靜安以至能慮、事也、即候也、知指平時、慮指臨事、夫而後可以言得、間斷與躁動、均失之也、釋家戒定慧三字、大都不出此意、鑪中火候、小可以悟大、一可以見萬、顧乃矯揉造作、失其本來、鑪奴之目、可發一笑、沈子詠鑪詩有云、焚香終日靜無事、客至驚看斑駁光、用火之法、言外可參矣、三復茲編、非止爲鑪言也、其於性情學問、殆有指點豁如者、

各鑪形製分論

乳鑪

乳鑪以三足下垂如乳狀、故名、時鑄甚夥、佳者絕少、宣鑄有百乳彝、周腹列乳、凸凹圓渾、撥蠟精細、惜不多見、今之乳足、大者多劣、惟以口徑二寸及半寸爲度、兩耳忌大、口忌薄、足忌高削、色白爲上、

戟耳

戟耳款式不一、有口厚如反唇者、有高身腹過大者、有斂口者、有直身者、均不入選、近鑄方耳、酷肖方天戟、尤屬惡劣、式以圓口石榴足爲上、

蜒蚰耳（附鰍耳）

耳象蜒蚰、故名、一名鰍耳、其式微有不同、實一種也、蘇鑄甚多、絕少古雅、以兩耳上合下垂者、不失蘇鑪舊意、

橘囊

橘囊沖耳三足、與乳足鑪無異、但周腹如橘實去皮、瓣痕微凹、故名橘囊、此種存留絕少、偶見一二、皆係舊製、小者更妙、

索耳

行世甚夥、舊者亦不少、兩耳如索、其腹深淺不一、足長短不一、索鬆緊不一、式取上下相稱、輪角圓渾、小者口徑二寸三寸可玩、（接第四版）

明錢穀畫板橋策蹇摺扇

不亞乳鑪、余見有口底結黑、腹白一道如練者、又見有耳微高、三足垂尖、儼如桃樣、紫色沉淨者、皆絕品也、景物略以分檔索耳、列之下品、倘亦有別解耶、

素天雞

天雞、即火雞也、能吞火、會意象形、故以鑄鑪、斂口錦邊俱多、須得光素圓正、通身無花文、口徑三寸以內、石榴足者、爲上品、

魚耳

兩耳略似魚形、斂口石榴足、肆中多有、亦有頭尾鱗痕刻背者、百無一佳、且耳多釘合、不可不辨、

鉢盂附寶珠

鉢盂鑪、舊無此式、然靜室几杖之旁、置此頗擬逃禪之意、以小而沉重、色斑駁者爲貴、若百色晶瑩、望若明珠、尤令人奪魄、俗以上下圓稱者、名爲寶珠、

壓經附琴鑪

名不可考、式扁淺、兩耳有圈、三足列棋子狀、俗指爲焚香、可置佛經上、故稱壓經、未知何據、間有素身無頸、凹足較高者、俗名琴鑪、二種舊者、俱不多得、

獅頭

獅頭多係舊鑪、而世人不取、或口過厚而底邊不稱、或口磬腹膀、或兩耳形似刻畫、不雅、或過扁過薄、未嘗見有佳者、故不之取也、不知銅質惟獅鑪最高、如得款俱佳、質樸光滑、較之他款、轉覺古趣可愛、式以腹邊交遞處聯渾不見凹痕爲上、或石榴足亦好、景泰成化所鑄獅彝、後人僞易宣款、鑿嵌以增價、余見賈人持有嵌款一鑪、乃係紅銅、未經對鉛者、全無水色、此舊鑪中之不足觀者也、除此一種、其餘銅質美且舊者、亦須留心審視、若徒執一例萬、輕棄古物、未免偏固、

扇骨鏤空素竹、計十八根、長九寸五分、寬五分五厘、扇面橫寬一尺五寸九分、高五寸二分、泥金紙本、淺設色畫石壁疏林、板橋策蹇、款署庚午夏日作、錢穀、鈐印一、「叔寶」、右上端鈐「乾隆御覽之寶」

一璽、一面文徵明行草書三十三行、款署右絕句六首、錄於停雲館、徵明、鈐印二、「文徵明印」「衡山」、

錢穀小傳、詳見本刊第八期、

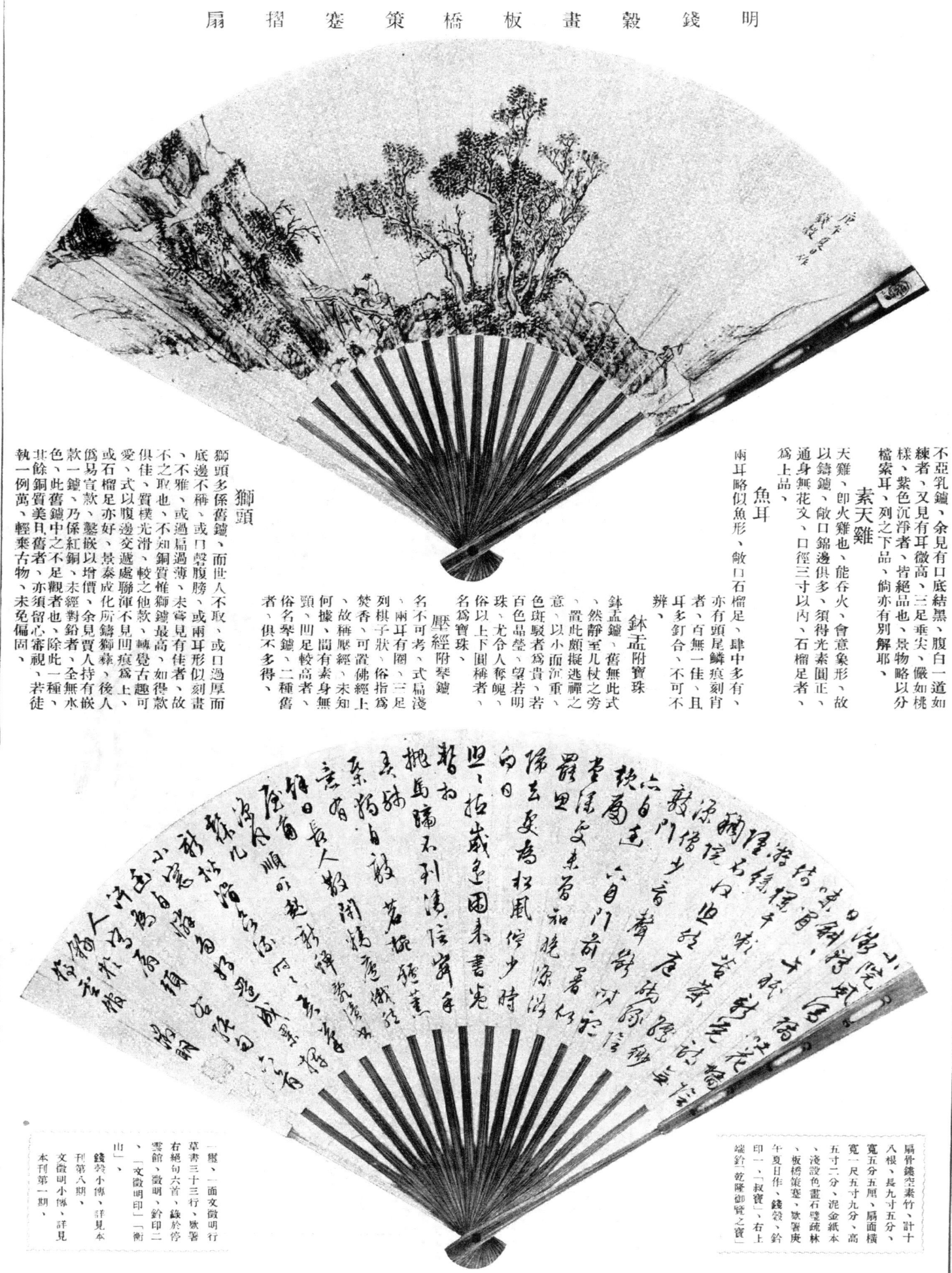

文徵明小傳、詳見本刊第一期、

第一版　第十七期　中華民國二十五年十月十一日

故宮旬刊

西園題跋卷之二

羅浮張　萱孟奇甫著

題元人七賢墨妙卷

鄧文原、字善之、一字匪石、綿州人、故稱巴西、宋末、徙居錢塘、試浙西、魁四州、仕元、至元間、辟爲杭州儒學正、歷官翰林侍讀學士、謚文敏、故以書名、文氏停雲館帖、嘗摹勒其兩帖入石、一與簡齋先生、一與伯長學士、卽此帖也、其爲名流所寶重如此、獨帖末三月十四日五小字、又小兒附謝起居舜元會次致意行書十二字、停雲帖未及摹勒耳、王元美謂巴西有晉人意而近粗、然亦趙吳興流亞、余不知晉人意何若、第諦觀此帖、運腕結法、圓淨媚雅、機神飛動、視與簡齋帖矜持約結、若出兩手、恐吳興見之、亦不能自益一籌也、文氏最稱好事、富於收藏、祇能摹勒此帖、不能得其眞蹟而有之、今幸藏余寶研池頭、吾子孫宜何如以爲寶耶、伯長學士、卽袁文清公、名桷、自號爲清容居士、伯長其字、詳具元史、以文章名世、朝廷制册、勳舊碑銘、皆出其手、余往往見其手書、亦精心八法者、停雲館亦嘗鐫其與昭文相公書、故自不減巴西、於吳興不必數屈也、舜元未詳其姓名履閥、書中云爲兒輩畢結、勞費不可言、未審畢結卽畢婚否、元人丹青有四大家、王蒙、其一也、蒙、字叔明、其先吳興人、隱居杭之黃鶴山、嘗自署爲黃鶴山樵、余藏有松窗讀易圖、蓋叔明最得意筆、故未嘗以書著聞、每畫、其自題款識、皆作小篆、而書亦以畫掩耳、停雲館帖、亦有叔明和陳惟寅姑蘇錢塘懷古六詩、詩旣雅麗、書亦遒拔、似嘗仰窺眉山襄陽宮牆者、獨執使倚未由己、結構間有逗漏、不若此帖筆圓而機活、縱橫沓拖、以無意出之、能於筆外取態、亦書家之逸品也、第與鄧巴西並觀、則彼以法勝、此以韻勝、不妨雙璧、皆可連城、

王元美謂倪元鎭瓚以雅筆作畫、尙能於筆外取意、以稚筆作書、不能於筆中求骨、余竊反脣、夫元鎭、品外人也、世鮮傳其書者、然作畫必自題咏、余藏元鎭畫蹟頗多、每見其書、往往以骨勝筆、可謂筆中無骨耶、元人丹青有四大家、而元鎭不與焉、亦以元鎭自與元鎭周旋耳、故稱倪迂、又稱倪顚、不可以人品品其人、寧可以書品品其書耶、今停雲館帖、亦有元鎭書、正與王叔明同和陳惟寅懷古詩者、此帖流利爽朗、姿態未嘗不溢、非惟遠勝文氏所摹、卽余所藏元鎭畫中題咏諸蹟視之、亦若河漢、豈此帖元美未及見耶、士藻孝廉、不知何許人、或云張端齋尹之子、國初皆死於非命、其履閥亦莫可考、元鎭以書與之、云俗人索畫爲苦、且嘖嘖稱寃、則士藻非俗人、可以意想、第端居淸閟閣中、尊官貴人、皆望岫息心、何至以紙筆自苦乃爾、豈其時正爲張士友所窘、不欲叫痛之後耶、嗟嗟、散貲財而去故國、豈不自超、柰慧業未除、復令俗人得以紙筆而踪跡之、余於此帖而知所以免於今之世矣、一笑一笑、

王士熙、蕭登、虞勝伯、史傳莫載、曰右、曰章、曰伯行、曰堯臣、曰可立、曰仁卿、皆莫詳其姓、雲林者、倪迂也、蕭字登善、幸於曰章者札中見之、第從人楮尾作訊、今人無此致也、以書品登勝熙、熙勝章、而曰右者爲最、其腕力皆吳興兩廡、卽退亦不失巴西半席、獨登善、諸生也、食力葦蕭、（接第二版）

清羅牧畫林壑蕭疎

原藏齋宮、紙本、墨筆、縱六尺零八分、橫二尺三寸五分、石渠寶笈著錄、幅上羅牧自題曰、畫中原有詩、何必再爲題、餘白太高遠、兼之林壑奇、甲申五月、幷畫於種蘭堂、雲菴羅牧、時年八十有三、鈐印二、「羅牧私印」、「飯牛」、

羅牧、字飯牛、寧都人、僑居南昌、工畫山水、筆意空靈、在黃董之間、江淮間祖之者、謂之江西派、爲人敦古道、重友誼、能詩善飲、楷法亦工、又善製茶、卒年八十餘、

清吳歷雲白山青圖卷之一

是卷原藏御書房、本院點查之於鍾粹宮、石渠寶笈初編著錄云、素絹本設色畫、欵題云、雨歇遙天海氣腥、樹連僧屋雁連汀、松風謖謖行人少、雲白山青冷畫屏、戊申九月六日、予從毘陵歸虞山、風雨寂寥中、有唆茗焚香之樂、八日晚晴、喜而圖此、吳歷、幷題、下有「吳歷」一印、卷前有「桃溪居士」「漁山」「墨井」三印、卷後有「墨井草堂」「桃溪居士」二印、卷高八寸、廣三尺六寸五分、吳歷、字漁山、號墨井道人、常熟人、工畫山水、宗元人、尤長大癡、筆法秀潤、與王翬齊名、年八十有六卒、

至以一碑丐人升斗之水、不知勝伯亦爲監河侯否、札末復以汝南公主墓碑先容、蓋亦嗜古而好事者、宜其久潛濁世、枯藏於藜藿蓬壁中也、士熙不知作何吏、乃羨堯臣由博士拜監察御史、豈亦久困手板者耶、昔人借書一瓻、還書一瓻、糟魚二罌、與史記漢雋春秋纂例俱去、右亦行古之道也、余藏趙吳興眞蹟十四札、字畫入神、自是西園翰寶、獨其中時有市易語、不及此札、與登善一札、皆文字交也、吾子孫毋曰史傳未載、耳目未習、而輕棄之、

（未完）

貽藥編

清長洲吳　綃撰

郎病

一聞玉體違和、神魂俱斷矣、天乎神乎、齊郎若果有深災、吳綃願以身代、是因前日不合性急、以言直告、至使親兄驚恐、受此大累、弟應萬死萬死、總亦是命薄、有累親兄、萬一勢危、不可隱弟、急寄一信來、弟或呑藥、或自刎、必欲親兄知弟死期、以得安心同往、非弟敢出此不祥之語、因愛兄之至、惟恐有失、五內自有一種難摹難寫之況、輙忘忌諱耳、諒之諒之、

玩盟書追憶舊好

恭聞玉體稱安、弟亦斃失眉尖之壓矣、今夕月明辰吉、可以展玩盟箋、焚香盥手、扃戶理思、細讀一過、不知李靑蓮何事又遭謫下也、玉妃何處、沉香亭醉草時、曾來捧硯否耶、從今生佩明珠、死隨含玉、形銷骨朽、有如此盟、莫說雅愛萬千、難以圖報、即是裁箋時一片有心、量山下之新縑、問扶風之纖手、繡成宮體、絲吐紅毫、綃一庸流陋姿、何當名公結眷至此、遙望雲端、稽首叩謝者、果有雨痕雲靄、花露異香、亦何從知之、豈前宵君懷、曾嘗着滋味故耶、流言事、皆君日蕩春郊、以致鴻來形迹難掩於目、明春定鑄一最禁戒指、禁住滑脚、可否、以後約會、（接第三版）

[illegible]

宋　吳說　昨晚帖

（宋十二名家法書第十一）

須兩家嚴秘、共圖永好、若言畏鵰灰心、則中懷匪石、決無轉理、萬勿過慮、萬勿過慮、猶憶去春屈駕南州、邂逅花前、遂如夙契、爾時君猶未察、弟亦未敢妄爲俟駕、或言旋則私行、以尋荀令香處、浴蘭節近、書步霞關、見君案上一精雅雪端烏絨什襲者、弟竊之以歸、意謂君來索、即此是武陵花片矣、漁郎無意、問津杳然、已而復出小扇求題、君又寫古詩一首、吝其瑤作、日者新蓮方綻、弟折一枝、潛來持贈、輕敲疎林、忽逢人至、只得含泪旋閨、惆悵移時、嘆其緣薄、正欲收拾閒愁、從事羊公種璧矣、誰知鴛鴦債重、風月擔輕、是夕家兄挈遊玉館、已見焦桐塵網、零亂軫絃、始悟病鄉日月已多、遂致宮徵荒棄、無聊生感、一再鼓行、孰意子期已結契高山流水間也、自此得君佳作、珍如顆落明珠、吟諷徘徊、不覺才郎春心盡露耳、詩媒神契千古、自謂不俗、要之傾心在風流婉約之餘、酬和在筆墨畦徑之外、天實爲之、吾輩豈偶然者乎、往楮纏綿、聊因道及、惟灰棄爲是、

郎怒札

晚來欲尋圓夢、強試春眠、恰遇多情、正待訴愁無限、忽聞鴻歸、驚起拜君怒札、謂弟明明犯罪、弟實無罪、然不敢辯、惟有請死台前而已、祇是情有可原者、君在內關、豈不聞外廂如市、豈稱幽歡、倘有人來、潛踪何處、且先經告過仁兄、香戒未滿、宵宵獨處、兄云、如何又親了一個葷嘴、兩兩笑開分手、如何又來見罪、君云、不用我假憐惜、假唏笑、君固多眞者、但弟生平不喜假、託愛以來、不過一味眞癡情、總是君之情人多、賣弃何益、倘厭棄鄙人、何敢相强、若欲生離、斷斷不成者、來背左右、力能美滿、倘已興盡、亦任尊裁、新正五期、

宣鑪小誌

素圓鼎

鼎製不一、鼎尙青綠、由來久矣、方者如商召父鼎、周花足鼎、文王鼎、或飛龍脚、或獸吞、皆有花紋、圓鼎花紋、如商父乙鼎、周大叔鼎、唐三螭鼎之類、其光素者、商魚鼎、周益鼎、素腹鼎、種種不可勝述、總以年久出土、青綠蟠結、褐色硃斑、爲貴、無用火功爲也、今所謂鼎鑪、可放火鍊者、大率後人鑄鑪

、（接第四版）

明尤求洛神圖摺扇

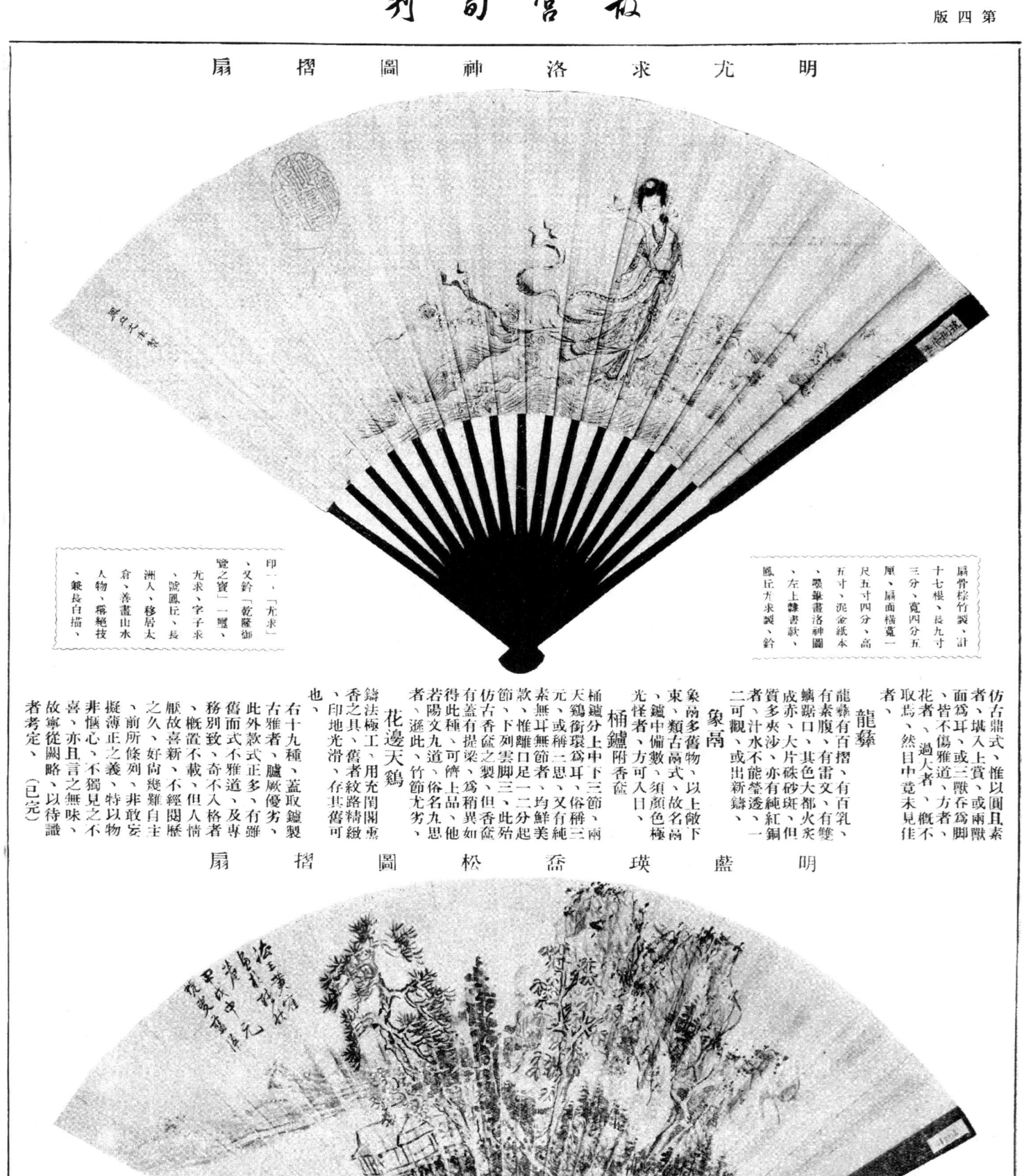

扇骨棕竹製、計十七根、長九寸三分、寬四分五厘、扇面橫寬一尺五寸四分、高五寸、泥金紙本、墨筆畫洛神圖、左上隸書款、鳳丘尤求製、鈐印一、「尤求」、又鈐「乾隆御覽之寶」一璽、尤求、字子求、號鳳丘、長洲人、移居太倉、善畫山水人物、稱絕技、兼長白描、

仿古鼎式、惟以圓且素者、堪入上賞、或兩獸面爲耳、或三獸吞爲脚、皆不傷雅道、方者、花者、過大者、概不取焉、然目中竟未見佳者、

龍彝

龍彝有百摺、有百乳、有素腹、有雷文、有雙螭踞口、其色大都火炙成赤、大片硃砂斑、但質多夾沙、亦有純紅銅者、汁水不能瑩透、一二可觀、或出新鑄、

象鬲

象鬲多舊物、以上做下束、類古鬲式、故名鬲、鑪中備數、須顏色極光怪者、方可入目、

桶鑪附香奩

桶鑪分上中下三節、兩天鷄銜環爲耳、俗稱三元、或稱三思耳、又有純素無耳無節者、均鮮美款、惟離口足一二分起節、下列雲脚三、此殆仿古香奩之製、但香奩有蓋有提梁、爲稍異如得此種、可儕上品、他若陽文九道、俗名九思者、遜此、竹節尤劣、

花邊天鷄

鑄法極工、用充閨奩香之具、舊者紋路精緻、印地光滑、存其舊可也、

右十九種、蓋取鑪製古雅者、臚厥優劣、此外款式正多、有雖舊而式不雅道、及專務別致、奇不入格者、概置不載、但人情厭故喜新、不經閱歷之久、好尚幾難自主、前所條列、非敢妄擬薄正之義、特以物非愜心、不獨見之不喜、亦且言之無味、故寧從闕略、以待識者考定、（已完）

明藍瑛喬松圖摺扇

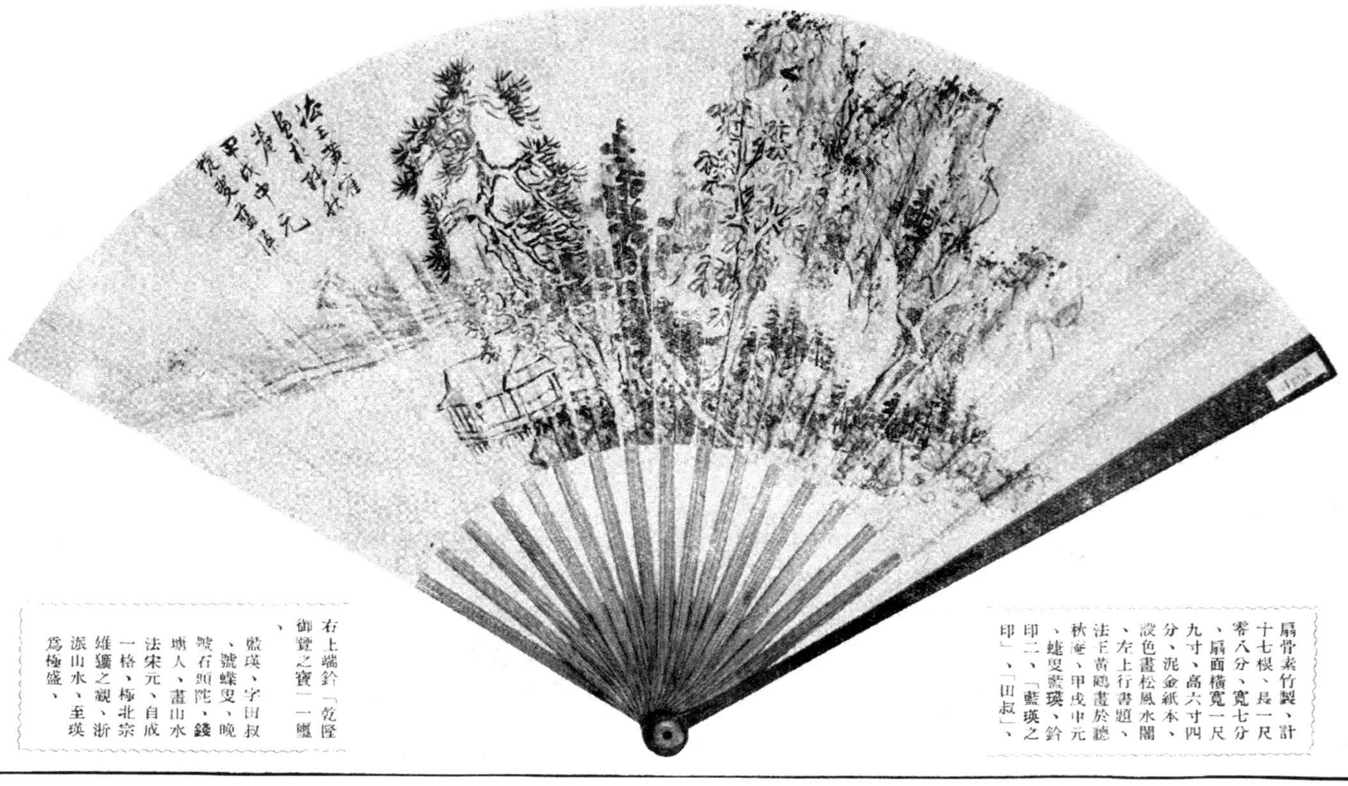

扇骨素竹製、計十七根、長一尺零八分、寬七分、扇面橫寬一尺九寸、高六寸四分、泥金紙本、設色畫松風水閣、左上行書題、法王黃鶴畫於聽秋庵、甲戌中元、蜨叟藍瑛、鈐印二、「藍瑛之印」、「田叔」、

右上端鈐「乾隆御覽之寶」一璽、藍瑛、字田叔、號蝶叟、晚號石頭陀、錢塘人、畫山水法宋元、自成一格、極北宗雄獷之觀、浙派山水、至瑛爲極盛、

第一版　　第十八期　　中華民國二十五年十月二十一日

故宮旬刊

西園題跋卷之二

羅浮張　萱孟奇甫著

題元人七賢墨妙卷（續）

黃姬水、五岳山人省曾之哲嗣也、字淳父、能稱詩、筆亦楚楚、蓋布衣中不墮家風者、周公瑕好游王李間、橫得書名、嘗自稱六止居士、三十年前、余獲晤於王元美司寇署中、時余爲狂少年、多醉飽之失、故調之曰、居士六休、惜臨池一未休耳、公瑕拂衣去、以今思之、此憨語、非狂語、陳公文燭楚人、字玉叔、歷官大京兆、蓋沾沾自喜、與王元美汪伯玉諸公、一矢代興者、而諸公不與也、今三詩既不能佳、而書又陳拙於周、周拙於黃、以跋此卷、蓋雅終奏曲矣、譚思重太常、志伊其名、無錫人、當是故大中丞愷之子、其兄思永、嘗撰惠山古今考、亦皆游大人成名者、黃詩之佘生玉潤、周詩之應署永和、陳詩之得王家神、蓋爲譚公子饒舌、非爲七賢曲筆也、余既重裝此卷、不欲遽棄之、而復贅數語於後、亦曲雅並奏、令吾子孫毋以名蹟輕示饒舌者、庶佛頭可免放糞耳、甲寅夏五、西園公題、

題虞伯生真蹟

伯生常自道云、執筆但憑於手熟、爲文惟事於口占、此固功力精純、亦由學識該洽、夫以篆且能旁通、豈有一物不知之恥乎、今江南有藏公眞蹟八分擬峴臺記四字、南豐曾氏新建文定公祠堂記十二篆字、又楷書記文一通、詩與跋各一首、爲太僕家物、皆公最得意筆、惜未之見、

題詹孟舉真蹟

希元、字孟舉、號達庵、又稱丙寅訥叟、婺源人、留都宮門官署諸扁額、皆孟舉筆也、信手拈來、從心不踰、端重嚴整中、能寓蒼勁雅秀之趣、故能絕冠一時、小楷圓媚、文太史停雲館帖曾刻之、惜乏高朗耳、余往游新安、於友人汪伯玉處、見其早朝詩四幅、字五寸許、伯玉謂其彷彿歐虞、索價甚高、余不敢首肯也、

清徐枋溪亭納涼圖

原藏齋宮、紙本、墨筆、縱二尺一寸五分、橫九寸一分、石渠寶笈著錄、幅上徐枋自題曰、綠樹數陰白晝長、淸波蘸影曉山蒼、還應走馬長安客、輸我溪亭五月涼、俟齋徐枋、鈐印一、「昭法」、徐枋、字昭法、號俟齋、自號秦餘山人、長洲人、汧子、明崇禎舉人、工書畫、明亡、以父殉難、隱居不出、守約固窮、四十年如一日、湯斌撫吳、慕其人、兩屏騶從訪之、不得一面、與沈壽民、巢鳴盛、爲海內三遺民、著有居易堂集、俟齋集、

題宋仲珩真蹟

米南宮云、張顛俗子、變亂古法、驚諸凡夫、此非通論、然張且貽譏、況其他乎、書家惟草最難、必懸腕中有拔山力、乃饒爲之、古人臨池接踵、而草聖僅一張顛、王氏父子、豈不雄視千古、第亦行十七、草十三耳、我朝二百四十餘年、竟未聞有能望顛草脚汗者、邇來稱草顛歸希哲、是以赤堇充丹砂也、仲珩善書、自其家學、第學士止善行書、雖秀朗而稍傷於媚、仲珩楷書吳興、草書長沙、而闌入長史、圓熟流麗、有運丸弄斤之勢、雖結法小疎、工力未至、時露一二鶬枝硬葉、然馳驅能範、品亦高華、方希直嘗評其草書、如天驥行中原、一日千里、超澗渡險、不動氣力、又如丹鳳冲霄、祥雲捧日、此豈希哲所能並駕乎、

贈藥編

清長洲吳　綃撰

發作

春來見君二次、果能棄置弟否、依此三誓亦不難、但弟不能偸生負義、唯有刎頸自申、不然、將以前賜香囊結束矣、急候令旨、莫作語言進退、以致死不得瞑目、但知做情郎十分大樣、不思情郎小心處、眞心耐志延捱、

（接第二版）

清吳歷雲白山青圖卷之二

說明及吳歷小傳、並見本刊第十七期、

倘然作難性急、是何處用着、却不敢虛奉承、恨弟也沒用、仁兄也不可習以爲常、戀了別人、誰似弟一種矜憐愛惜者、識之識之、

元宵約

來章語氣稍平、應不至恨斷薄情人也、弟亦得安心一件矣、何日索君一見、腸一刻而百斷、魂須叟而九遷、恍惚沉吟、如醉如失、良人憤怨、反目不常、豈知因此風波、伉儷益輕、懷人益重、嗷嗷阻憐、愈爲生計矣、若云宵宵夢裏、不比尋常、畢竟如何光景、可以速示否、連宵金吾徹曙、門禁頗弛、可以緊圖乘便、晚風寒峭、加護爲佳、愛弟簫百叩子齊可意親哥、

圖長往

惜別以來、啼痕殷碧、歡情笑語、難再得矣、月明清夜、爲送腸刀、仁兄此時、含愁何限、可憐一片清光、照人幾處離別、臨風相弔、何以爲懷、猶憶良宵、潛蹤赴約、開兄稱嘆、弟已魂離、恍惚神驚、衷言未吐、兩心運合、四股粘連、寧知剖割在何時也、至今惟有寶鑑形銷、羅幃泣影而已、每憶仁兄神儀舉止、種種風流、謔浪酬嘲、毋不韻絕、思之已屬銷魂、得之何難忘命、欲翔無益、欲止無心、力已盡矣、計已窮矣、莫如長往、以就他生、亦可以暖鴛衾、溫香得近、亦可以傍書窗、好夢相依、豈非快事乎、思此樂境、馬背久棲狠穴、料應泉臺亦不遠矣、恨擬情未盡、尚欲再圖一晤、肯謀之否、小影暫付來、容傳一肖者、奉伴情郎、祇恐憐却新人、拋開舊影、使卷中人有白頭之歎耳、言雖如此、諒兄非薄倖之流、不爲慮也、愁心泪眼、筆底模糊、愛小弟簫頓首子齊新郎、

調停家事

辱教題紅、果爾忘憂消悶、寬胃益胸、正是相思病對症方藥、頓使煩愁一洗矣、文君雖行、弟原不曾少作、實不相瞞、夜夜抱着一箇恩恩愛愛知情識趣的齊郎而睡、十分親切、便一世不來何慮哉、到不如尋個計策、與兄做幾夜美滿夫妻、文君寧甘獨守孤幃、斷不央求伊者矣、兄要與人調停家庭事、恐怕只些男人、悔盡了氣、箇箇老婆的心肝、却被這張油嘴、說騙了去、那裏是和事、更有一節、仁兄風流情性、縹緲才思、(接第三版)

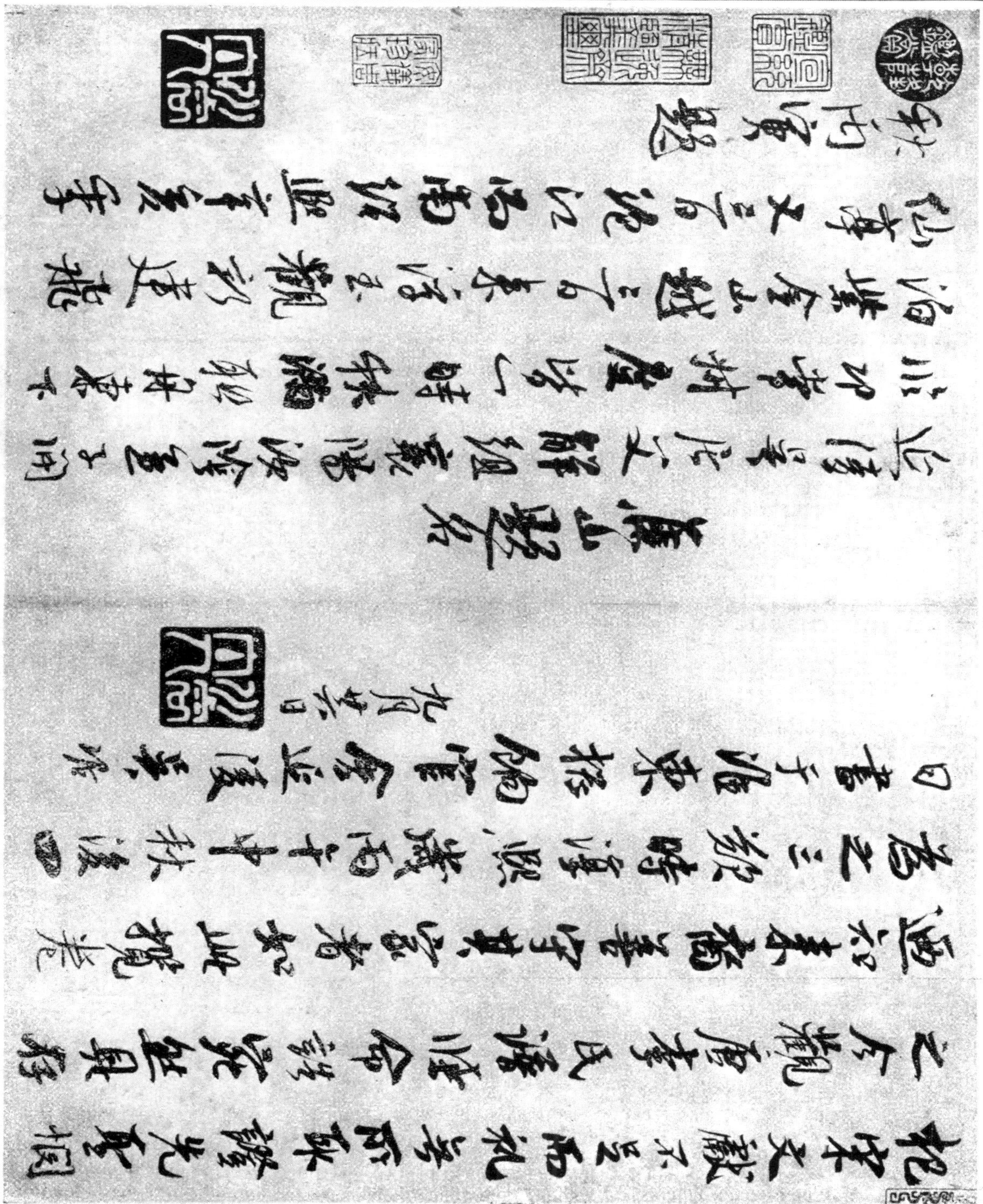

宋吳琚觀李氏諸牒帖　焦山題名（宋十二名家法書冊之十二）

石渠寶笈續編云第十二、鑑標宋吳少保琚書、縱九寸七分、橫五寸九分、又幅、縱同前、橫六寸、並行書、（文均不錄）案前一帖、見書畫彙考、後一帖、刻入三希堂法帖、

吳琚、字居父、一字雲壑、汴梁人、南宋外戚、工翰、孝宗嘗召之論詩作字、與趙汝愚定策立寧宗、黨事既起、多所保全、歷帥荊襄鄂三路、官至少師、終鎮安軍節度使、判建康府兼留守、卒諡忠惠、著有雲壑集、

莫非因弟調笑之言、早晚收束、下次知罪、不敢來犯矣、忽聞駕幸霞關、又悲又喜、喜的是親親必將個信兒來也、悲的咫尺天涯、杳難會面、思思想想、恨不得將身化蝶、飛來墻外、以為君燕、輕度簾帷、望着天邊垂垂的淚、手抱着膝兒、心懷着人兒、昏昏癡癡的睡、却不道我意中人在何處尋消問息、幾層門戶、幾幌疎欞、兀的不是雲山萬里、一霎歸遲、又累親親擔風冒雨、未知玉體如何、

林石逸興卷之一（續第七期）

明燕人薛論道撰

村樂

蚤昏着莊家滋味、說甚麼功名榮貴、倉盈囤滿、一倍收十倍、後場柴亂堆、前園菜更肥、東隣西舍、日日三家醉、北疃南村、遭遭牛夜歸、徘徊、過一廻、少一廻、銜杯、飲一杯、是一杯、

又

樂的是秋收春種、喜的是差科不重、草屋矮矮、勝似花梁棟、但求一歲豐、爭如祿萬鍾、薄粥藜菜、肚皮撐得痛、事少心閑、睡得日頭紅、從容、過一冬、少一冬、窮通、飲一鍾、是一鍾、

清董邦達畫舟行雜興詩意冊之五

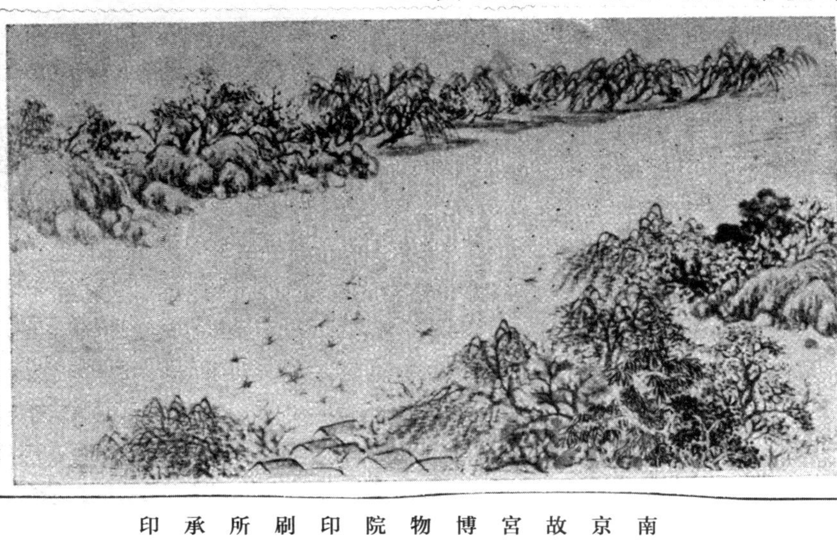

說明及董邦達小傳、並見本刊第十四期、本幅清高宗御題詩曰、汀花岸柳媚春暉、亂荀吳江燕子飛、合喚天然王宰畫、擬詢工部是耶非、

歸興

嚦嚦鶻啼深樹、聲聲莫如歸去、忽然喚醒、掃盡千般慮、浮生六尺軀、誰能百歲餘、妻財子祿、各有安排處、富貴功名、（接第四版）

明陸士仁桃源圖摺扇

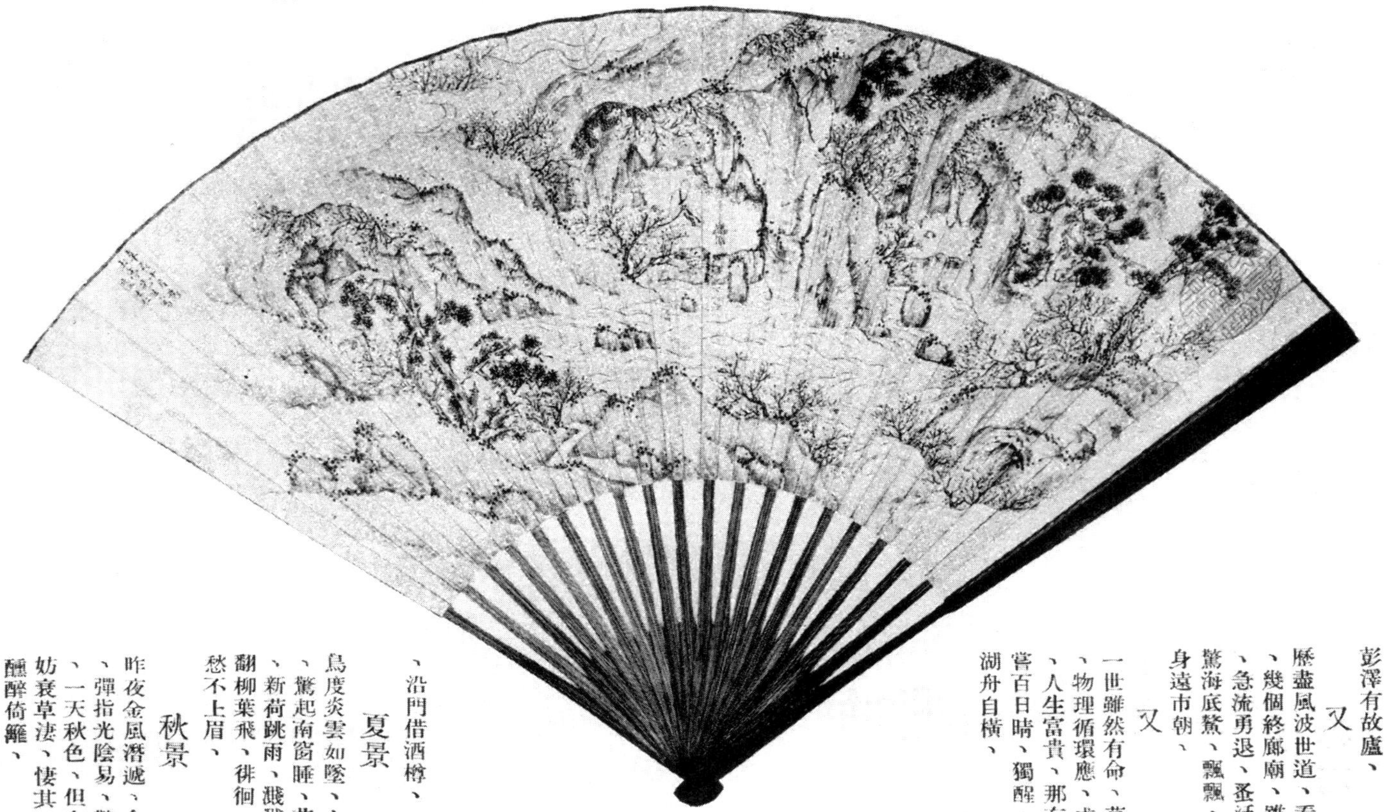

看來總是虛、休歎、天公有定局、歸歟、彭澤有故廬、

又

歷盡風波世道、看破功名腔調、三槐九棘、幾個終廊廟、雖然進步豪、何如退步高、急流勇退、蚤泛江東櫂、罷釣收綸、休驚海底鰲、飄飄、一官付羽毛、翹翹、一身遠市朝、

又

一世雖然有命、萬事曾無一定、盈虛消長、物理循環應、成敗敗還成、興廢廢還興、人生富貴、那有千年盛、天有風雲、曷嘗百日晴、獨醒、湘江水自鳴、逃名、五湖舟自橫、

又

自古誰興誰廢、而今誰醒誰醉、人情世味、幾個能恬退、明知名利危、還着名利迷、千層洪浪、滾滾魚如沸、萬里長空、悠悠鳥倦飛、明微、達人知自悲、思歸、賢哲保未危、

春景

默默輕寒消盡、軟軟和風成陣、山明水秀、舉目天光近、庭堦起綠痕、園林結繡紋、鶯聲燕語、句句合成韻、萬紫千紅、家家總是春、王孫、穿花尋舊津、游人、沿門借酒樽、

夏景

鳥度炎雲如墜、人在薰風如醉、誰家棋子、驚起南窗睡、落花積幾堆、紅殘綠漸肥、新荷跳雨、濺濺瓊珠碎、翠竹搖風、翻翻柳葉飛、徘徊、勝遊忘暮歸、啣盃、閑愁不上眉、

秋景

昨夜金風潛遞、今朝玉霜偷砌、寒來暑往、彈指光陰易、驚鴉覓蓼溪、虛舟傍柳堤、一天秋色、但有殘霞細、滿地黃花、不妨衰草淒、悽其、看看日已西、涼兮、醺醺醉倚籬、

扇骨素竹製、計二十根、長九寸六分、寬五分、扇面橫寬一尺五寸八分、高五寸六分、冷金紙本、一面設色畫春雲、一面桃花流水、石壁石洞一老坐焚香、左上楷書跋、辛亥十月爲玉亭先生寫、陸士仁、鈐印一、「文近」、右上端鈐「乾隆御覽之寶」一璽、一面明文徵明行草書七律二首、文曰丁巳除夕、易却桃符拂却塵、窮愁殘病總更新、三彭漫守庚申夜、萬事重迎戊午春、猥籍杯盤聊復醉、盡情燈火笑相親、孫曾次第前稱壽、慚槐承平白髮人、戊午元旦、黃鳥風聲還好音、白頭窗下整冠巾、喜開海上烽烟息、又見人間日月新、嘉景朧暉金勝曉、煖眞霏雪玉梅春、何當裁酒尋芳去、綠滿郊原草似茵、近詩寫似繩之藍副賢親、用見鄙况、徵明、鈐印三、「尚日齋」、二「文徵明印」、「衡山」、

陸士仁、字文近、號澄湖、長洲人、諸生、畫山水筆法雅潔、書亦如之、文徵明小傳、詳見本刊第一期、

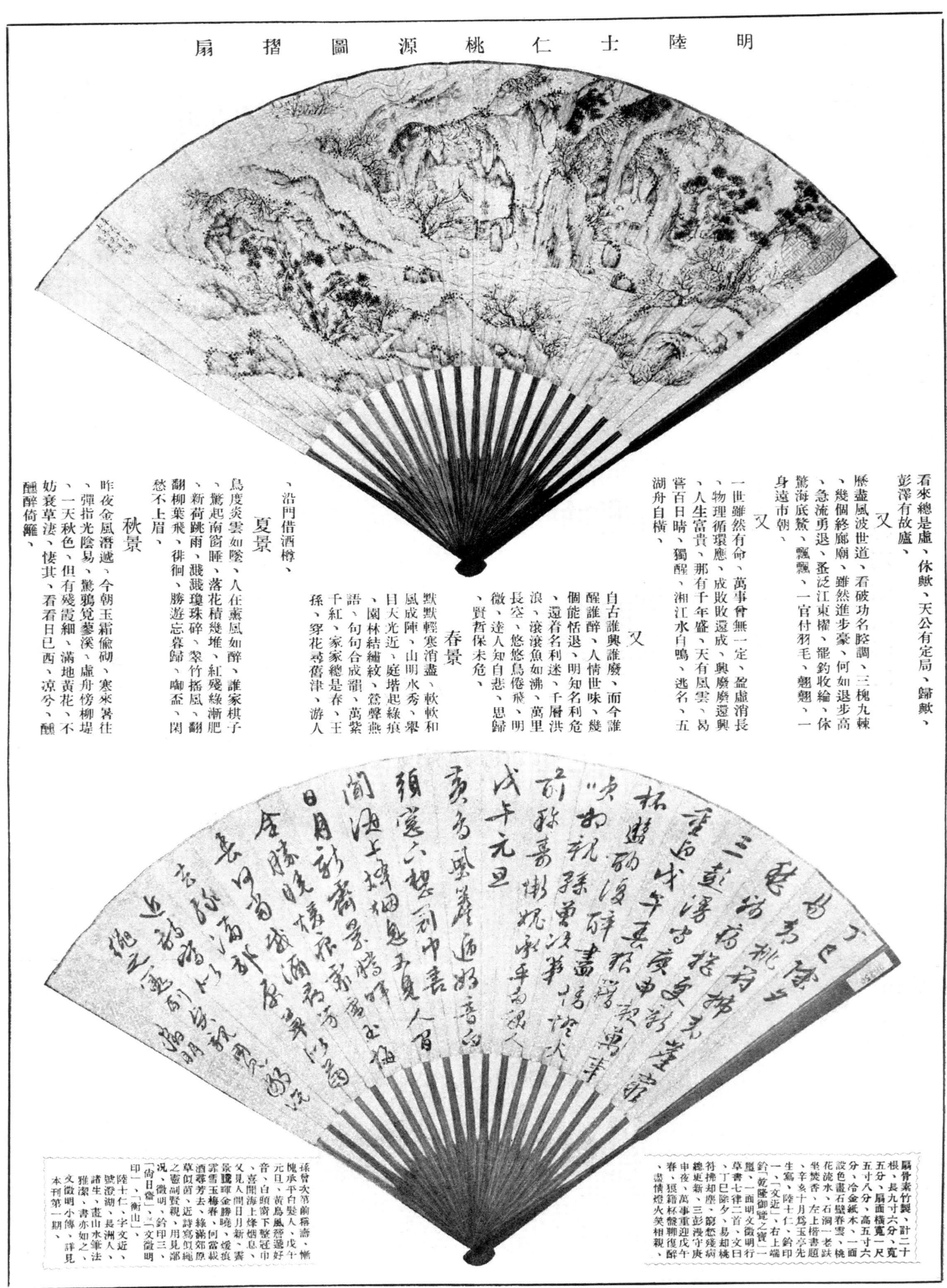

故宮旬刊

西園題跋卷之二

羅浮張萱孟奇甫著

題宋南宮真蹟

國初書家、必稱二宋、謂璲、克、廣也、克、別號南宮生、楷師鍾繇、章師皇象、余嘗見其眞蹟草書續書譜、楷書七姬志、及索靖草書勢、亦自遒逡、咄咄逼人、而章草更勝、第氣韻過於嫵媚、故時論稍以纖穠病之、二沈兩錢、相踵其後、纖穠日甚、遂成雲間字派、迄今此地書家、皆未能脫、豈書亦有方士習氣耶、日來董太史玄宰、憣然反古、取法雖博、亦終不失爲雲間人也、

題沈民則真蹟

民則小楷秀媚、且精熟、第師法不高耳、草亦可觀、分與隸次之、與民敬皆出元人揭法及詹孟舉、民則際遇文皇、歷事累朝、寵眷莫比、一時館閣諸老、無不忘勢位、與之交好、非其人之賢、何以得此、昔賢論書、謂須人品高、非迂論也、余官西省、踵公之後、故詳述之、

題李文正公真蹟

文正公尊人恕庵公、嘗衍永字八法、變化二十二勢、爲式及結構八十四例、而論著之、景泰間、嘗上於　朝、不果用、及文正公當軸、關中有國子生宋灝、乃摹勒大字勢式入石、而例論字小、又多殘闕、文正公因復手勒之、篆其前曰、恕庵府君字法手槀、往居京邸、嘗購求之、不可得、詢之海內臨池家、亦未有能道之者、第文正公精八法、此卷乃家學所受、恕庵之筆、想亦可傳、惜未之見也、

題王文恪公古墨林

李文正公嘗手跋公所藏古墨林卷、宋則眉山、豫章、莆田、南宮、樗寮、元則困學、邵庵、伯衡、伯溫、雪庵、我朝則姚少師、楊鐵崖、陳文東、宋伯溫、皆眞蹟也、末曰、時在閣署、與守靜焦先生同觀、守靜、焦公芳也、復曰、守靜云、趙松雪過酒肆、見酒帘字、謂當世書無我逮者、此書乃勝我、問知爲一僧書、則雪庵李溥光也、即薦之朝、累官昭文館大學士、王公亦云、姚少師嘗還吳、亦見酒帘字、問知爲一少年書、遂養以爲子、亦薦於太宗皇帝、官至太常少卿、今其子孫存焉、是二事皆奇而相類、故附而書之、余嘗於吳中獲見此卷、（接第二版）

清畫院畫十二月月令圖之十一月景

說明見本刊第一期、

清吳歷雲白山青圖卷之三

說明及吳歷小傳、並見本刊第十七期、

蓋三嘆焉、閣署機務之地、二公機務之臣、皆獲以其餘力、遊戲金題玉躞間、而從容於吮墨濡毫之事、非遭逢清豫、能若是乎、余官西省、以筆札給事閣署者凡八年、諸元老之鼓吹休明、主盟大雅、不減三公、第未聞有一日有片語而及翰墨者、豈機務果爾劻勷、抑約法三章、文筆者抵罪耶、嗟嗟、李文正、王文恪、風流儒雅、留心翰墨、誠爲右文名世、守靜何人、而亦能談趙吳興薦賢事如此、後之人上不能爲文正文恪、下且有媿於守靜、吾不忍言之矣、吾不忍言之矣、

贈藥編

清長洲吳綃撰

夢會

仁兄別後安否、宵來又得玉人作伴、迢迢夜漏、團結多時、撫愛有餘、何殊握手、只是醒來依舊淒凉、如何是好、弟有一言相囑、

贈梨花求詩

頃踏寒露、見梨花遂笑、不減春烟、素娥鸞影中、都無寒食、斜陽之外、此花亦是風流也、更念春時低鬟逢迎、與玉人佇立樹下、以後則風波漸高、至今愁魂空瘦耳、偸彈珠淚、卓君亦頗頗解憐、因而相對慘然者竟晚、敢携贈一枝、幷求佳什、弟亦爲卓君分韵密思、且俟才子吟成、共送楊家淚雨耳、

附詩二首

聞說梨花好、梨花妬妾粧、摘來蟬鬢畔、相並昵情郎、　和雪蹴花枝、廻風颺鬢絲、驚看比顏色、香粉嬾曾施、簫叩子齊親親、

血書 小春十二日

弟自幸遇國士以來、披露腹心、曾無顧慮、因南歸拜札、屢多含蓄、意謂情腸冷落、且聞有好姻緣、惟恐攘愛、又度仁兄眞正絕我、故每每以探眞、豈眞堅樂疑城者、仁兄如此性急、遂將玉指刻損、瀝血明心、何忍何忍、啓緘時、心膽墮地、且悔且驚、喜得暖氣未消、芳香正烈、弟細視益慘、加以密愛、輕將舌尖舐之、再用瓊漿洗下、徐徐入口、恩味沁心、邈於飴蜜、從此盡釋所疑、而益增恩情十倍、恩兄恩兄、今刻指剖心、見骨血之愛、他年弟當刎頸報兄、見生死之交、皇天后土、寔聞斯語、俟之俟之、玉痕好護、弟正膚寸相連耳、良晤不遠、若仁兄得暇遠來、則此處可少圖美滿、無暇亦不敢強也、草草俟來命、若非貪兄恩愛、則焉肯千里馳歸、卽此可白鄙心矣、紅顏命蹇、步步生撓、明是機緣不偶、可恨可恨、弟必欲劾死以就來期、今生苟得與君痛飲千杯、豪吟一絕、卽快然長往矣、連宵樂事、斷不敢誑、歸棹在卽、俟此行細語耳、

宋米芾甘露帖之一

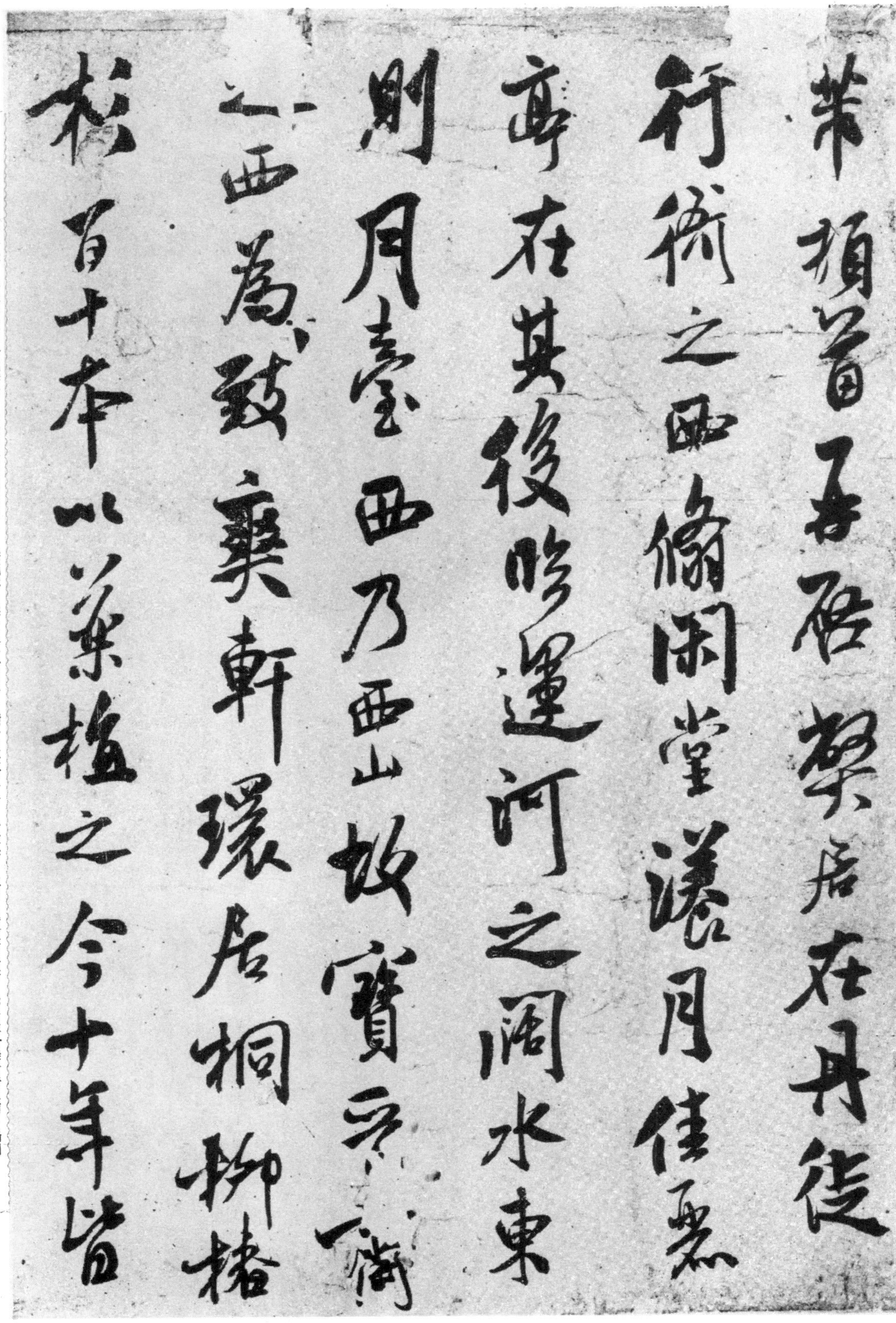

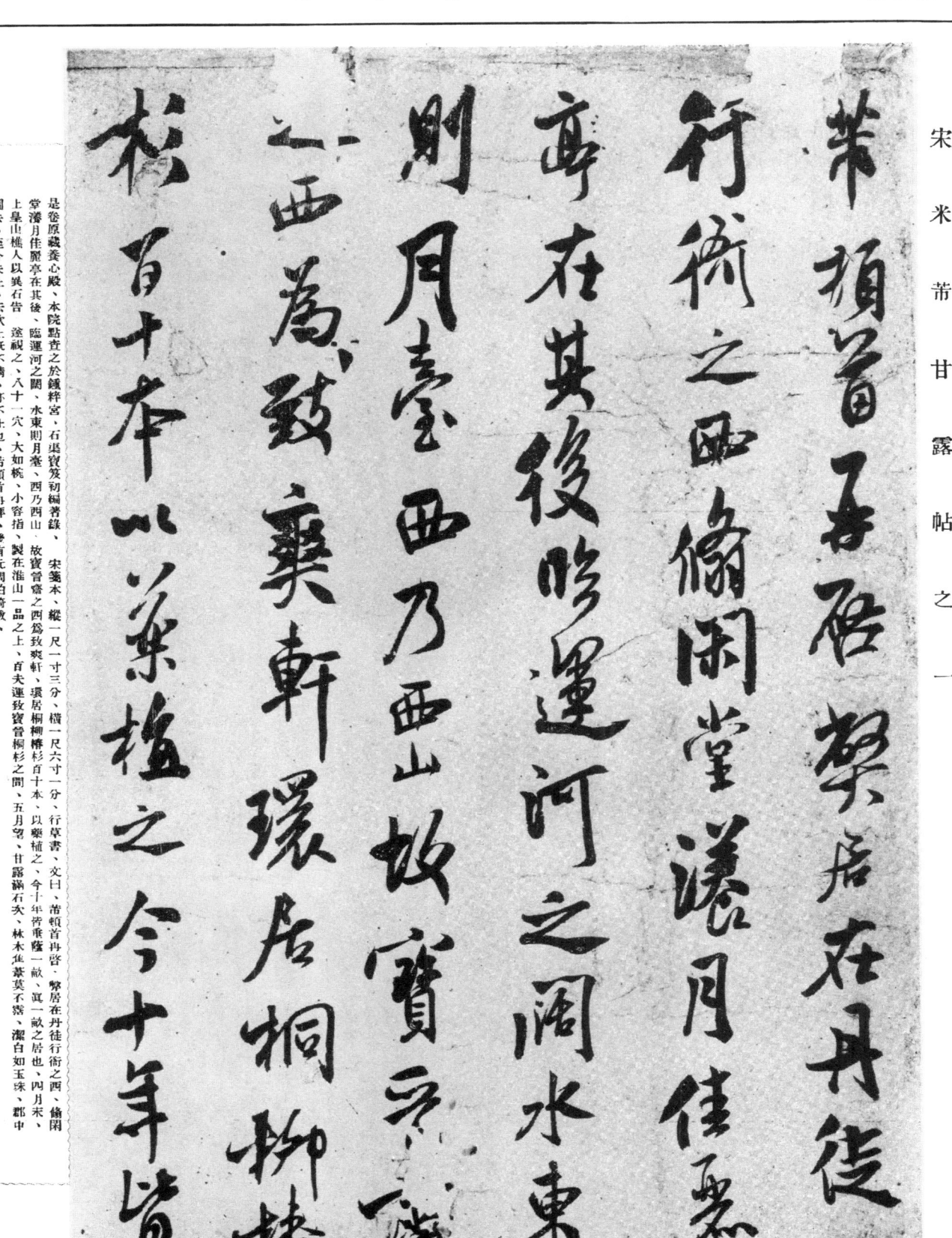

是卷原藏養心殿、本院點查之於鍾粹宮、石渠寶笈初編著錄、宋箋本、縱一尺一寸三分、橫一尺六寸一分、行草書、文曰、芾頓首再啓、弊居在丹徒行衙之西、翛閑堂漾月佳麗亭在其後、臨運河之閘、水東則月臺、西乃西山、故寶晉齋之西爲致爽軒、環居桐柳椿杉百十本、以藥植之、今十年皆垂蔭一畝、眞一畝之居也、四月末、上臯山樵人以異石告、遂視之、八十一穴、大如碗、小容指、製在淮山一品之上、百夫運致寶晉桐杉之間、五月望、甘露滿石次、林木焦葉莫不霑、潔白如玉珠、郡中圖去、至今未止、云欲上旣不請、亦不止也、芾頓首再拜、後有元周伯琦跋、米芾小傳、詳見本刊第十三期、

林石逸興卷之一

明燕人薛論道撰

冬景

鐵馬疎簷嘹嚦、臘梅碧窗開放、蕭蕭天際、極目無人望、朔風起大荒、寒雲鎖帝鄉、漁夫樵父、帶雪烟波上、公子王孫、偎紅軟玉傍、滄滄、征人遠寒忙、茫茫、高僧梵寺藏、

四時閨情

日遲遲春光明媚、困綿綿情思如醉、鶯啼林外、深院人無寐、梁間燕子歸、天涯人未回、瀟瀟細雨、灑不盡千行淚、陣陣和風、吹不開兩道眉、孤幃、偏嫌月影隨、空閨、愁聞玉漏催、

又

綠森森槐陰如砌、亂飄飄榴花鋪地、池溫沙暖、對對鴛鴦戲、行行不暫離、飛飛顧且啼、天遙人遠、有恨憑誰寄、雁杳魚沉、音疎信更稀、含悲、柔腸千萬迴、還悲、知他甚日歸、

又

亂紛紛梧桐飄蕩、一行行征鴻嘹嚦、月明露冷、寂寞芙蓉帳、朝來對曉粧、憔容菊更黃、愁風怨雨、一陣一惆悵、蛩鬧砧敲、一聲一斷腸、淒涼、情長值夜長、悽惶、思郎又恨郎、

又

冷颼颼朔風如箭、亂霏霏雪花如練、風因雪舞、雪亦因風漩、摧殘到枕邊、孤幃誰見憐、疎簷鐵馬、日與嚴颸戰、紙帳梅花、夜同薄命眠、心猿、思思一線牽、雲烟、迢迢萬里天、

未遇

氣重重把天公相問、你如何虛生豪傑、空付與忠肝義胆、崢嶸處、却無分、欲絕千里塵、誰識冀北羣、天涯走盡、閫不出糊塗運、謁徧朱門、尋不着拜將人、風雲、遮隔的日月昏、楓宸、恨無緣見聖君、

（接第四版）

明張復雨村圖摺扇

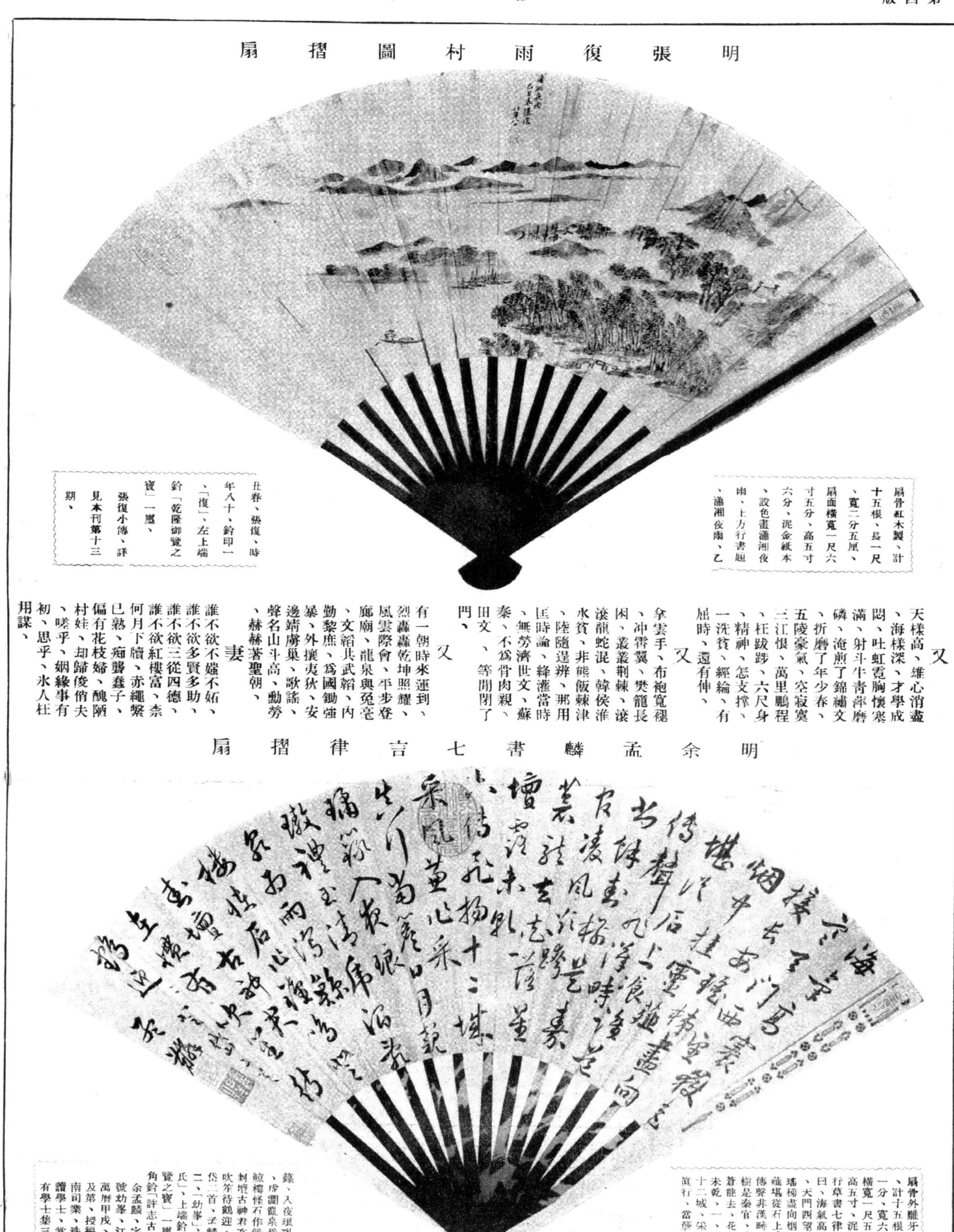

扇骨紅木製、計十五根、長一尺、寬二分五厘、扇面橫寬一尺六寸五分、高五寸六分、泥金紙本、設色畫瀟湘夜雨、上方行書題、瀟湘夜雨、乙丑春、張復、時年八十、鈐印一、「復」、左上端鈐「乾隆御覽之寶」一璽、

張復小傳、詳見本刊第十三期、

又

天樣高、雄心消盡、海樣深、才學成悶、吐虹霓胸懷寒滿、射斗牛青萍磨磷、淹煎了錦繡文、折磨了年少春、五陵豪氣、空寂寞三江恨、萬里鵬程、枉跋踄、六尺身、精神、怎支撐、一洗貧、經綸、有屈時、還有伸、

又

拿雲手、布袍寬褪、沖霄翼、樊籠長困、叢叢荊棘、滾滾龍蛇混、韓侯淮水貧、非熊飯棘津、陸隨逞辯、那用匡時論、絳灌當時、無勞濟世文、蘇秦、不爲骨肉親、田文、等閒閉了門、

又

有一朝時來運到、烈轟轟乾坤照耀、風雲際會、平步登廊廟、龍泉與兔毫、文韜共武韜、內勤黎庶、爲國鋤強暴、外攘夷狄、安邊靖虜巢、歌謠、聲名山斗高、勳勞、赫赫著聖朝、

妻

誰不欲不嫿不妬、誰不欲多賢多助、誰不欲三從四德、誰不欲紅樓富、柰何月下牘、赤繩繫已熟、痴聾蠢子、偏有花枝婦、醜陋村娃、卻歸俊俏夫、嗟乎、姻緣事有初、思乎、氷人枉用謀、

明余孟麟書七言律摺扇

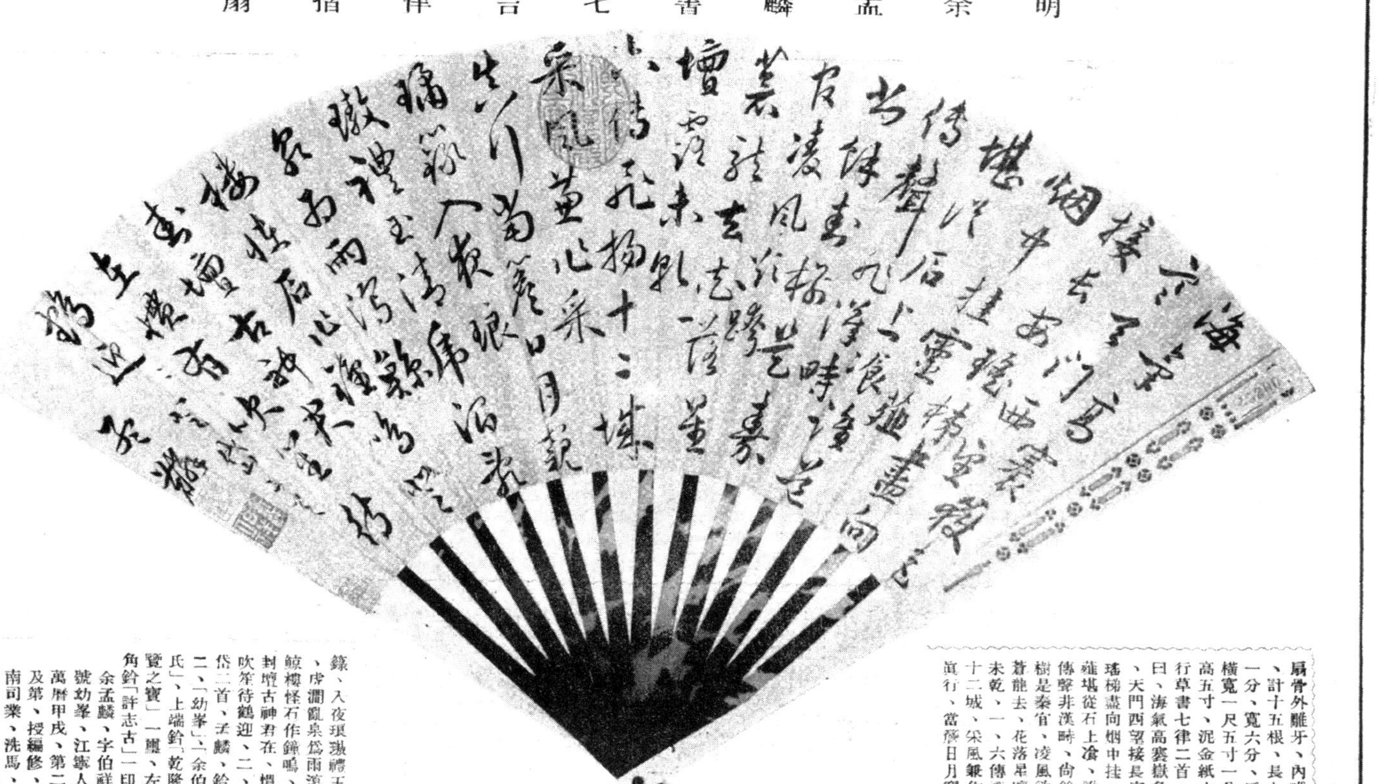

扇骨外雕牙、內玳瑁、計十五根、長九寸一分、寬六分、扇面橫寬一尺五寸一分、高五寸、泥金紙本、行草書七律二首、文曰、海氣高寒嶽色寒、天門西望接長安、瑤梯盡向烟中挂、靈薤堪從石上飡、誰道傳聲非漢畤、尙餘封樹是秦官、凌風欲跨蒼龍去、花落星壇露未乾、一、六傳飛揚十二城、朵風兼作朵寅行、當庭日月窺瑤錄、入夜璣璣禮玉清、虎澗亂泉爲雨瀉、鯨樓怪石作鐘鳴、登封壇古神君在、慣有吹笙待鶴迎、二、登岱二首、孟麟、鈐印二、「幼峯」、「余伯祥氏」、上端鈐「乾隆御覽之寶」一璽、左下角鈐「許志古」一印、

余孟麟、字伯祥、號幼峯、江寧人、萬曆甲戌、第二人及第、授編修、歷南司業、洗馬、侍讀學士、掌院事、有學士集三十卷、

第一版　第二十期　中華民國二十五年十一月十一日

故宮旬刊

西園題跋卷之二

羅浮張　萱孟奇甫著

題徐子仁篆書真蹟

余往家金陵、得子仁書甚夥、然數爲友人乞去、不甚惜、今所藏止韓侍郎夜燕圖卷三篆字、爲王元美所賞者、終不能滿人意、謂之黑豬、非輕詆也、我朝篆法、有滕吏部用亨、程太常南雲、金太常湜、李文正公東陽、喬少保宇、景中允暘、及子仁數人耳、子仁沾沾自喜、謂能伯仲周伯琦、而余不以爲然也、篆貴方勁、更以古而拙者爲勝、子仁綺麗未除、卽欲爲伯琦提刀不可得、敢雁行乎、近代文太史徵仲、庶幾方勁、第於子仁、尙在兩廡、徵仲而下、余不欲觀之矣、近日評書者、以子仁之篆、爲我朝第一、滕程金李諸公、能不反辱、

清　王翬畫寒林小景

原藏寧宮、紙本、墨筆、縱二尺、橫一尺一寸、石渠寶笈續編著錄、幅上王翬自題曰、朝臥白雲東、暮臥白雲西、白雲長共我、此地結幽栖、石谷子王翬、庚午十月八日篝燈戲筆、鈐印二、「王翬之印」、「石谷」、又題曰、唐以前未有寒林、自李營丘范華原始盡其法、雖虬枝鹿角、槎枒紛拏、而挈裘振領、條理具在、耕烟散人又識、鈐印二、同前、

王翬、字石谷、號耕烟外史、又號烏目山人、晚稱清暉老人、常熟人、幼嗜畫、運筆構思、天機迅發、迥出時流、師王時敏畫山水、時稱畫聖、康熙中、以布衣供奉內廷、嘗繪南巡圖稱旨、欲授以官、不就、卒年八十有六、

題唐寅落花詩卷

唐寅、字伯虎、一字子畏、弘治十一年應天鄉試第一、及試南宮、大學士李東陽、禮部侍郎程敏政、同主試事、尙未撤棘、道蹊紜、謂敏政以賄漁士、給事華昶、林廷玉、相繼疏論舉子唐寅徐經等十餘人、皆敏政所漁者也、於是敏政鐫職、遂以憤卒、寅等悉謫爲縣掾、悉錮其身、夫寅一寠人子耳、甫脫縫掖、安所得賄、敏政以奇童擢巍科、弱冠輒踐清華、且爲故相李文達公快婿、分席秩宗矣、何急於賄、而兩人者、卒被此名也、毋亦柄文如敏政、喜於得士、（接第二版）

清吳歷雲白山青圖卷之四

說明及吳歷小傳、並見本刊第十七期、

躁進如寅、勇於酬知、相暱以名、相授以鮮、遂令媢嫉之輩、讒慝之口、得以兩敗而俱傷之、如往年余友湯太史嘉賓、韓太史求仲輩之爲者、嗟夫、悲夫、文爲命憎、名爲物忌、古今寃酷、豈特一寅而已哉、寅故精繪事、以吟咏自喜、一遭無妄、輒頹然自放、以耗其雄心、於翰墨之間、時以自寫其侘傺無聊之意、故一往奔詣、技日益進、而名日益高、片紙隻字、世爭購焉、余所藏寅畫頗多、如夜雨重泉圖、木橋清曉圖、及此卷、皆其最合作者、大都寅之畫勝詩、詩勝字、其畫自宋李營丘、范寬、李唐、馬遠、夏圭、以至元之趙吳興、王叔明、黃黃鶴、無所不涉入、而此卷則秀潤婉麗、且行筆縝密、寓意沖雅、逈異他作、王元美謂寅畫有韻度、惜小弱耳、殊不爾也、又謂其詩如乞兒唱蓮花落、其少時亦復玉樓金埒、又謂其如父老談農桑、事事實際、中間作宛至情語、當由才未盡、過此則胡釘鉸矣、此落花詩十章、宛至情語、固其所饒、而柔情綽態、如泣如訴、以寅之才、遭寅之禍、而永言及此、固以自況、亦以自悲也、胡至作蓮花落、又胡至作胡釘鉸耶、余展其畫、數讀其詩、不勝身世之感、欲追和之、以綴卷末、惟讀至風情多少愁多少、百結愁腸說與誰、又爲之憮然輟筆者數矣、第寅固自稱爲六如居士者、蓋取金剛經偈語如夢如幻、寅宜自了了、而詩畫圖章、往往稱南京解元、豈破甑尚足顧、而落花辭條、尙有故林之思耶、一笑一笑、萬曆乙卯冬十月、西園公題於清涼界中、

贈藥編

清長洲吳　綃撰

讓寵

南歸以來、幾宵癡夢楚臺歡、覺來依舊長門怨、今日始得東君眞信至也、前日所聞駕遠、亦是有形有據者、已成虛夢、今日莫非又在夢中否、爲恨情多恍惚、難分眞假、如何如何、半載離愁、正欲訴寃知己、奈君方有得意佳人、不樂聞此窮愁幽恨之語、反不敢題、只是弟平生不奪人之歡、早知有此一段姻緣、寧敢分寵、使恩兄有薄倖之名、皆綃之罪矣、願讓願讓、但欲弟負義辜恩、寒盟爽約、又是不敢者、惟有一死謝君而已、只有一件、佳人朱子齊姜、恩兄潘珠夏璧、一雙兩好、千古所難、如弟輩庸陋無姿、亦欲結交名士、豈非可愧乎、乞爲弟撿此一段醜境、感君不淺、餘俟面悉、

（接第三版）

宋米芾甘露帖之二

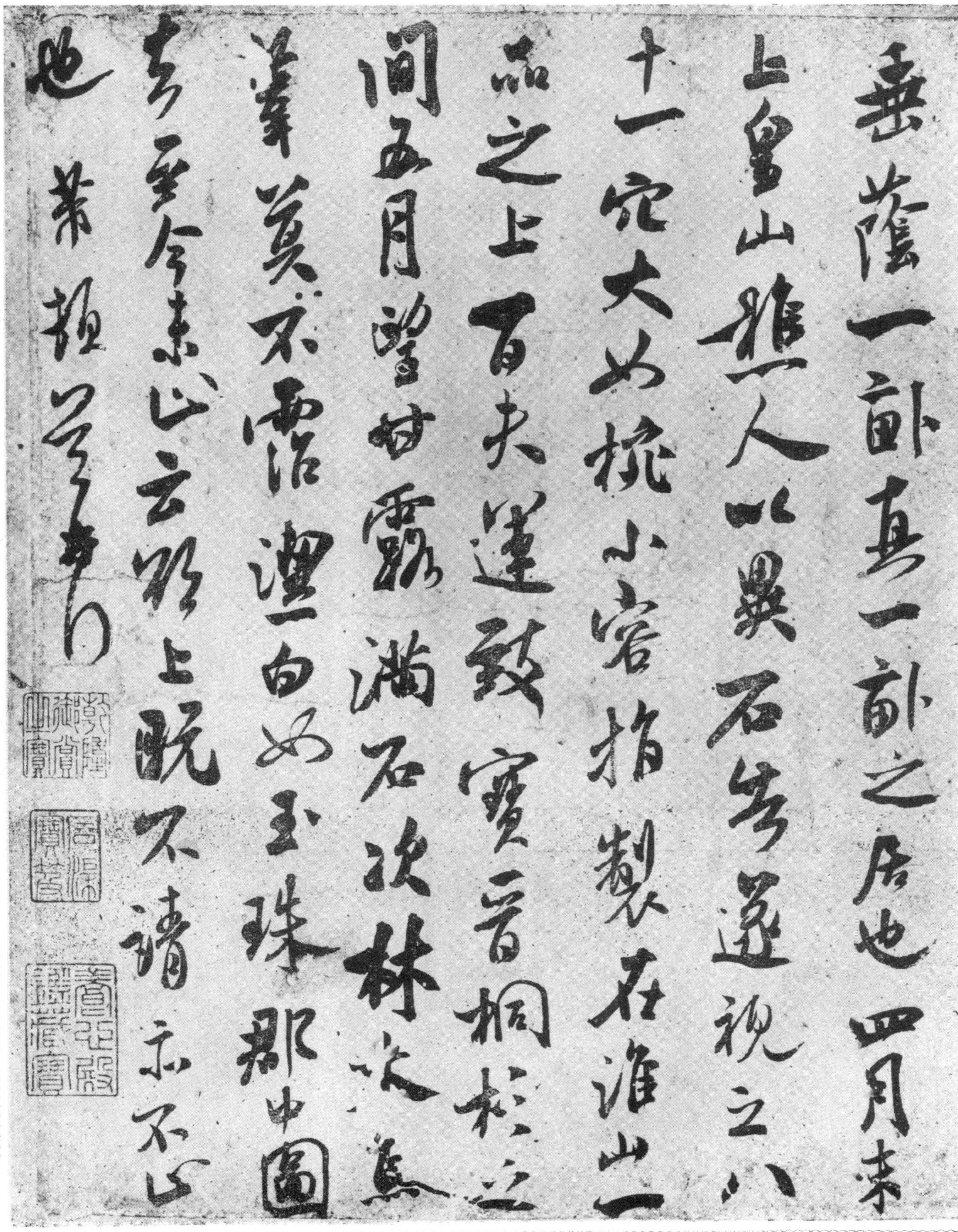

說明見本刊第十九期、米芾小傳、詳見本刊第十三期、

贈絹

蒙賜白絹、鮮妍芳郁、精雅可珍、何處得此佳物也、今宵多屬虛度、是極不得已、出於無計、所謂對面巫山、可憐可憐、仁兄功餘、且須早睡、以輔心血、斷不使兄空過、莫指望前日容易抛人去也、弟至今怨氣未平、且須見留議處、須酌之、

憶前歡

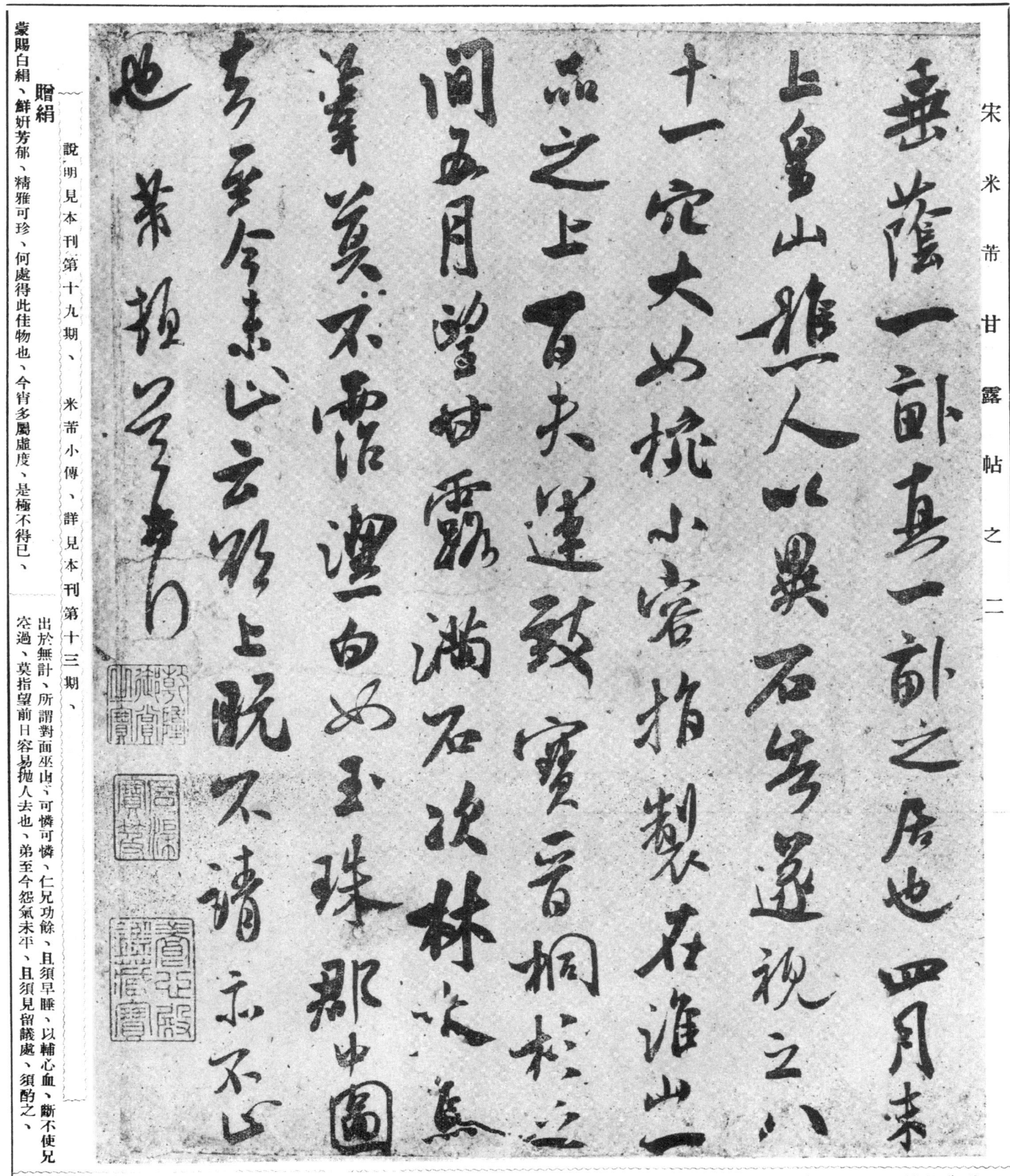

前月今宵、便是得意時、嘗記得春水兩鴛鴦、迷香雙蛺蝶、翩翩遊雲逐雨、縱宕風流、今夕同是佳晨、淒涼暗度、如何穩睡、無聊自遣、細憶歡情、覆枕和衾、如親玉體、因而一夜與兄纏擾、有多可笑者、且俟幽會、取作笑語、只恨昏時睡遲、以致春風頃刻耳、悔甚悔甚、玉漏方稀、曉風猶怯、重門空掩、銀漢橫斜、未知故鄉迢迢、何由度此、語我語我、所謀但有患勿悲、無禍勿喜、則弟斷不惜捐軀以從者、日來有他媪在內、且再商、子齊妙人哥哥、弟簫叩首、

設誓

忙歸作別、知探鄰為急耳、夜來露華月好、果稱佳期、但雲雨牆高、如何使度、弟宵眠耿耿、亦設三誓矣、一誓死不復見玉田、一誓收拾春愁、一誓霞門路永不行踏、行時祇甚傷心也、何苦何苦、縱有十丈紅絲、難繫薄倩之足、但不如無心卉木、任春風來去耳、命垂呼吸、永別後亦不勞臨弔奠、假啼假嘆、君自戀塵網功名、弟自參法蓮高座、凡心俱廢、垢膩冰釋矣、深恩莫報、他時稱贈、藉手封還、愁恨填胸、揮毫難盡、

林石逸興卷之一

明燕人薛論道撰

財

誰不欲金珠盈目、誰不欲田疇無數、誰不欲粟陳貫朽、誰不欲家豪富、何如命裏無、（接第四版）

明盛茂燁畫松風高閣摺扇

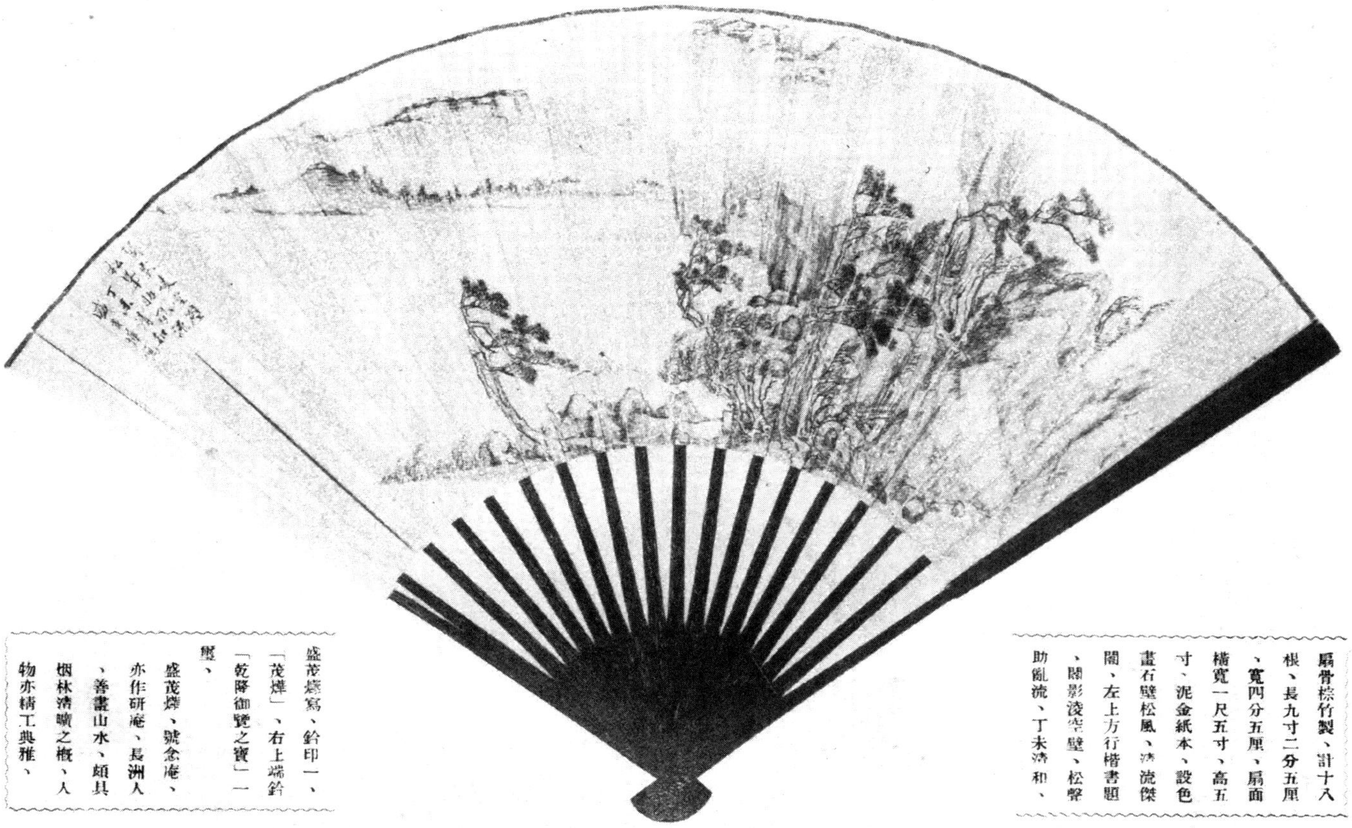

扇骨椶竹製、計十八根、長九寸二分五厘、寬四分五厘、扇面橫寬一尺五寸、高五寸、泥金紙本、設色畫石壁松風、流流傑閣、左上方行楷書題、閣影淩空壁、松聲助亂流、丁未淸和、

盛茂燁寫、鈐印一、「茂燁」、右上端鈐「乾隆御覽之寶」一璽、

盛茂燁、號念庵、亦作研庵、長洲人、善畫山水、頗具烟林淸曠之槪、人物亦精工典雅、

枉登名利途、人稱錢虜、且守將軍庫、我道豪傑、長提司馬壺、糊塗、從來仗義疎、青蚨、偏歸鄙吝徒、

子

誰不欲兒孫多順、誰不欲家聲克振、誰不欲箕裘堪繼、誰不欲嚴庭訓、妻財子祿根、陰陽造化循、燕山多子、豈是今生分、伯道無兒、莫非前世因、爲人、良心一念存、施恩、馮商果報眞、

祿

誰不欲千鍾門戶、誰不欲千鍾地步、誰不欲千鍾告顯、誰不欲千鍾祿、書中自有粟、魚龍不奮、妄意風雲助、草木無根、空勞雨露扶、勤讀、勤讀祿在吾、不讀、不讀枉用謀、

忠

爲君難、爲臣不易、辨人倫、綱常非細、不忠無位、忠所以不能立、不忠千載譏、忠直萬古奇、生不如死、秦賈爲人詈、雖死猶生、逢干世所希、忠兮、章章青史題、姦兮、森森筆可欺、

孝

爲子當尊親教、事親須克子道、承顏接色、惟順爲能孝、順其心勿撓、順其志勿搖、哀哀父母、罔極應難報、生我劬勞、昊天何以高、劬勞、養兒知母勞、劬勞、教兒知父勞、

明董其昌書五言律摺扇

扇骨外湘竹、內素竹、計十八根、長一尺零一分、寬五分五厘、扇面橫寬一尺六寸九分、高五寸四分、泥金紙本、行草書五律一首、文曰、晚年唯好靜、萬事不關心、自顧無長策、空知反舊林、松風吹解帶、山月照彈琴、君問窮通理、漁歌入浦深、其昌、鈐印一、「董其昌印」、上端鈐「乾隆御覽之寶」一璽、

董其昌小傳、詳見本刊第一期、

第一版　第二十一期　中華民國二十五年十一月二十一日

故宮旬刊

西園題跋卷之二

羅浮張　萱孟奇甫著

題祝允明真蹟

我朝書家之才、希哲自堪獨步、惜工力未至、而興趣雖超、根蒂終落晚近耳、余故希哲眞蹟頗多、每幅初筆數行、執使皆未由已、至六七行後、始覺和適、又多倦筆、采條老幹、彼此雜出、王履吉以爲抗衡大令、得無曲筆乎、

題祝京兆真蹟

人不可無年、不惟文章、卽臨池家、年亦不可少也、近代如文太史徵仲、祝京兆希哲二公、余數見其眞蹟、徵仲雖年已耳順、書學尙未精工、結體時有出入、六十以往、稍稍合作、八十九十、始覺從心、若希哲行楷自吳匏庵、草書自徐武功、中年乃皈命宋仲珩、晚歲始窺山谷、師法原自不古、及宦拙無聊、乃精心刻畫、幸才質過人、能令見者驚愕、而工力尙淺、終不如徵仲之精純也、王元美謂希哲在大令下、李懷琳孫過庭上、又謂其得懷素骨、豈欲其於無佛處稱尊耶、元美亦謂鍾太傅七十六、其子司徒僅四十五、王右軍五十九、子大令四十二、卽天假以年、格已定矣、第學祝不成、尙可類鶩、學文不成、祇類犬耳、臨池者愼之、

題文徵仲效米海岳行書

余藏衡山文公書畫眞蹟最多、皆分授兒輩、唯此卷常置案頭、非特以字畫之工而已、王元美謂公生平不作應酬詩、故其語多韻、余按公以薦起諸生中、通籍翰林、甫三年、輒乞骸骨、時政府楊公廷和、張公孚敬、大司農李公克嗣、大司寇林公俊、非公父執、卽公執友也、左推右輓、若謂朝廷不可一日無公者、公掉頭去、是以公生平不作應酬人、故能不作應酬語耳、余官西省、正從公後、乃輕擲五尺軀、日握二寸、撲遨馬蹄間、不無棧豆之戀、遂令便便一腹、飽長安塵者垂九年、既不自引去、更復徘徊垢膩之區、與壟斷之夫、爭錙銖而較盈詘、必爲人所齮齕、乃踉蹌歸、卽千秋自賞、名山可藏、第生平無一長可稱韻士、安得有一言如公韻語乎、昔王元美初年得公書畫、不甚經意、最晚乃爲公作傳、津津不休、曰、吾以懺悔也、余論世齋頭、金鱗池畔、有紫薇數本、每繁花大放、輒悲思往事、不能喩之於懷、一展此卷、至山林相對依然好、何必絲綸閣下看、又相看別有江湖樂、不羨高懸玉帶人、若爲西園公懺悔於二十年前者、然余旣罷歸、非曰絕交、故多負俗、人固避我、我亦避人、不至如公曲巷使君來、車馬破蒼苔之語、又覺公詩一開便出酬酢、無心亦復爲煩、不得不爲公下一轉語矣、此卷詩凡七章、文氏五代集及甫田詩選、皆未載、然公往往喜書此詩以貽人、(接第二版)

清　張若澄　畫　翠　嶂　觀　泉

原藏壽宮、紙本、墨筆、縱二尺九寸五分、橫一尺四寸七分、欵署翠嶂觀泉、法王蒙筆意、臣張若澄敬寫、鈐聯印一、「臣澄」、石渠寶笈三編著錄、張若澄、字鏡壑、一字練雪、桐城人、若靄胞弟、官內閣侍讀學士、善畫梅花、

中華郵務局特准掛號認爲新聞紙類

清吳歷雲白山青圖卷之五

說明及吳歷小傳、並見本刊第十七期、

余所藏公八分、爲今友人王徽所梓行者、亦此詩也、甫田詩選、公手自訂者、絕句近體凡十九首、美則美矣、不如此詩、讀之有天際眞人想、公不以入選者、豈此韻語、欲求解人、亦不可得、故行卷中、不必存耶、公書在我朝足爲二王雲仍、獨少從李太僕楨伯、吳少宰原博游、二公皆漸於海岳者、是謂以藍出青、此卷筆活機流、豪縱跌宕、信手從心、一種恬雅安和之意、藹然毫楮間、絕無海岳狂恠欹傾憨態、更青於藍、公自謂戲效海岳、恐海岳見之、亦當低首也、余嘗謂公書、望之可知其爲韻士、亦可知其爲端人、故常置此卷於案頭、豈惟懺九州鐵鑄錯不就之悔乎、暇日重裝、因綴數語於末、復令焯兒書公傳以係之、欲令子孫知其前人之寶愛此卷、非特以字畫之工而已、

贈藥編

清長洲吳　綃撰

陪小心

佳期迢遞、非阻梟鵰、只因齊郎使性、將人折倒、一魄懨懨、神荒力倦、何能虛鸞駕赴約鶼鶼、仁兄必欲一晤、亦無難處、待將前日怨緘、一一換來、修寫一封哀憐密啓、送至痕青、陪箇小心不是、道狂童萬萬得罪、伏乞大度海涵、如此則病除神旺、幽期不遠、定使氷魂、僥倖玉郎一夕也、不然、足下穩守空床、是樂隣禁約、於我何與、咫尺巫山、便夜夜同榻、亦不可知、況不比弟處天台路遠、疑慮叠生、乃反言供出耳、

訴病

花前花後、沉臥至今、瘦骨無多、中懷百結、聞君相知正樂、何暇遠念昭陽、恩顧垂憐、始陳泣涕耳、弟整整絕粒二十四日矣、前者猶飲清泉幾甌、近來亦減、是以形神委頓、生動蕭然、昨晚左喉又突一塊、如哽如咽、肝氣愈焦、多病多愁、未通泉臺者一線也、仁兄亦緣何事、襟懷鬱鬱、可示弟相爲分憂否、

屛後見郎

今日踏家園、一訪南枝春色、便趨夕陽影裏、緩步歸來、昨日一番、因知兄必受累、果然果然、弟一夜夢魂顚倒、曾覩相如病色、假抱相依、嗚咽乍醒、頃在屛後、私睹玉枝、清悴可憐、何異夢中所見、珠淚潸然、恐爲人覺、因急歸香閣、親親曾見弟否、珍重珍重、

林石逸興卷之一

明燕人薛論道撰

廉

論人臣立身行志、端只是識一廉字、縱然尸素、做一個清白士、忠君無所私、臨民遺去思、（接第三版）

明文徵明畫雨餘春樹

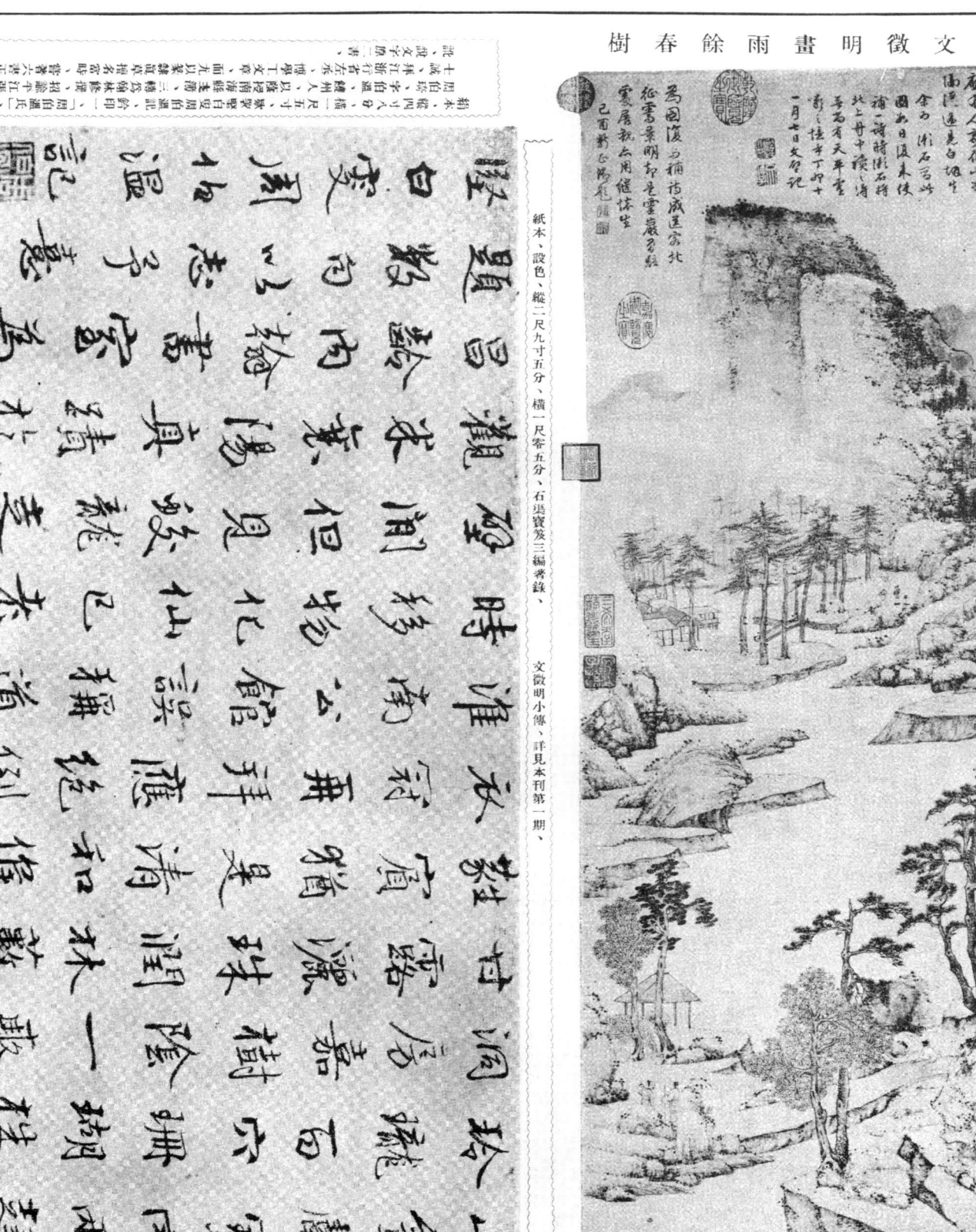

紙本、設色、縱二尺九寸五分、橫一尺零五分、石渠寶笈三編著錄、

文徵明小傳、詳見本刊第一期、

絹本、縱四寸八分、橫一尺五寸、款署白安周伯溫記、鈐印一、「周伯溫氏」、周伯琦、字伯溫、饒州人、以蔭授南海縣主簿、三轉爲翰林修撰、招諭平江張士誠、拜江浙行省左丞、博學工文章、而尤以篆隸真草擅名當時、嘗著六書正訛、說文字原二書、

宋米芾甘露帖 元周伯琦跋

一心如水、那怕門如市、四知却金、幽獨暮夜時、思之、苞苴乃禍滋、安之、清貧不敢辭、

節

報君恩、一身何吝、盡臣節、死而何恨、天覆地載、敢把綱常紊、君臣乃大倫、忠節本至仁、蘇卿漢將、萬里懷忠信、王蠋齊賢、一心不二君、伍員、忠魂千古存、張巡、英風啓後人、

酒

誰道歡伯無害、那見醉侯封拜、名爲藥、長無病、因他瘵、雖然且放懷、精神最可哀、憑他躲債、少債終須在、借他却愁、有愁還自來、休猜、貪杯惹禍胎、丟開、爭如把素齋、

南京故宮博物院印刷所承印

明文徵明畫溪柳山莊摺扇

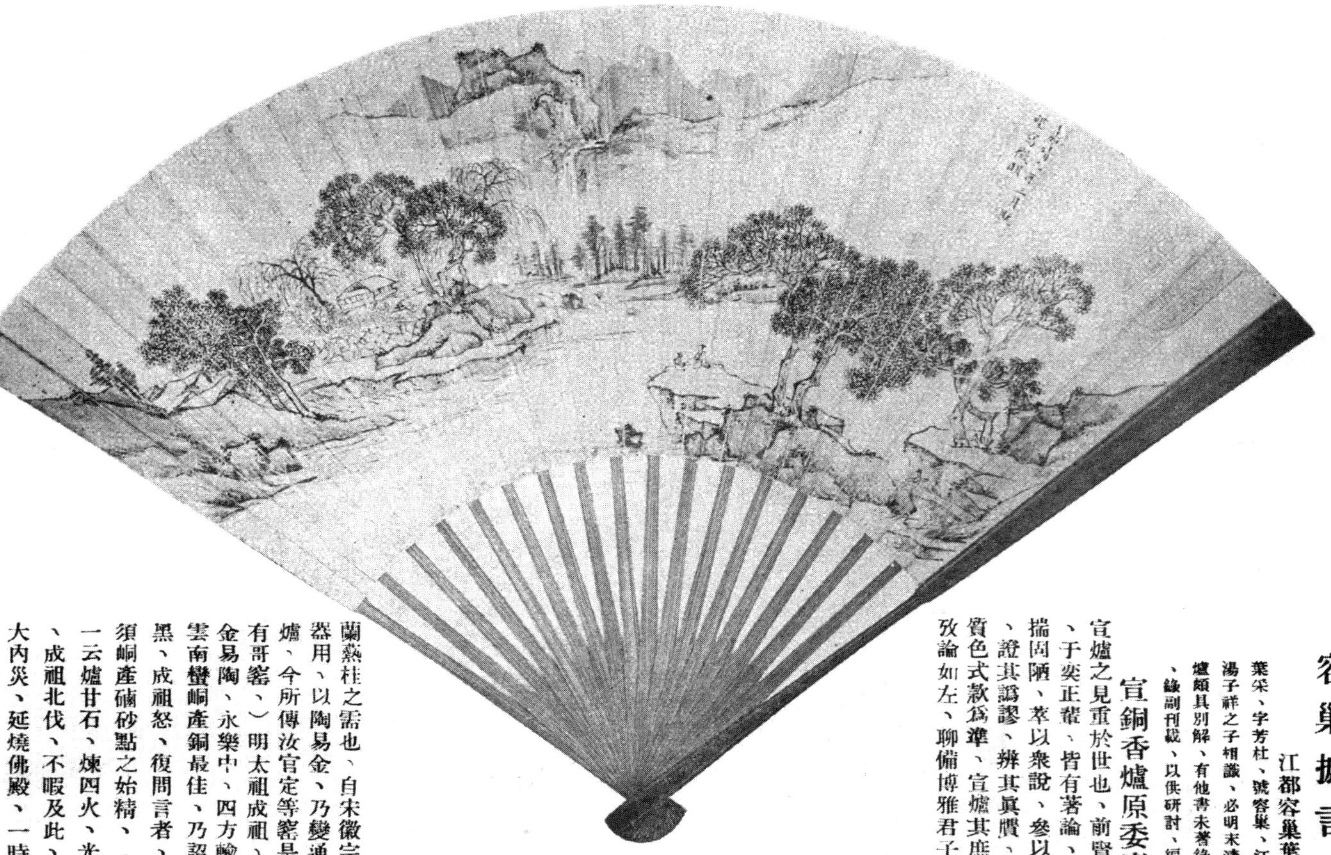

容巢摭言

江都容巢葉采芳杜著述

葉采、字芳杜、號容巢、江都人、行誼待考、與湯子祥之子相識、必明末清初時人也、此書談宣爐頗具別解、有他書未著錄者、原本藏吳縣潘氏、錄副刊載、以供研討、編者附記、

宣銅香爐原委考論

宣爐之見重於世也、前賢楊升菴、鄭弘父、于奕正輩、皆有著論、而或未詳、采不揣固陋、萃以衆說、參以臆見、敘其原委、證其譌謬、辨其眞贋、審其神理、憑以質色式款爲準、宣爐其庶幾無惑矣、爰述攷論如左、聊備博雅君子芻蕘之採、抑或差有可憑焉、夫宣爐者、明宣廟之所特創、前此無之、後此亦無之也、秦漢以來、僅有博山爐、六朝唐五代、則有金猊寶鴨雀尾、又有角端辟邪蹲獅立鶴之類、種種不一、然無若宣爐之極精盡致也、三代法物、如鼎彝鼐鼒、雲罍犧尊、皆祭祀飲食之器、鑒賞家什襲珍藏、奉爲傳寶、而非焚蘭爇桂之需也、自宋徽宗去華尚雅、宮中器用、以陶易金、乃變通古制、而爲小香爐、今所傳汝官定等窰是也、(南渡後又有哥窰、)明太祖成祖、復反古制、又以金易陶、永樂中、四方輸銅者不繼、有言雲南釁峒產銅最佳、乃詔貢治之、色皆黝黑、成祖怒、復問言者、對曰、峒產銅、須峒產磠砂點之始精、(卽今所謂番磠、一云爐甘石、煉四火、光瑩如金)、未幾、成祖北伐、不暇及此、或云、宣德初、大內災、延燒佛殿、一時像設鐘磬、與金銀寶物、皆溶液成堆、卽以鑄器、頗稱貴重、

(未完)

扇骨素竹製、計十八根、長一尺零一分、寬五分、扇面橫寬一尺六寸二分、高五寸四分、冷金紙本、一面設色畫溪柳山莊、平臺坐話、款署嘉靖己西三月既望寫、徵明、鈐聯印一、「徵明」、右上端鈐「乾隆御覽之寶」一璽、一面行草書七律四首、文曰、日出吳山欲霧蒼、平橋十里下橫塘、弄春草色偏宜遠、繞竹溪流不覺長、一塢人烟自花柳、千畦麥桑間青黃、不因出郭供人事、負却風光二月強、新波得雨夜來添、淑氣撩人意思恬、三月光陰須解惜、一村花柳漫相淹、踏青湖岸春移薄、燒筍餉廚野飯甜、莫怪清遊還薄暮、人生四事苦難兼、三月韶華過雨濃、綠街花氣日融融、桑畦麥隴青黃接、雲岫烟巒紫翠重、一片垂楊春水渡、兩崖啼鳥夕陽松、晚風吹酒籃輿倦、忽聽天平寺裏鐘、天池日煖白烟生、上巳行遊春服成、試向水邊修禊事、忽聞花底語流鶯、空山靈跡千年祕、勝友良辰四美并、一歲一同遊不厭、故園光景有誰爭、徵明、鈐印二、「徵仲父印」「衡山」

文徵明小傳、詳見本刊第一期、

故宮旬刊

西園題跋卷之二

羅浮張萱孟奇甫著

題文徵明真蹟

徵仲少從吳文定公游、師法眉山、李禎伯見之曰、何至隨人步趨、始變其法、稍窺魏晉、精緊沉著、有從容閒適之趣、遂能步塵唐雅、齊肩宋元、我朝書家、鮮有其儷、獨區區於竿牘中摹索古人、故往往爲法所縛、又字字一律、不能變化、如止工行楷、而草聖概未之聞、今人稱書、必曰文祝、不知二公亦自有工拙也、如名法家、徵仲高處、可爲引繩吏、而緩急皆宜、希哲高處、不過爲舞文吏、緩則梗澁、急則奔忙矣、故文卑則刻畫無鹽、祝卑則攝ㄟ蛇鬼、大謕文蘊籍而祝豪宕、亦人品殊也、吳兒善自位置、更相爲重地、當東南都會、聲價易於蜚騰、第以古人當前、不過如何李文章、在我朝則爲晚唐而已、或曰、徵仲之書、與汪伯玉之文、皆千篇一律者、余亦以爲知言、

題張東海真蹟

東海以草書名一時、嘗自謂大者勝小者、陳公甫謂其好到極處、惡到極處、故評書者目爲狂誕、不知其出聖母帖也、聖母帖自是長沙別一門戶、其中有蝸牛老角、科斗脚肥、及縫衣匠剪子者、皆是古法、特不善用耳、夫不善用古法、既爲東海、近有某子甲者、又不善學東海、遂至狂縱自肆、如病狂人、更復使酒、吾何以觀之哉、

題汪伯玉詩卷

此余友故司馬新安汪伯玉詩、而劉季然筆也、季然名然、亦新安人、爲伯玉門下士、伯玉能詩不能書、居常小小應酬、即牛指赫蹏、亦皆倩然筆、故然書遂噪一時、時雲杜李太史本寧、亦不能書、凡有所譔述、亦皆其弟本石代書、二公並以不朽之業、狎主齊盟、而皆有所短如此、然書娟麗、其合作處、可爲趙吳興雲仍、此卷更爲然得意筆、萬曆庚寅、余游新安、館穀伯玉太函中凡半載、得然書最多、皆爲友人持去、獨此卷及伯玉贈余詩一挂幅存耳、然故窶人子、時人往往以遊伯玉故、爭購其書、所得金鏤、可治中人之產、

（接第二版）

清畫院畫十二月月令圖之十二月景

說明見本刊第一期、

中華郵務局特准掛號認為新聞紙類

清吳歷雲白山青圖卷之六

說明及吳歷小傳、並見本刊第十七期、

皆爲勾欄中搖錢樹子耗盡、別余之明年、卒以醋竭而死、歲戊申、余分司吳關、嘗移書伯玉介弟仲嘉、求其後人於溝壑中而不得也、然死之明年、伯玉亦相次遊岱、伯玉之詩與文、及然之書、其聲價亦相次遞減、杜少陵曰、文章千古事、得失寸心知、余重裝此卷、欷歔者久之、

題豐人翁真蹟

道生人翁有書才而未俊、有書學而未融、時輩見之、謂其諸體咸備、能不斂衽、一以古人當前、便覺神氣頓索、獨於狂草、得意處、往往可以主鬯顛素、即出其下駟、亦能走文太史祝京兆之上駟者也、其論書、於唐不取賀知章、徐季海父子、宋不取蘇子瞻、黃魯直、元不取鮮于伯機、明不取宋南宮、王履吉、昔余友王元美謂其當別有意、余固反唇、若詹應鳳謂其枯硬不脫、遂病形骸、又如巨室老奴、事事慣習、而無家主差奴使婢之概、則又未免爲豬嘴關矣、詹頗以書自名、遺蹟具在、能有一筆可望人翁脚板否、

贈藥編

清長洲吳　綃撰

夫挈

雖喜梟挈幽闕、恨弟沉疴日痼、李夫人不忍一回首重沐武陵恩愛矣、親親可憐、從此只須懷夢草、相思何必返魂香、後會非遙、願言自愛、

作手勢

兩兩牢牽、雙雙病困、終何結局、負此情逋、得娛花對酒、半刻一時、同死同歸、含笑入地矣、前幸非遙、目挑心死、良人側近、摹從諱然、只得強作無情物也、畢竟忍不定、與兄作一手勢、幾被窺破、入痕輾轉、愈覺無心、顧影嬋娟、低聲尋喚、如聞君至、留連夢緣、非弟相持、即君見挈、深情一往、多有雙飛久遠之談、不知此何徵也、應是想濃、結成顛倒耳、小影暫返、非有別故、因邇來朱顏非舊、綠鬢朝新、不忍再入鏡中、故少刪舊稿、聊抹丹青、待學鶴灘一手存陋質耳、描成奉伴、勿戀戀此卷也、

寵卿

寵卿六字韻絕、非得足下第一名流、何能得此品題、芬頻達於神馳、如覩傾城人至矣、弟久希萬戶、聞名更切、記得誦詩云云、合楚仙佳字、吾兄必曲摹妖麗而名之、如此佳人、無負玉郎粘愛矣、弟頃煎在心、猶可破喜、仁兄當以知情爲念、莫嘆離人、

郎世寧畫白鷹

絹本、設色、縱五尺五寸八分、橫三尺五分、款署乾隆三十年正月初五日、喀爾喀多羅貝勒阿約爾恭進白鷹一架、臣郎世寧恭繪、鈐印二「恭」「畫」、右上端有清高宗御題、鈐璽二、「惟精惟一」、「乾隆宸翰」、石渠寶笈續編著錄、郎世寧小傳、詳見本刊第十一期、

清雍正御墨之一

清雍正御墨之二

林石逸興卷之一

明燕人薛論道撰

色

多少花衢柳陌、盡是前冤宿債、溫香軟玉、更比青萍快、羅幃四下開、干戈十面埋、亡身滅國、齊紈烽烟害、斷魄消魂、楚王雲雨臺、哀哉、傍州密密排、悲哉、英雄不自裁、

財

人道黃金可愛、我怕黃金爲害、忘身殖貨、那個能長在、金臺塵已埋、錢山今在哉、紫標黃榜、萬世爲譏誡、錦帳燭薪、看來總禍階、貪財、朝朝鬼病揣、輕財、時時笑臉開、

氣

造化本乎一氣、一鼓寒乎天地、天人一體、喜怒存亡係、呼吸宇宙彌、卷舒星斗稀、志爲將帥、六馬無拘繫、義用中和、七情貴轉移、剛分、凜然不可極、方分、浩然養所宜、

戒嫖風

看了他一言一動、盡都是七擒七縱、唱的是鴛儔燕侶、彈的是鸞交鳳、機關千萬重、牢籠天地空、翻雲覆雨、盡是桃溪夢、巧語花言、吹來柳陌風、相逢、千金一笑傾、假紅、家貲彈指中、

又

命世才、因他斷送、好田宅、由他踢弄、行止呵破他喪了、有聰明、成無用、浪花逐轉蓬、山盟隨去風、羅幃錦帳、恩愛千金重、水盡鵝飛、飢寒二字窮、囊中、歸來一洗空、嫖風、誰能有始終、

容巢摭言

江都容巢葉采芳杜著述

宣銅香爐原委考論（續）

（又云、延及寶藏、所鎔之物、幷以鑄爐、愚謂宣銅非因金寶增重、且各物渾雜其中、豈徒無益于銅質、而銅質因之反涸矣、況佛殿銅無多、（接第四版）

明吳令打魚圖摺扇

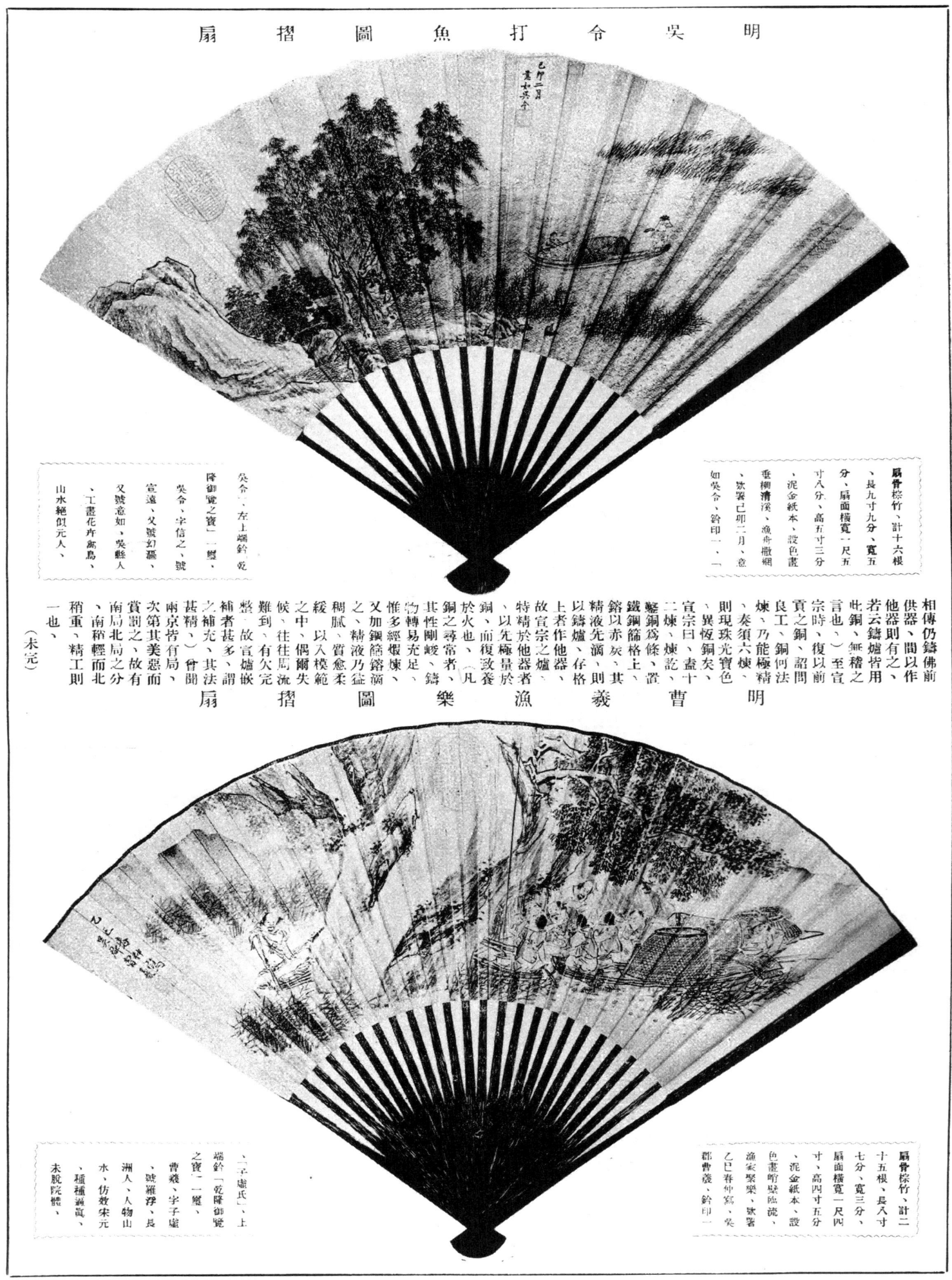

扇骨棕竹、計十六根、長九寸九分、寬五分、扇面橫寬一尺五寸八分、高五寸三分、泥金紙本、設色畫垂柳清溪、漁舟撒網、款署己卯二月、意如吳令、鈐印一、「吳令」、左上端鈐「乾隆御覽之寶」一璽、吳令、字信之、號宣遠、又號幻孺、又號意如、吳縣人、工畫花卉翎鳥、山水絕似元人、

相傳仍鑄佛前供器、間以作他器則有之、若云鑄爐皆用此銅、無稽之言也、）至宣宗時、復以前貢之銅、詔問良工、銅何法煉、乃能極精、奏須六煉、則現珠光寶色、異恆銅矣、宣宗曰、盡十二煉、煉訖、鑿銅爲條、置鐵鋼篩格上、鎔以赤炭、其精液先滴、則以鑄爐、存格上者作他器、故宣宗之爐、特精於他器者、以先極量於銅、而復致養於火也、（凡銅之尋常者、其性剛峻、鑄物轉易充足、惟多經煆煉、又加鋼篩鎔滴之、精液乃益稠膩、質愈柔緩、以入模範之中、偶爾失候、往往周流難到、有欠完整、故宣爐嵌補者甚多、謂之補充、其法甚精、）曾聞兩京皆有局、次第其美惡而賞罰之、故有南局北局之分、南稍輕而北稍重、精工則一也、

（未完）

明曹羲漁樂圖摺扇

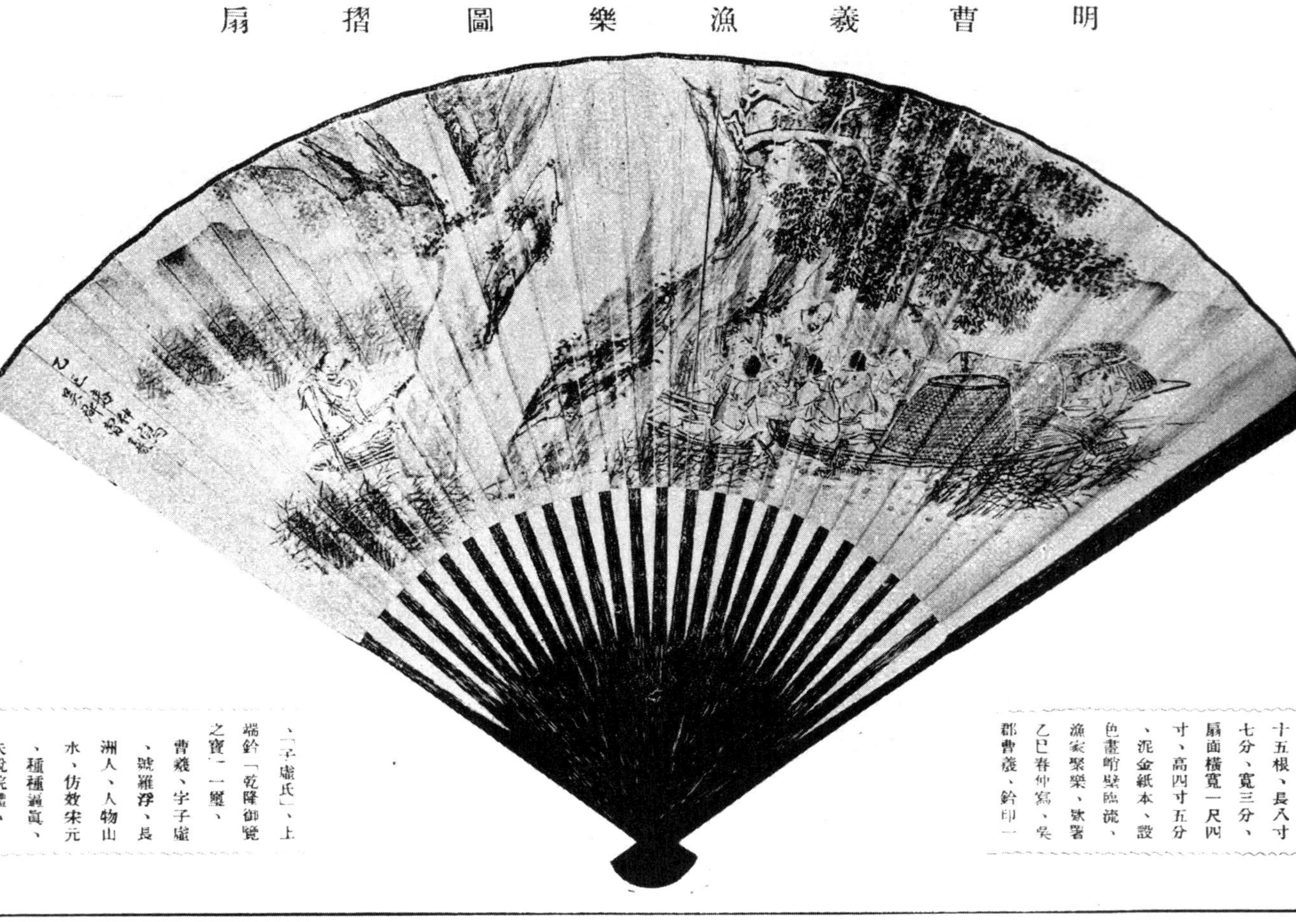

扇骨棕竹、計二十五根、長八寸七分、寬三分、扇面橫寬一尺四寸、高四寸五分、泥金紙本、設色畫峭壁飛流、漁家聚樂、款署乙巳春仲寫、吳郡曹羲、鈐印一、「子嘘氏」、上端鈐「乾隆御覽之寶」一璽、曹羲、字子嘘、號羅浮、長洲人、人物山水、仿效宋元、種種逼真、未脫院體、

故宮旬刊

宋徽宗畫溪山晚釣（集古名繪册之一）

西園題跋卷之二

羅浮張　萱孟奇甫著

題友人乩書

仙人書世多於乩書中得之、鮮有真蹟、余聞宋時溧陽有斗子、坐盜宮慶估籍、得鍾離權草書、其大題云、庚申歲書、其名權花槐如一劍狀、至今尚存溧陽人家、惜未之見、

題魏顗超草書千文

顥超、京山人、余友李太史本寧妹婿也、歲丙戌、余家金陵、顥超亦移家、以貲鼓篋太學、游從兩載、甚驩、久之、顥超厭場屋、拜官鴻儀、時雲間有周祖叔宗者、以布衣工臨池、游長安、挾貴人爲重、顥超故不能書、偶從叔宗乞書、不即得、遂怫然語余、我十指豈終爲縣椎乎、乃閉戸三月習書、書成、示叔宗、叔宗氣索、於是魏鴻儀之書、大噪長安、（接第二版）

集古名繪册、原藏圓明園清暉閣、本院點查之於齋宮、共二十幅、均絹本、對幅灑金箋本、清仁宗御筆題詩、楷書、縱橫尺寸、與畫幅同、（製板從略、）石渠寶笈三編著錄、本幅籤題宋宣和溪山晚釣、絹本、設色、縱八寸四分、橫八寸二分、對幅清仁宗御題曰、蒼茫烟水妙設色、天然淡遠和粉墨、中流把釣坐斜暉、林影嵐光連崱屴、留意書畫政事疎、高閒豪放失君職、吁嗟北狩易滄桑、欲覓歸山不可得、鈐璽二、「嘉慶御筆」、「一化工四氣爲全施」、

宋徽宗、名佶、神宗第十一子、嗣哲宗立、深通百藝、書畫尤工、惟窮極土木、崇奉道教、自稱教主道君皇帝、在位二十五年、傳位太子、是爲欽宗、紀元六、建中靖國、崇寧、大觀、政和、重和、宣和、靖康末、金人陷汴京、虜二帝北去、紹興五年、崩於五國城、廟號徽宗、

中華郵務局特准掛號認為新聞紙類

明仇英蘭亭修禊圖之一

是卷原藏御書房、本院點査之於鍾粹宮、紙本、設色、縱九寸八分、橫三尺八寸八分、欵署仇英實父製、鈐印二、「實父」、「十洲仙史」、後幅明文徵明行楷書蘭亭叙、石渠寶笈初編著錄、
仇英、字實父、號十洲、太倉人、移居吳郡、善臨摹宋元名筆、畫人物鳥獸山水樓觀旗輦車容之類、秀稚鮮麗、尤工士女、神采生動、爲明時工筆之傑、

幾令叔宗無處生活、然穎超故貴公子、能經生家言、又數稱詩、爲我輩面孔中人、亦往往挾其書傲倪時輩、叔宗故態、躬自蹈之、居長安甫兩載、輒檢校南京兆、又輒丞靈寶、無何、復以考功令能歸、不能如陸希聲之攀援登光首座、噫、亦數奇矣、顧穎超獨喜爲余書、常滿箱篋、皆爲好事者持去、今所存者止此册、及屏風閒居賦而已、穎超產不及中人、好游閒、入官益落、余分司吳關、穎超千里命駕、時叔宗亦以歌鋏、並肩而至、王伯穀、錢功父、欲爲兩君射戟、余折其矢、兩君皆代興矣、何必中此、叔宗遂怏怏去、而穎超獨留、凡兩月、余爲治裝、差不薄、故此二書、皆其最得意筆、穎超亦喜而詫余足以償食魚而出車矣、穎超偉軀幹、滿面皆黑瘢、余輩嘗呼爲魏麻子、一日、余偶譃之、穎超故自超、第天既超君之腕、而不超君之頰、何也、穎超啞然反余、孟奇故自奇、天既奇公之頰、而不奇公之腕、又何也、蓋余幸白晳而美、第臨池拙耳、一坐大哄、甲寅秋、瑩兒重裝此册、因念穎超別八歲遠矣、穎超少余十年、腕力尙健、其書想復超乘、蓋從大令入門、時或涉足襄陽、執使適利、結搆俊爽、而流麗娟雅處、當有日進、無日退、究竟堅固、南可以割董太史玄宰半席、北可以分刑太僕子愿一鼎者也、刑董二公、皆余臨池社中龍象、叔宗吳兒、襄陽所云、驚諸凡夫者、具已別詳、

贍藥編

清長洲吳　綃撰

滑脚

戊寅一春、日爲歡郎、生事懊惱、吳門豈知虞山踪跡、且滑脚釋禁多時矣、何事還提、任君日蕩春風、正是少年得樂之日、莫爲弟錯過韶華、良深悼惜耳、

耳熱

暑氣方消、新涼襲人、眞良夕也、困頓愁城、無心裁答、(接第三版)

明文徵明書蘭亭叙之一

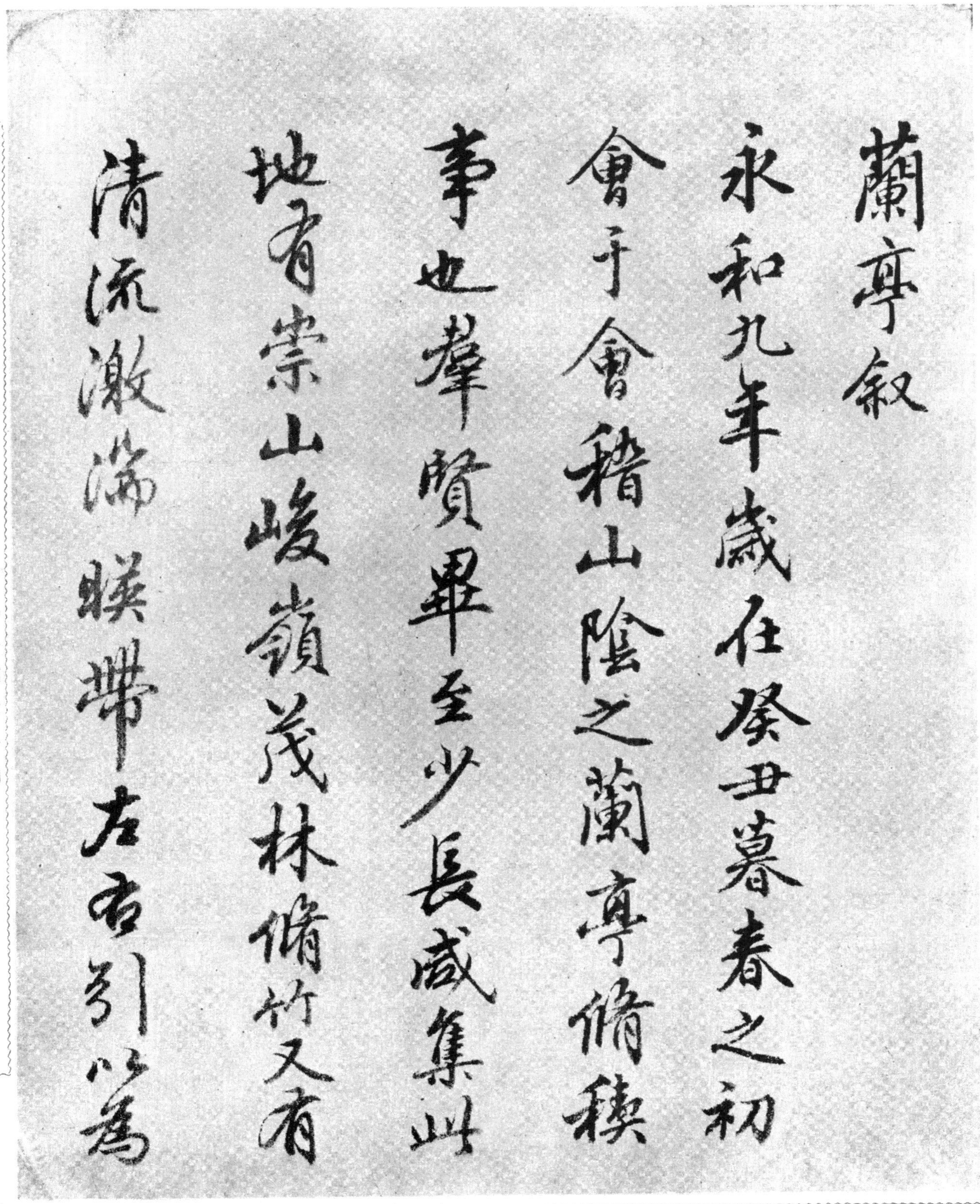

蘭亭叙
永和九年歲在癸丑暮春之初
會于會稽山陰之蘭亭脩稧
事也羣賢畢至少長咸集此
地有崇山峻嶺茂林脩竹又有
清流激湍暎帶左右引以為

說明見前、文徵明小傳、詳見本刊第一期、

更未知玉人近緒何如耳、邇來何至音疎、使人雙眉如鎖、中宵詛悵、耳輪覺熱否如斯耳、形枯神朽、暮雨殘花、委之西風黃葉、何忍何忍、、別來近況、縱有玉粒金虀、喉覓若哽、豈是纖腰而學蛾眉、乃憐才以至於深害

緣薄

兄爲何不別而行、恨弟不出故爾耶、昨宵豈忍不赴霞關、因夜門局、無計可出、舍愁假寐、早來正欲借園關一面恩兄、聞兄已歸、不勝悵恨、緣薄如此、再不必妄想矣、衷腸縷縷、哽咽難言、怨氣稍平、當以相酬耳、子齊恩兄、弟籲頓首、

艱會

本緣命薄、反眷高流、何况連宵誤薦荊王、夢中狂魄犯罪、遂將生平福氣折盡、以至今日、莫云歡會遙遙、一面亦不可多得、機殼入來、又復錯過、因知此生難期得意矣、何以孽絲難繫、日來更覺種種傷心、色色慘目、漫謂遣愁、思更入骨、不如從夜臺行、好將信兒恓恓惶惶的寄也、鮮魚二尾、奉酌杯酒、幸留之、

不負心

君恩浩蕩、何以仰酬、惟有不負心三字、可效萬一也、然春島已少成、今但須卓氏行旌耳、

林石逸興卷之一

明燕人薛論道撰

戒瞟風

二十年柳街花巷、一掃光東飄西蕩、只弄的無家無國、有親朋、門不上、名留風月場、身歸貧賤鄉、海神廟裏、不受馮魁狀、御史行臺、難追妙玉驪、不良、坑人甚虎狠、商量、收心別有方、

又

到而今嘗着嘰味、悔當時如痴如醉、都做了江心補漏、賊去了、將門閉、從前事莫追、而今猶可爲、糟糠結髮、少甚鸞凰配、際會風雲、何憂龍虎闈、心灰、鳴珂巷裏悲、奪魁、瓊林宴上歸、

弔古

今古陳摶一睡、萬事劉伶一醉、張良見早、范蠡識廻避、雖然天網恢、王家放過誰、蕭何下獄、僅免一身罪、韓信一擒、殃及九氏悲、狂爲、接輿少是非、不爲、許由洗耳歸、

宋燕文貴畫雪溪乘輿（集古名繪册之二）

本幅團扇式、籤題燕文貴雪溪乘輿、絹本、墨筆、縱六寸九分、橫七寸四分、對幅清仁宗御題曰、迴溪水閣深、寒林玉葩偏、寞靄崖巘連、點綴皆銀霰、扁舟坐畸人、乘興訪碩彥、曲約倚汀湄、佳景收尺絹、鈐璽二、「登太和」、「澄神靜慮」、

燕文貴、一作文季、吳興人、隸軍中、入圖畫院、善人物山水、細碎清潤、自成一家、有燕家景致之稱、所繪舶船渡海圖、大不盈尺、舟如葉、人如麥、而檣帆櫓棹、指呼奮踴、盡得情狀、至於島嶼相望、蛟蜃雜出、咫尺千里、尤爲特妙、

容巢摭言

江都容巢葉榮芳杜著述

宣銅香爐原委考論（續）

（愚謂南北工人、皆隸北局、或近於理、另有鑄大明宣德五年監督工部官臣吳邦佐造四行十六字、及內壇郊祀四字印、蟠以雙龍、間有印於爐脚者、又有乾清宮三字在足者、六字排款在邊者、多索耳式、又有橘皮燒斑者、歷見、凡此俱非宣爐、豈皆僞造耶、）開有局期、先期請頒式樣、樣成進覽稱旨、而後鑿字、故未經鑿字、流傳於外者、謂之樣爐、其稱旨而留中者、皆襲以錦囊、貯以龍櫝、藏之內府、掌以大璫、人莫能睹、（間有一二賜予勳戚世臣者、久而流落民間、有力好事之家、輒懸重值購之、）嗣後景泰弘治間、皆好鑄爐、景泰爐之精者、亦足纖美宣德、而弘治則稍遜於前、蓋其時貢銅與藥俱盡也、隆萬間、吳人周敏仲者、博雅好古、挾貲遊京師、購宣爐之精者、倣而爲之、頗能亂眞、又有周文甫者、復倣敏仲之所爲、而加工焉、其後新安有商山吳氏、溪南吳氏、皆富而好事、得二周之法、極力摹倣、（二吳之後、間有能此者、余嘗見之、）近有吳門湯子祥、姜道南、亦得二周之法、照式鑄造、（湯子祥之子星若、更精摹倣、住蘇之桃花塢、曾一識之、）故世有周敏仲、周文甫、商山鑄、溪南鑄、湯爐、姜爐等名、（二周湯姜之爐、皆精鑄有餘、商山溪南、則氣質渾厚、而摩娑蘊養之工又過之、）其北鑄、則嘉靖初之學道前及施家鑄、（施爐過於厚重、至今猶有之、學道前則無傳矣、學道前間用宣銅他器改鑄、然他器銅本次於爐、而小冶單寒、終乏精華、）南鑄則有甘家蔡家、（甘、江寧人、蔡、蘇州人、）蔡惟魚耳一種、可方學道、要之上校宣爐、皆迥不及也、（甘亞於蔡、今二家皆在蘇、甘爐多燒斑者、謂之甘家紅、）然則何以辨之、眞者易辨、僞者亦易辨、惟僞而混眞、眞而遭刼、流於僞者、則難辨、必先辨其質、次辨其色、次辨其式、次辨其款識、覆手口耳與足、（未完）

乳丁簋

原藏南庫、高四寸四分、口徑六寸一分、足徑四寸九分、深三寸五分、腹圍一尺九寸二分、重市秤五斤二兩、

乳丁簋

原藏壽安宮、高四寸九分五厘、口徑七寸七分五厘、足徑五寸五分、深三寸八分、腹圍二尺一寸七分、重市秤四斤六兩、

故宮旬刊

宋燕肅畫寒浦漁罾　（集古名繪册之三）

說明見本刊第二十三期、本幅圖扇式、籤題燕肅寒浦漁罾、絹本、淺設色、縱八寸一分、橫八寸二分、款署燕肅、對幅清仁宗御題曰、寒蘆綴雪兩三點、寒柳搖風四五枝、辛苦生涯在澤國、老漁耐冷坐川湄、鈐璽二、「嘉」「慶」、

燕肅、字穆之、益都人、家曹州、舉進士、累官、禮部侍郎致仕、性精巧、嘗造指南記里二鼓及欹器以獻、又上蓮花漏法、分刻不差、人服其精、立石載其法、工畫、入妙品、尤善古木折竹、

西園題跋卷之二

羅浮張　萱孟奇甫著

題黎惟敬隸潮州韓昌黎廟碑

余故不善隸、然獨喜隸、而尤獨喜黎秘書惟敬所隸韓昌黎廟碑、則昔者余友楚人丘謙之守潮時所爲請也、惟敬衆體俱擅、至隸猶爲受禪勸進當家、殊有浮雲驚龍、怒猊渴驥之意、此碑挑拔平勁、以鐵手腕、作折刀頭、大是合作、夫品以昌黎、文以子瞻、書以謙之、筆以惟敬、豈不千載稱奇、然竟不能以無脛而歸潮、除十有八年、余乃從黎惟仁游、始得而輦以歸之、嗚呼、字寶入地、非舒元輿、則李趙郡、烟顏塵容、祇爲同里糞土耳、代興者寧無愳焉、羅浮張萱識、

題友人乞書卷

蘇文忠公嘗許陶靖節詩、由豐腴造平淡、辟食石蜜、中邊皆甜、余謂書亦宜然、夫書不外老與稚、麗與雅四端、必稚中藏老、老中藏稚、如猶龍公初生、便堪几杖、即流沙言邁、復是嬰兒、必麗中藏雅、雅中藏麗、如謝道韞環珮鏗鏘、（接第二版）

明仇英蘭亭修禊圖之二

說明及仇英小傳、並見本刊第二十三期、

而林下風氣、溢於眄睞、雖淡粧濃抹、位置儼然、即義獻復生、不易吾言矣、古人論書、皆上骨力、而姿態次之、印印泥、錐畫沙、屋漏痕、皆骨力勝也、蘇文忠公以書譟一時、而猶有側筆取態之說、則骨力少貶耳、故學古人書者、非僅得其姿態、不得其骨力、此折技海棠、不連鐵幹、殊乏生意、止可添妝、書家必先楷而後草、昔人論之詳矣、余於京邸中、嘗見顧愷之一粉本畫、曰斲琴圖者、其筆法勻圓勁淨、精入毫芒、渾如古人篆書象形意、因知唐宋以前畫家、未嘗有寫意者、張僧繇、吳道子、李伯時出、雖稍變其法、漸趨簡易、然猶知以晉人爲宗、惟至於書家之行草盛行、而後畫多寫意、此畫之衰也、是書之有草也、亦書之衰乎、故趙襲嘗著論以非梁孔達、姜孟頴、至欲廢棄草書、固非通論、第不先學楷、而先學草、是未能叏踵、便欲超距、有不仆者否矣、

贈藥編

清長洲吳　綃撰

離情

重疊離情、連綿別恨、嘆行色匆匆、無由一訴、反不忍提矣、明日陽關、扁舟弱水、何堪乘載許多愁緒也、弟來期遠過季夏、近過夏中、萬無事懷歸、祇爲玉人牽惹別恨、君情乞恩兄置去薄情、潛心經史、否則徒然兩地迢落落、弟亦好寂、否則徒然兩地迢迢、膠結莫解耳、

郡歸

齋居近况、荼苦猶甘、滿眼韶華、盡從流淚中過、何嘗知是今宵春夕也、急欲與君少叙花前、莫因相去咫尺、致負鄙意、所恨歸遲青帝、又將匆匆作客矣、如何如何、弟到吳門、雖則傾國骨肉、奈伊人一方、祇是慚顏暗地、春風鬱坐、唯有無聊、清夜月明、徒勞展轉、每遇天邊、必行私擬平安、喜得會期、勒成舊館、不勝躍舞、即託歸風、百里孤征、神驚跡闊、是以眉顰心捧、候問少遲、亮之亮之、携得虎邱新茗數葉、幷拙草小扇一握、春衣一襲、未量寬窄、乞試來時、

答郡中寄札

遠勞大人冒暑而來、感德非淺、拜啓鸞封、不惟無恨於薄情拋撇、而反懷德憐才、今恩愈密、天下多情、恐未有如我玉郎者矣、感刻感刻、但可惜玉人一片清思、將來混入此滾滾煩啓中、所不忍也、丹敬方般、唏噓多感、恨不得分身縮地、一見玉容耳、旅思縱橫、附乘片羽、

明文徵明書蘭亭叙之二

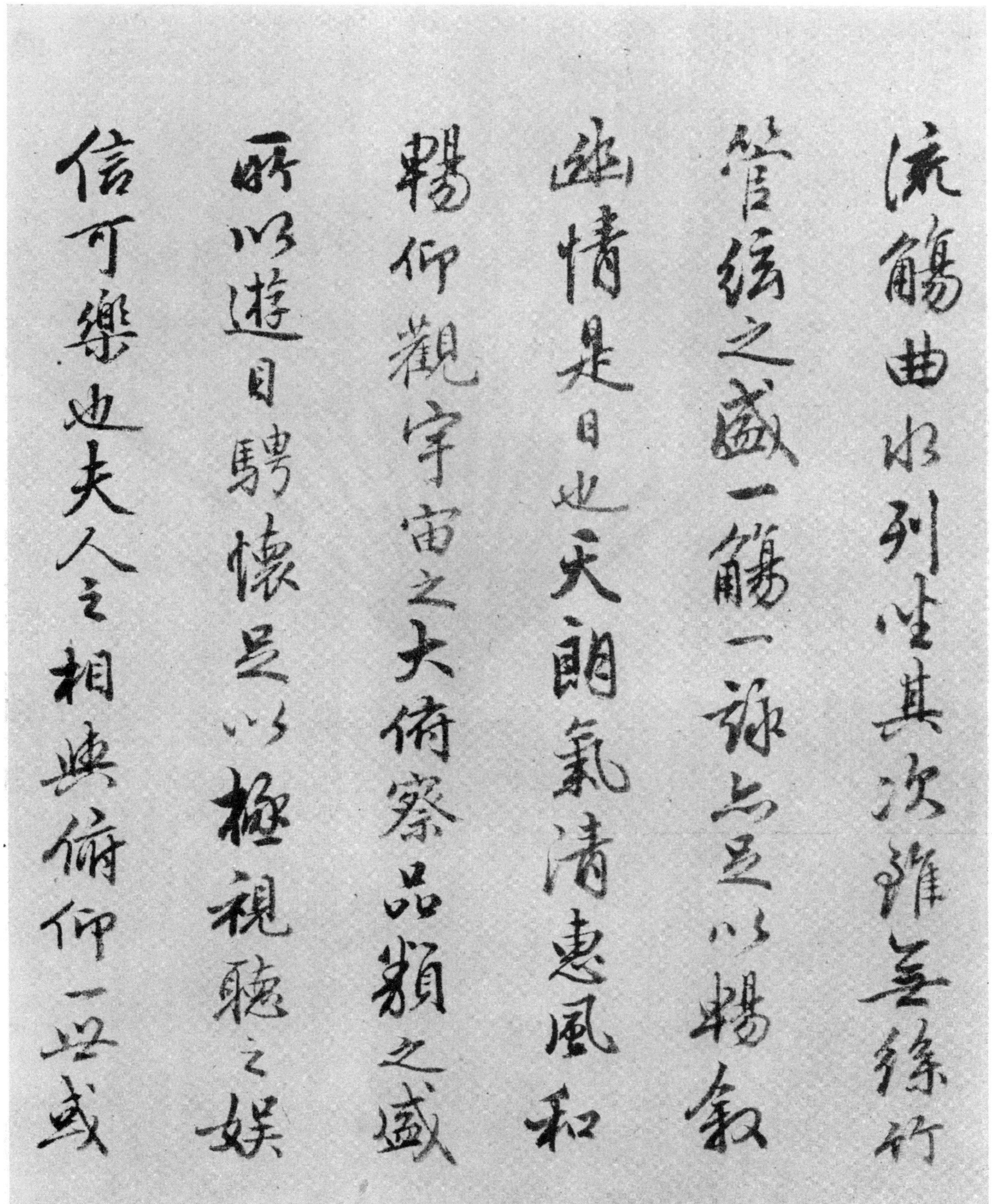

流觴曲水列坐其次雖無絲竹
管絃之盛一觴一詠亦足以暢叙
幽情是日也天朗氣清惠風和
暢仰觀宇宙之大俯察品類之盛
所以遊目騁懷足以極視聽之娛
信可樂也夫人之相與俯仰一世或

說明見本刊第二十三期、文徵明小傳、詳見本刊第一期、

林石逸興卷之一

明燕人薛論道撰

惜陰

看破浮生如戲、堪嘆光陰如寄、東溟西海、日月如流逝、百年彈指移、七十轉盼稀、黃粱一枕、富貴曾何異、蝶夢一回、誰能物我期、凄其、夕陽暮鳥啼、知幾、何爲名利羈、

扇

洒仁風輕搖漫布、蔽紅塵清心明目、右軍留墨、更有曹植賦、農夫一刃鋤、太極一牛圖、淸風在手、九夏時相顧、素月常懷、三秋乃見疎、悲夫、炎凉何太速、薄乎、人情不似初、

鏡

晝歸來不昏不夜、見粧臺一輪明月、團團秋水、皎皎將人射、鑑形能鑑睫、照心能照邪、姸媸一覩、媸者多不悅、邪正一分、邪必生妬絕、堪嗟、人情世事別、還嗟、剛明常被折、

劍

拂青萍、寒生秋鏡、吐長虹、霜飛霞暎、氣衝牛斗、不見豐城令、光搖日月明、威靈神鬼驚、誅魍斬魅、到處妖氛淨、去佞除邪、廓然寰宇清、征輿、遐荒萬里行、昇平、匣中空自鳴、

馬

他本是天生騏驥、如之何終於伏櫪、一馳千里、踏碎單于地、太行躍做泥、鹽車其可羈、孤竹失道、雖老夷吾異、冀北空羣、當年伯樂奇、常悽、生平知遇稀、一嘶、聲名山斗齊、

吊戰場

擁旌麾鱗鱗隊隊、度胡天昏昏昧昧、戰場一吊、多少征人淚、英魂歸未歸、黃泉誰是誰、森森白骨、塞月常常會、塚塚磧堆、朔風日日吹、雲迷、驚沙帶雪飛、風催、人隨戰角悲、

容巢摭言

宣銅香爐原委考論(續)

江都容巢棄朵芳杜著述

及其分量輕重改易之故、雖有未盡、亦十得八九矣、論其質、對之如凝神定慮之高士、如藏光歛鍔之禪僧、不自衒燿、而神采奕然、能令人浮平躁釋、注目凝覩、則奇光在裏、如膚內肉色、蘊火爇之、精彩含蓄、如汗浹、如綿柔、如可以手搏、可以爪穿、此前人論宣爐之質、宣爐之神情也、其色若倣宋燒斑者、初年色也、(有永樂遺風、有茄皮紫、蟹殼青、石榴皮、栗殼等色)、(接第四版)

明鄭重畫秋村高閣摺扇

扇骨棕竹、計十六根、長一尺零一分、寬五分五厘、扇面橫寬一尺六寸二分、高五寸四分、泥金紙本、設色畫秋村高閣、款署鄭重、鈐印一、「千里」、左上端鈐「乾隆御覽之寶」一璽、

鄭重、字千里、歙人、流寓金陵、善寫佛像人物及山水小景、摹仿宋元、體韻精妍、

蠟茶本色、中年色也、（謂燒斑掩其銅質、乃尚本色、用番硇配以他藥、浸擦薰洗爲之、如海棠紅、褐色、深淺藏經紙色、）色愈淡者、晚年色也、（銅質愈顯、着色愈淡、如棠梨色、秋梨白、即今江南所謂水查白是也、）至於式樣、初年亦沿永樂之制、多倣鼎彝花紋、中年漸尚雅素、晚年則盡洗鉛華、純然樸質矣、楊升菴云、宣爐式樣、有百餘種、近所見者、若花素圓方鼎、夔龍諸式彝、（今人多稱三代鼎彝曰鼎爐彝爐、訛矣、至若宣爐之倣鼎彝式者、始嘗以爐稱、）花邊天鷄、鰍耳、魚耳、大小乳足、（他式多以耳稱、惟此以足名者、以其似乳也、）寬緊索耳、（初尚緊、後尚寬、宣宗特喜之、故倍多於他式、倣者亦衆、今人泛視恆款、誤矣、）蓍草琴爐各種、薰冠竹葉等奩、以上數式、乃乾清坤寧兩宮所常服御者、又若太乙、井鼎、皮球鼎、三台、百摺、三元、合歡、朝冠、戟耳、法盞、壓經、橘囊、竹節、鼓爐、倭爐、北籠、桶爐、六稜扁爐、圓方盆爐、雲龍、草蟒、象鬲、（未完）

明曹羲畫子久筆意摺扇

扇骨內素竹、外斑竹、計十五根、長一尺零三分、寬七分、扇面橫寬一尺七寸八分、高六寸、泥金紙本、設色畫、自題曰、千山萬山青入空、大樹小樹如游龍、井西道人出神去、飛過蓬萊第一峰、倣黃子久畫、錄鳴鐵崖詩、甲子六月、曹羲、鈐印二、「羅浮山樵」、「子虛氏」、上端鈐「乾隆御覽之寶」一璽、

曹羲小傳、詳見本刊第二十二期、

故宮旬刊

西園題跋卷之二

羅浮張萱孟奇甫著

題沈祖洲卷

長生家數言祖洲爲十洲第一、詳余家老朔記中、說雖荒唐、然曼倩非荒唐人也、漢武帝迺秦政後身、輪臺未罷前、其鎬池未訊之日乎、谷量白骨、室鮮黃臧、安得瓊田神芝、叢生牆下、嗟哉、曼倩以譎諫矣、今天子明聖、民皆登於仁壽、即有銜芝之鳥、無所用之、世豈復知有祖洲耶、余友人沈伯聲、常自稱爲祖洲先生、豈誠如吳君允兆所云、諷秦諷漢耶、余居曼倩故署凡七年、不能數竊度索桃、爲西王母所綏頰、一至集靈臺、陳說祖洲故實、今出就外廷矣、萬一聖天子召君問祖洲、誠否如朔言、神芝之叢、今長幾許、徐君房踪跡何似、童男女生聚當日蕃、亦知有漢乎、君其何詞以對、夫人不怖死、何必不死、生自不生、生胡用長、固知曼倩以譎諫君、以譎號者也、余憶祖洲之次、有瀛洲焉、距國中更十倍祖洲而遙、君之介弟實主之、明年度索桃花復放時、君其速治裝就弟、飽飲玉醴泉、彼養神芝、何足道哉、今伯聲以祖洲卷索余韻語、爲諸君子續貂、故復綴數字於左方、若祖洲先生、則允兆能詳之、余可不煩一詞矣、伯聲嫣然、亦曼倩後人也、得無譎我乎、余謝不敏、君其問諸介弟、

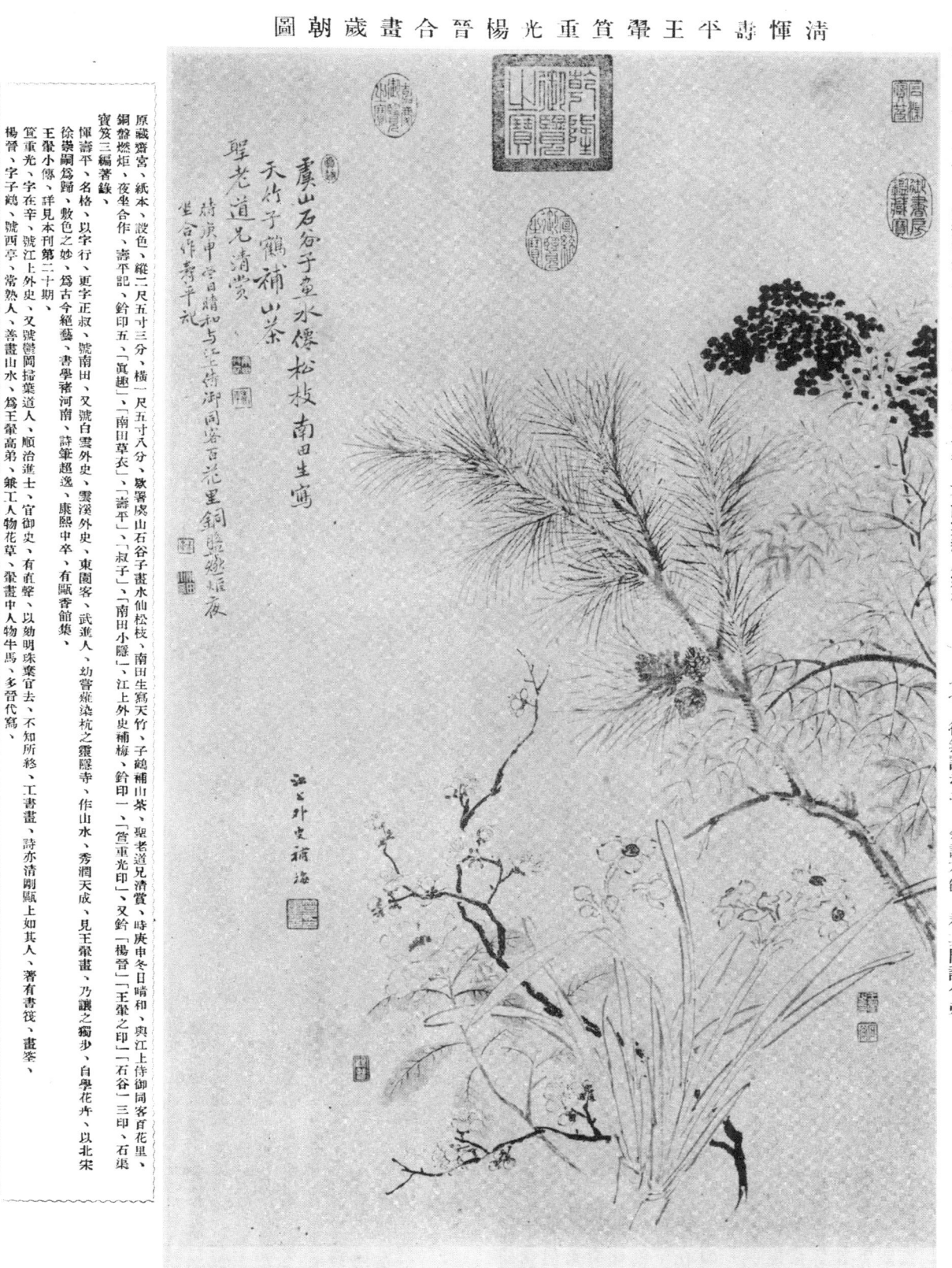

清惲壽平王翬笪重光楊晉合畫歲朝圖

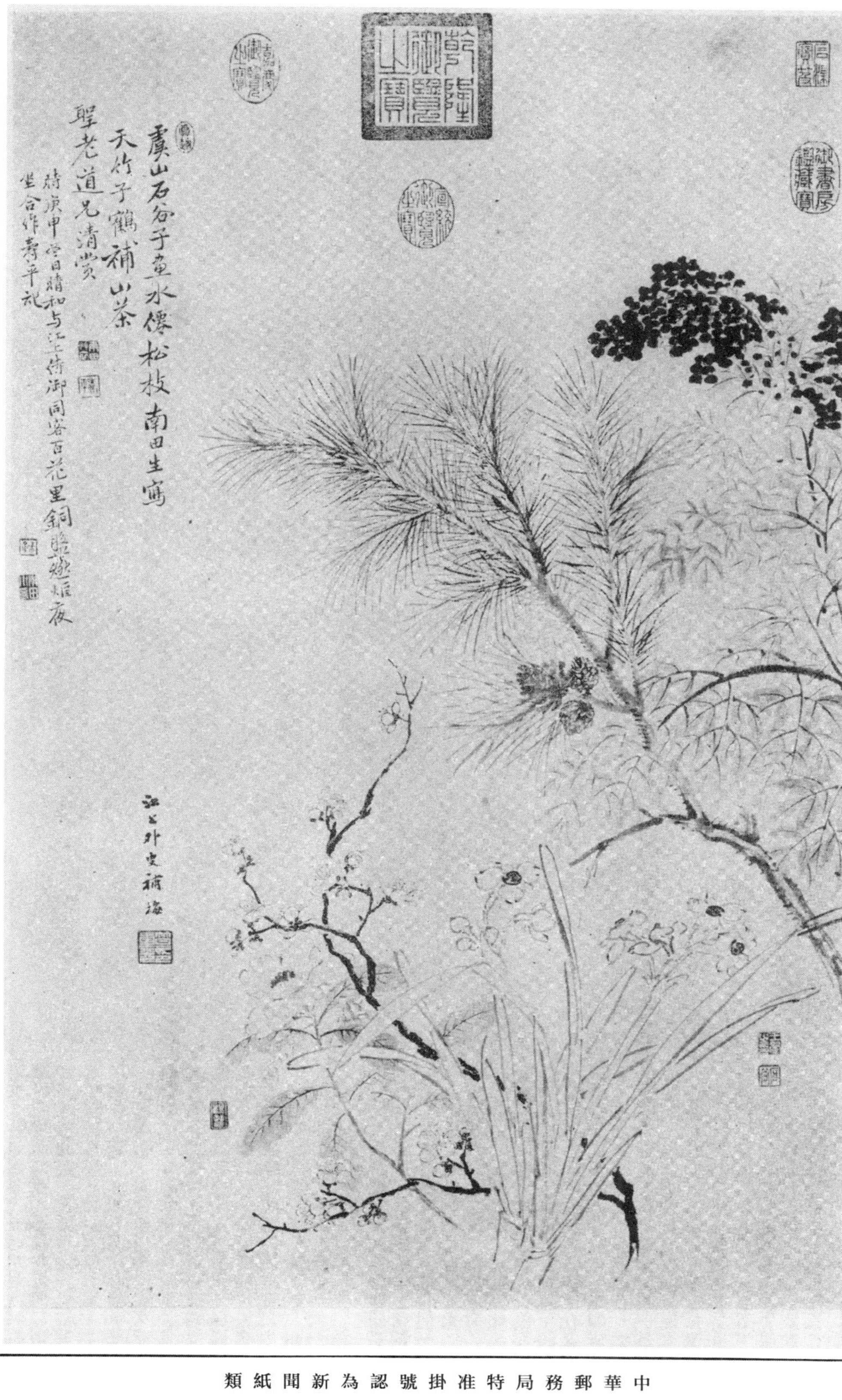
虞山石谷子畫水僊松枝南田生寫
天竹子鶴補山茶
聖老道兄清賞
時庚申冬日晴和与江上侍御同客百花里銅盤燃炬夜坐合作壽平記
江上外史補梅

原藏齋宮、紙本、設色、縱二尺五寸三分、橫一尺五寸八分、款署虞山石谷子畫水仙松枝、南田生寫天竹、子鶴補山茶、聖老道兄清賞、時庚申冬日晴和、與江上侍御同客百花里、銅盤燃炬、夜坐合作、壽平記、鈐印五、「眞趣」、「南田草衣」、「壽平」、「叔子」、「南田小隱」、江上外史補梅、鈐印一、「笪重光印」、又鈐「楊晉」「王翬之印」「石谷」三印、石渠寶笈三編著錄、

惲壽平、名格、以字行、更字正叔、號南田、又號白雲外史、雲溪外史、東園客、武進人、幼嘗薙染杭之靈隱寺、作山水、秀潤天成、見王翬畫、乃讓之獨步、自學花卉、以北宋徐崇嗣爲歸、敷色之妙、爲古今絕藝、書學褚河南、詩筆超逸、康熙中卒、有甌香館集、

王翬小傳、詳見本刊第二十期、

笪重光、字在辛、號江上外史、又號鬱岡掃葉道人、順治進士、官御史、有直聲、以劾明珠棄官去、不知所終、工書畫、詩亦清剛甌上如其人、著有書筏、畫筌、

楊晉、字子鶴、號西亭、常熟人、善畫山水、爲王翬高弟、兼工人物花草、翬畫中人物牛馬、多晉代寫、

明仇英蘭亭修禊圖之三

說明及仇英小傳、並見本刊第二十三期、

贈藥編

明心

清長洲吳　綃撰

前辱教、相思比翼、正屬焆啓中、未遑諷詠、頃拜命寵眷隆深、死以爲期、斷無生背、弟寸心久已籲天籲神、冥冥鑒格者、何事邇來每有中道棄捐、無心矜惜之嘆、伊何我罪、職罪奚由、弟固非陌上柳花、今日懷抱、止有交於國士者、憐才洽契、慕義偷心、未至取輕於君、豈至少倖於俗、水清石見、芳盟金石不渝也、自吳門返痕以後、長懼棄言、惟竭力剖腸、神輸鬼運、度崑崙於明鏡、指星合以龍文、少暢離愁、克諧夙好、君也願捧甌犀而剖血、妾也吞雪澤以斷酸、此樂此懷、孰云可諼、再結重來、無緣良晤、繡戸空標竹葉、羊車別伴深宮、自此以還、心摧欲絕、隱忍唏噓、獨泣徬徨、侍從莫能仰眎者矣、羞彈齒頰、付花事於東君、則寔有微情、豈曰黃昏改路、逝水東流之咎乎、皇天后土、儼臨此時、弟懷二心、願邀疾殛、邇來祇欲一識寵卿、此則得仗東君之力、莫作閉幃檻護、令多情小姐、亦欲竊效窺探也、千萬千萬、

吳門失約

初一晚、吳門親許後會、因卽分手、未書鄙懷、何以望斷兩眸、竟無蹤跡、從何處旋旆耶、弟自閶門、望至江口、七日七夜、血淚盈盈、隨波湧沸、昨從江樓、回首東南、每念此生、牢落愁城、春風何日、遂欲捐軀魚腹、泣訴湘君、一俟人寂、卽甘淪棄、誰想孽債未滿、江神托夢、文兄半夜驚起禱祈、有退歸山路之語、因改從陸行、幽願未完、馳驅車馬之煩、前恙復發、憔悴支離、渾不是別時模樣、若一旦隨風、豈非負郎恩愛乎、傷哉征人、望裏山川、愁中煙雨、忽然念至、私語低低、聲呼我歡歡玉郎、乘此良時、共永郎片刻、不聞君應、四顧淒涼、憑夢無聊、聊以君所賜之物玩弄、情至此時、不由不嶺猿啼斷耳、中秋後准歸、恩兄行樂有懷、毋以鄙爲深念、途中不便多語、無任依依、

林石逸興卷之一

明燕人薛論道撰

塞上卽事

玉門迢、驊騮犇綻、鐵衣寒、征袍磨爛、將軍戰馬、(接第三版)

明文徵明書蘭亭叙之三

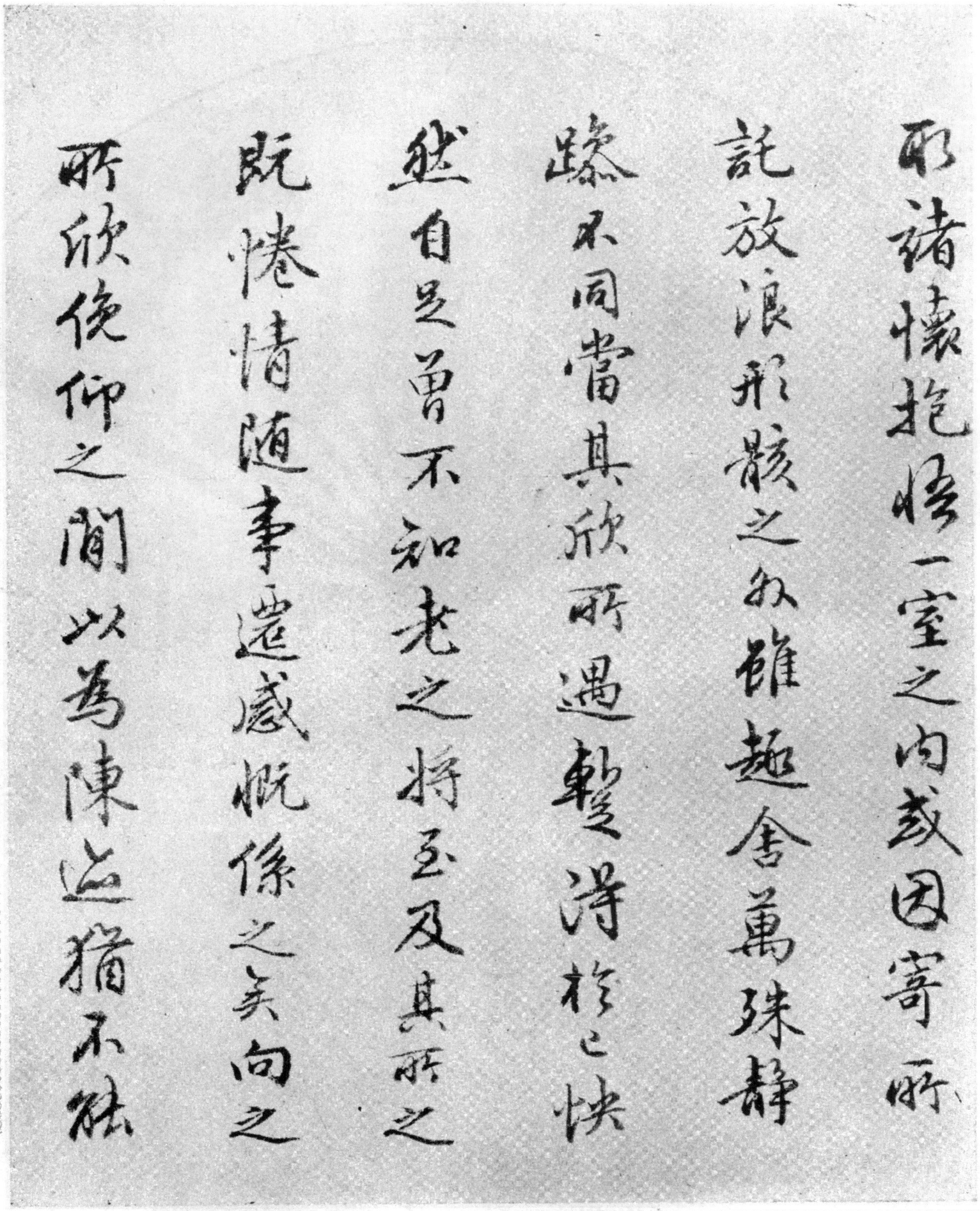
取諸懷抱悟言一室之內或因寄所
託放浪形骸之外雖趣舍萬殊靜
躁不同當其欣於所遇暫得於己快
然自足曾不知老之將至及其所之
既倦情隨事遷感慨係之矣向之
所欣俛仰之間以為陳迹猶不能

說明見本刊第二十三期、文徵明小傳、詳見本刊第一期、

歲歲流血汗、功名紙上閑、秋顏鏡裏殘、烽烟歷盡、壯志逐雲散、酒郡無緣、青絲帶雪還、知還、一身得苟安、求安、餘生得瓦全、

刺牡丹

艷陽天、春光蕩漾、牡丹亭、金瑛開放、花工一展、萬種都須讓、聲名播洛陽、嬌妖入醉鄉、姚黃魏紫、賣弄風流況、國色天香、粧成富貴腔、強梁、名園獨擅芳、商量、韶華幾日長、

錢虜

見幾個貪財行貨、每日家躭饑捱餓、逢人說儉、遇客常空坐、男兒慳吝哥、佳人叫化婆、牙積匸債、廣有松紋錁、數米調湯、曾無腥味鍋、奔波、一文錢、要死活、張羅、便死呵、任狗拖、

氷山

巍巍乎勢傾華岳、赫赫乎風聲載道、飛霜萬里、盡把乾坤罩、凌凌草木凋、芒芒星斗搖、江湖裂膽、罷了嚴光釣、朝野寒心、逼彎陶令腰、狂飈、三冬任爾飄、休驕、一春看爾消、

詩酒陶情

詩一聯、清心明性、酒一杯、樂天知命、詩為酒友、酒乃詩之興、酒寒詩未成、詩成酒未醒、詩憑酒力、李杜稱詩聖、酒仗詩懷、劉伶得酒名、忘情、除非詩酒能、浮生、不為富貴驚、

容巢摭言

江都容巢葉采芳杜著述

宣銅香爐原委考論（續）

天祿鬲、獅頭、番象頭、異獸、而梵書、八吉祥、四字眞言、六字眞言、金蓮寶相、回回扛鼎、角端、狻猊、仙鶴、寶鴨、荔枝、葡萄、石榴、桃爐、大小圓方各式、印番奩貓食盆等、有本一式而變數式者、（如象鬲之增纓絡、魚耳之壓八吉祥、）有合數式而成一式者、（如法盞盆爐、兼朝冠耳、鰍耳索耳、兼梵書之類、）此式樣之大略也、其口則有燈草口、豎口、斂口、平口、甏口、其耳則有龍耳、鳳耳、鵰耳、螭虎耳、鸚鵡耳、蜒蚰耳、冲天耳、壽帶耳、如意耳、香草耳、橋耳、（早年多倣宋窰、身耳逼近、施錯無餘地、極難完整、其不稱者毀去更鑄、十不存一、間另鑄耳、磨治釘入、故僞造者、但能釘耳也、）其耳上之環、則有圓環、方環、荷包環、纓絡環、其足則有乳足、裙足、提神足、波斯足、（接第四版）

明藍瑛畫秋林摺扇

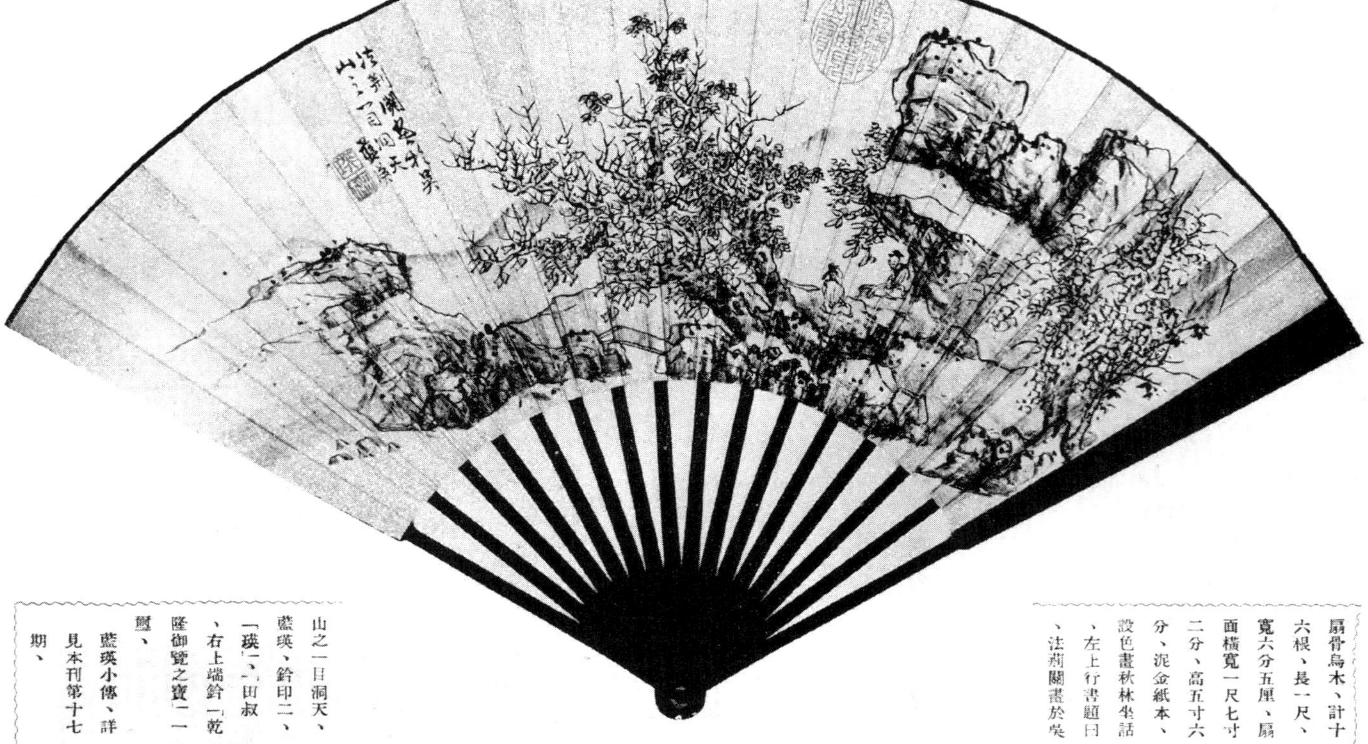

扇骨烏木、計十六根、長一尺、寬六分五厘、扇面橫寬一尺七寸二分、高五寸六分、泥金紙本、設色畫秋林坐話、左上行書題曰、法荊關畫於吳山之一日洞天、藍瑛、鈐印二、「瑛」、「田叔」、右上端鈐「乾隆御覽之寶」一璽、藍瑛小傳、詳見本刊第十七期、

雲版足、香餅足、湯鼓足、此口耳與足之大略也、以上諸式、皆有大小不一、其款識眞書大明宣德年製六字、（顧枝安云、中書雲間沈民則度奉命書、頒式刻象牙印、印範鑄之、）先印範而後鑄者居多、間有鑄成而後鑿字者、呈樣爐也、印者、地必明潤、與爐身無異、鑿者、字必生動、與爐勢若有情、皆摹倣所不能及也、（一云南局之字、多倣黃庭經、北局之字、多倣九成宮、愚謂當以沈中翰所頒式爲準、又有大爐小款、小爐大款之說、謬甚）、永樂、景泰、成化、弘治、以至嘉靖、隆慶、諸爐、本少遜宣爐、而射利之徒、謂呈樣眞爐、及諸爐有宣德款、則易售、欲混眞者、皆有改易之法、乃往往取宣銅他器款識、鑿而嵌之、渾合無縫、然邊際影痕、及向裏審視、終不可掩、凡此眞爐眞款、舊爐眞款、極易混淆、精鑒者自能別之、又有滲金及鎏金、斑斑在腹者、謂之祥雲爐、腹以上者曰覆祥雲、腹以下者曰湧祥雲、（間有通身鎏金者、乃宮闈之需、銅質爲金所掩、其入鑒賞亞之）（未完）

明張宏畫秋林摺扇

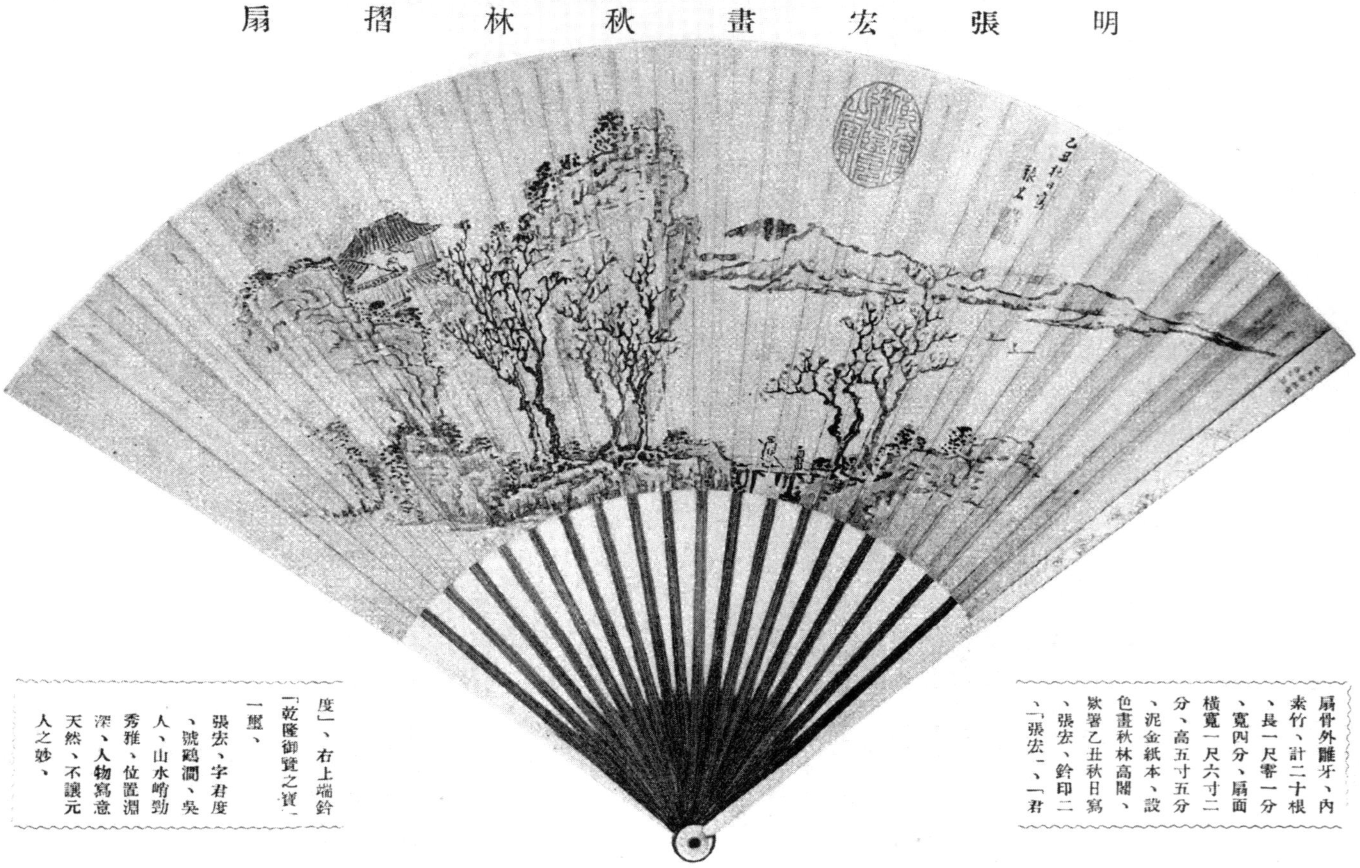

扇骨外雕牙、內素竹、計二十根、長一尺零一分、寬四分、扇面橫寬一尺六寸二分、高五寸五分、泥金紙本、設色畫秋林高閣、款署乙丑秋日寫、張宏、鈐印二、「張宏」、「君度」、右上端鈐「乾隆御覽之寶」一璽、

張宏、字君度、號鶴澗、吳人、山水峭勁秀雅、位置淵深、人物寫意天然、不讓元人之妙、

故宮旬刊

宋宋迪畫溪山平遠（集古名繪册之五）

西園題跋卷之二

羅浮張萱孟奇甫著

題手書孟子三自反章

古今聖賢以自反垂訓者、不一而足、然至明且切、未有如子輿氏三自反之章也、余竊疑之、謂爲妄人、爲禽獸、得無過與、曾子之稱顏氏子也、曰犯而不較、又安知人之爲妄爲禽獸耶、橫逆而至於伐木削跡、已甚矣、子路慍、見孔子、則援琴而歌、不知有陽虎、又安知有橫逆耶、夫顏氏子、去孔子一間者也、子輿氏、去顏子一間者也、子路去子輿氏、不知幾塵矣、是以及于孔悝之難、余家子臺、不知天地間何者美惡、故禍患無從而來、夫終身之憂、一朝之患、皆從天地間美惡中來耳、余家世單微、門祚衰薄、廢棄以來、避影匿跡、每聞落葉、輒恐碎顱、然里俗旣澆、橫逆日至、跬步卽絓荆棘、親朋化爲戈矛、非惟不敢校、不能校、亦不知其爲可校也、先廟旣成、竊爲誡十五章書於庭、以誡子孫、多自反語、一日、郡大父邵公養愚過而讀之、喜動顏色、乃命余爲書子輿氏三自反章、曰、請事斯語、非一日矣、余遂勉短爲書此卷、而復綴數語於後、

（卷二完）

說明見本刊第二十三期、本幅籤題宋迪溪山平遠、絹本、墨筆、縱七寸八分、橫八寸三分、對幅淸仁宗御題曰、兩岸青山淡雅、一溪碧水淪漣、坡陀映帶遠秀、林木位置淸鮮、古寺鐘傳谷口、板橋人步洲前、想像輞川高致、披圖神會悠然、鈐璽一、「嘉慶御筆」、

宋迪、字復古、洛陽人、以進士擢第爲司封郎、畫山水師李成、運筆高妙、畫松頗有奇致、草木禽鳥、妙絕一時、

贈藥編

淸長洲吳綃撰

喜歸

秋期心印、千里神馳、每聽悲鴻、驚魂欲碎、弟因身不自主、唯恐愆時辜德、思緒懸懸、且念風流腸肚不堅牢、（接第二版）

明仇英蘭亭修禊圖之四

說明及仇英小傳、並見本刊第二十三期、

牛載相牽、得無中斷、心如芒刺、百計求歸、雖則心血幾枯、且喜得作透籠鸚鵡矣、重九駕車長往、不下數日、癡心以爲前途便得相晤、孰意佳音杳然、歸來自恨自疑、忽聞駕返、遣伴申候、兄再理前聞、實無人道、乃是莊周夢中語耳、傷心傷心、試期遠近如何、乞示以安望眼、弟新歸便聞流言一派、乃從脅寵妬口所傳、鄙人與君、金石之交、何慮閒人離間、縱有浮言、如刀截水、其可斷乎、祇願君情莫改、弗負弟一點苦心、則死之日猶生之年耳、三秋悲怨、尺簡難馳、除是面陳、又恐臨時哽咽、惟亮示不宣、

釋疑初七戌刻

玉人不樂遊遠、弟復何愁、從此危疑盡釋、有時盈帷足、無事渡魚溪、不至相思害死、留得一口氣在、覓得同歸之日、鴛鴦長夢、從此止願有淸眷屬、化作鶼鶼鰈鰈、兩兩相依、甚幸甚幸、征帆早挂、枹鼓頻催、不盡欲語、

夜會多磨

怨歸必恨斷負心不赴也、昊天不弔、實因蜂蝗無情、鄙人薄命、有累尊親蒙霜宿露而歸、早知夜會多磨、悔不昏時盡歡一刻、懊恨懊恨、早來不見玉人、急得神魂欲斷、膚體傷剖、幸有以慰我、倚枕草草、

林石逸興卷之一

明燕人辥論道撰

自足

粗衣飯、隨時挪曳、淡詩詞、隨心編揑、虛名薄利、眼見無心射、看蟻穴暗嗟、見蠅血袖遮、一椽茅厦、土炕偏温熱、五畝荒園、藜羹不用賒、囊竭、窮腰懶待折、非呆、權門怕待涉、

嘆世

謝家莊、蓋作秦舍、刎頸交、翻成吳越、參商骨肉、陌路着疼熱、田舍郎俊傑、英雄漢道呆、雪中求炭、走遍無人借、錦上添花、盈門不斷絕、堪嗟、炎涼貧富別、周折、親疎枉費舌、

閑中寫懷

惜青春、青春虛度、爲功名、功名躭悞、忠君君遠、事親親朝露、爲文文半途、爲武武見疎、歸諸天命、天命玄於數、克盡人謀、人謀有若無、思乎、窮通判有初、安乎、不尤乃丈夫、

教子忠孝

自古成名忠孝、何嘗不由親教、商言四者、誠乃人之要、(接第三版)

明文徵明書蘭亭叙之四

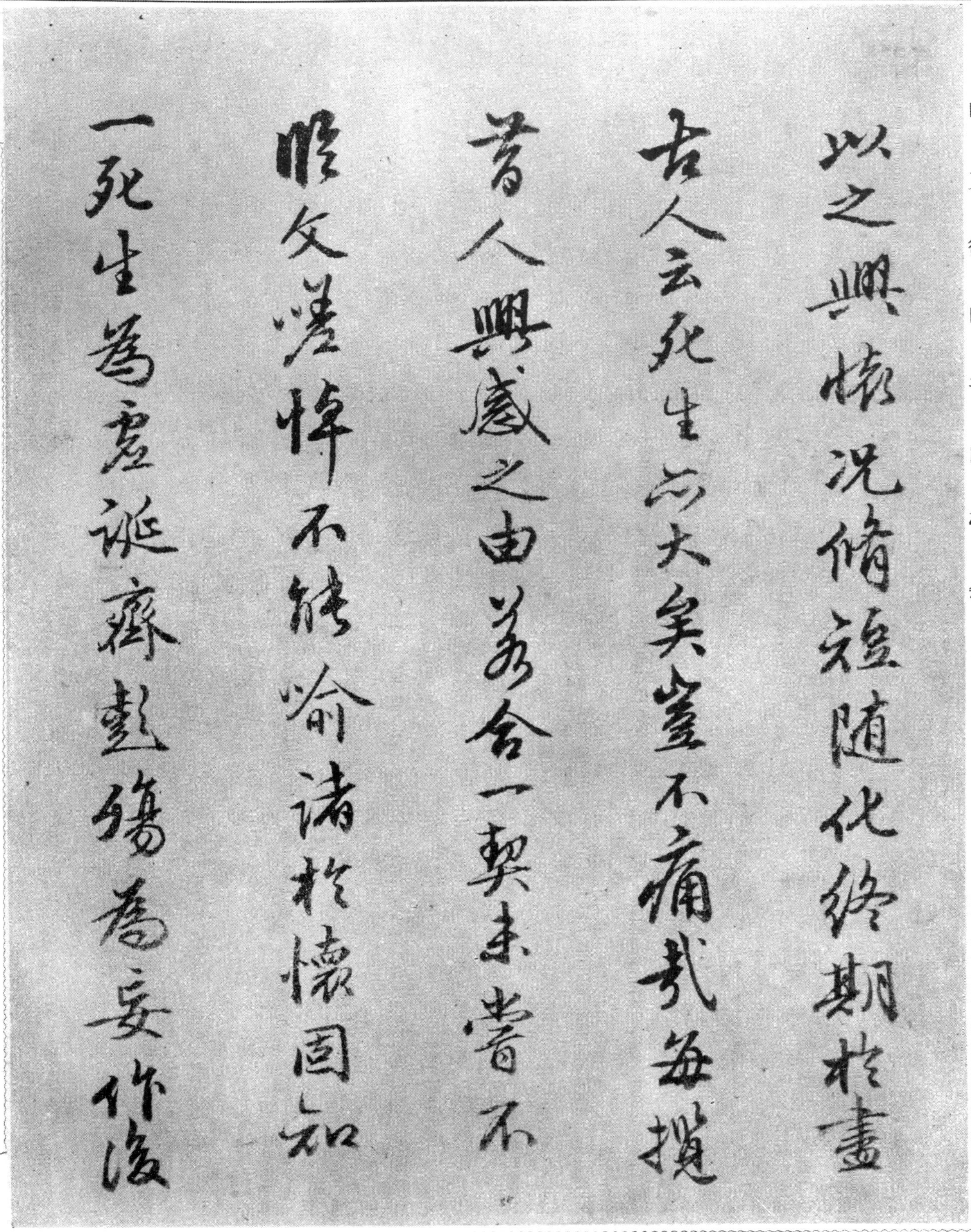

以之興懷況脩短隨化終期於盡
古人云死生亦大矣豈不痛哉每攬
昔人興感之由若合一契未嘗不
臨文嗟悼不能喻諸於懷固知
一死生爲虛誕齊彭殤爲妄作後

說明見本刊第二十三期、文徵明小傳、詳見本刊第一期、

教子勤學

誰不爲子焦、誰不爲子勞、賢哉馮母、擊杖金魚落、善誨劉生、蔬食甲第高、兒曹、束帶立於朝、雲霄、英名青史標、

三思人之六蔽、益知學之爲貴、剛直信勇、由也蒙其誨、勤學嘗夢龜、不學沒字碑、學成經濟、豈忠名和位、養就調羹、何愁鹽與梅、春雷、一聲震棘闈、揚眉、飛身到太微、

教子勤農

聰明潛心顏孟、純朴須知耘種、耕讀兩字、達者無輕重、官家有萬鍾、田夫有上農、爲學干祿、那有百年俸、致志扶犂、無一歲豐、書中、前賢嘗屢空、勤農、陳粟嘗腐紅、

容巢摭言

江都容巢葉寀芳杜著述

宣銅香爐原委考論(續)

景泰成化間之爐、有厚塗赤金作雲烏紋者、(嘉靖間塗金雲鶴、乃金籙大醮壇用、諸器皆有之、嘗見一眞宣銅倣商彝、嵌金銀大小蝴蝶、精妙絕倫、世不多見、)有遭刼爐、嘉隆以前、時尙深色、故僞造者亦尙深、卽有淺色眞爐、亦燒之使深、謂之燒斑厄、萬曆之後、復尙淺色、僞造者亦尙淺、卽有深色眞爐、亦退之使淺、謂之磨新厄、(又有方外緇流、偶蓄佳爐、而不得摩挲蘊養之道、火氣甜熟、指擦無時、光芒太露、謂之和尙爐、是亦一厄也、)眞者體制相稱、分兩適中、無過重過輕之病、僞鑄及改造者、或磯其內而使光、鏇其外而使薄、究之終不合度、故曰、宣銅之制、出自特創、前此無之、後此亦無之也、(眞者模範莊雅、款識有則、裏必脫砂、天然細膩、凡爐口內謂之覆手、覆手接裏處、迹如鷄皮、拂之寔無迹、不假磨礲而神韻非常、總之質良製精、難與比倫也、僞者靡不極力摹倣、然質色與款、皆莫能逮、望之雖浮光瑩湛、四射陸離、迫而視之、則質理疏槁、意味索然矣、)

宣德間有常開平之後勳戚常某、命工之佳者、倣局鑄諸式爐、用篆書飛雲閣三字印識之、頗入格、嘉靖間、嚴介溪亦效各式鑄爐、有篆書玉堂清玩四字印、亦頗可觀、但乏秀氣、而質亦不逮也、附記、

宣銅諸器

宣銅香爐之外、尙有宣銅諸器、一曰、大小花素圓方各樣花瓶、(若圓尊、方尊、象頭尊、獸面尊、滿堂春盤、蟠螭壺、雲耳瓶、膽瓶、一枝瓶、蒺梨瓶等式、)一曰、大小花素圓方各種臙臺、(有天綠、騶虞、波斯、寶象、辟邪、異獸等式、)(接第四版)

宋高克明畫松岫漁村（集古名繪册之四）

一曰、大小花素圓方香盒爐盤、（有寶相、八吉祥、鈴杵等花、）又有大小長方香几、及書燈如意等物、其小器則若筆格、硯山、硯屏、水中丞、水壺、水滴、盂盞、壓紙、書鎮、（有太平鼓、孩兒醉、吏部夔龍、天祿、天熊、大鵬、合歡、辟邪、異獸、獅象駱駝牛馬等、其式甚多、）帶鈎、（龐鈎、大小各種鈎、龍頭者爲多、）餘若畫扠、畫眉籠、搊湖筒、肥皂筒、核桃棒、松鉗錘之類、其大器則若大小花素圓方腰様八角梅花海棠等式魚缸、大小花素圓方八角等式火盆、（有三足、五足、八足之異、足有波斯、獅象、三羊、湯鼓等名、）餘若生埻壓繡投壺、（壺有三孔七孔、舞袖美人等式、）他若倣烏斯藏大小佛像天神、大小寶塔、尊勝幢、五拱養、八吉祥、連架鉢盂蓮瓣托梵字雲肩瓔絡、大小寶瓶甘露壺、大小鈴杵、番經籤、念佛牌、梵字等牌、各種挂絡記念、其類甚多、（以上大小等器模範、剔鑿極盡工巧、古所罕有、）大約小器銅質俱精、與香爐等、而鎏金者居多、大器之銅、則所云存鐵鋼篩格上者矣、外亦有景泰成化弘治嘉靖隆慶及萬曆等器、識者自能辨之、（完）

說明見本刊第二十三期、本幅團扇式、籤題高克明松岫漁村、絹本、墨筆、縱七寸六分、橫八寸一分、對幅清仁宗御題曰、喬松蔭崖岫、一徑入翠微、茅屋有大隱、欲訪叩元機、滄波繞山下、小艇出石磯、天風拂空外、碧濤聞依稀、烟渚千頃闊、雲峯百尺巍、意匠如結構、勝槪毫端揮、鈐璽二、嘉慶御筆「一」、「涵虛朗鑑」、高克明、絳州人、大中祥符中、入圖畫院、遷待詔、守少府監主簿、賜紫、所繪釋道人物花竹草蟲鳥獸、皆造精妙、爲人端愨謙厚、疏財好義、爲時流所不及、

蟠夔簋

原藏古董房、高四寸八分五厘、口徑六寸六分、足徑五寸三分、深三寸七分、腹圍一尺九寸六分、重市秤四斤六兩、

宜侯王洗

原藏壽安宮、高四寸二分、口徑八寸四分、底徑四寸九分、深四寸一分、重市秤二斤十五兩、

故宮旬刊

西園題跋卷之三

羅浮張萱孟奇甫著

題湘源僧東遊載經卷

癸巳冬、乞士臥病大隱洞中、先是曹溪鑒大師入夢、因為立傳、正爾拈筆、迺有

襤褸扣門者、湘源僧也、亦一奇矣、時方疲於津梁、敬謝客、何必見三十六相、迺見如來、於是將命者揖其所懷、筴而進之、請為說偈、迺知為吉上人、蓋嘗遊於廓虛主人、而余友董懋賞為紹介云、余因破顏微笑、老夫脩行無力、前夜被曹溪獦獠覷破、今又被湘源師子咬入、不知向何許土地、吏下一分飯矣、第筴曰、迴源性海、證果義天、而廓虛主人又以曹溪竪義曰、心悟轉法華、心迷法華轉、余遂撫掌大笑、宰官身亦辟支佛耶、夫性即非迴、證即非果、法華一轉、即非法華、悟何言轉、轉即非心、故曰風動幡動、仁者自動、因卒業其所從來、曰東遊載經、呵呵、此又何異去西川看競渡也、上船時便當令德山打三十個柱杖、此一藏乾屎橛語、何許無量福德、始令煨燼、安知此非德山法堂前龍潭一把火、而云補足、使天下老和尚費舌頭耶、然說著不是、不說著亦不是、因復力疾起坐為說云何偈以授之、而復懋賞、幸語上人、試舉以似諸廓虛主人、為喝一聲、未必不令其三日耳聾也、時將命者亦撫掌大笑、乞士又是錦上添花、乞士遂默然輟筆、汝且去西來閣點一茶與吉上人喫、偈曰、云何微密、試竪一指、云何圓通、布毛吹起、云何究竟、一棒打死、云何成佛、獦獠無二、云何護持、如是如是、賢刼無諍乞士題於大隱洞之西來閣、

宋王詵畫傑閣嬰春

（集古名繪册之六）

說明見本刊第二十三期、　本幅籤題王詵傑閣嬰春、絹本、設色界畫、縱七寸、橫六寸八分、對幅清仁宗御題曰、飛閣臨無地、春光鶴畫樓、瓊疏環戶斂、朱檻接廊修、山色遙青挹、雲容淡翠浮、倚闌頻望遠、又見柳絲柔、鈐璽二、「嘉」「慶」、王詵、字晉卿、太原人、徙居開封、尚英宗女魏國大長公主、為駙馬都尉、利州防禦使、與蘇軾等為友、以軾竄被謫卒、謚榮安、詵能詩、善書畫、又工奕棋、作堂曰寶繪、藏古今書畫、風流蘊藉、有王謝家風、

題朱驛宰乞言册

少司徒凝齋王公、嘗譔椽曹名臣錄、自國初至武宗朝、凡十有三人、官尚書者四、左右侍郎者二、大參知觀察使郡守翰林脩撰者各一、惟胡鼎曾仍王璲三人、不能超乘而上、然獨行姱修、著聞當代、孰謂資格可限人哉、余持是說、行求輓近、不得其人、今博羅驛宰朱君、以功能擢牛嶺巡檢、邑中諸縉紳文學、皆為詩歌其事、朱君廣陵人、余久遊廣陵、於朱君最驩、不能以詩為贈、朱君來辭曰、乞公一言、乃舉椽曹名臣錄勗之、此十三人者、君何居焉、朱君欣然遂別、

題手書考槃詩與車中吾內兄

我輩既退居田野、考槃之什、所當服膺、然貧身無策、則寤寐之樂、何以永矢乎、故不問家產、是或一道、而治生為本、先民言之矣、里中有某子甲者、居官既矯廉媒進、一旦罷歸、輒又廣侈其欲、每每干謁公府、攘奪親隣、既不惜以子孫為牛馬、故不難以身為蛇蝎、是亦未嘗以素餐樂飢之什告之耳、夫有田可稼、有獸可獵、終歲之計、所需幾何、而魚必魴鯉、妻必齊宋、既不能竊祿於朝、又不能食力於野、營營逐利、戚戚憂生、（接第二版）

明仇英蘭亭修禊圖之五

說明及仇英小傳、並見本刊第二十三期、

即欲不爲蛇蝎、不可得矣、庚戌之秋、余以疏請侍養入五羊、晤諸郡邑守令、皆爲言內兄宜仲、此鄉縉紳之賢者也、名爲寓公、身則逸民、自食其力、無求於人、偶閱三詩、宜仲有焉、歸舟多暇、書以貽之、宜仲得無曰、惟我與爾有是夫、萱雖不敏、請事斯語、

贈藥編

清長洲吳　綃撰

慰傷懷

昨日數行、託新鴻致送、亟得歡信、以慰傷懷、不意沉沉一日、焦火焚心、肉肌瘦裂、茹荼飲食、荊棘幃衾、嬉笑悲歌、芳華愁色、種種苦況、未能一訴也、天生尤物、儕輩尤憐、媚骨柔情、竊聞仙才之號、何得不爲兄忘命圖歡、傾其夙昔、痛恨今事勢若此、一點癡心、親君骨肉、素望情始而義終、萬勿因禍而割愛、助全鄙信、生死啣恩、若以小忿生嫌、棄捐中道、則千秋萬歲而後、未必不爲多情悵然、弟所爲不忍者此也、惟兄裁之、

拋撇

來詞意興索然、得無爲禍患割情耶、幸別歡美滿、弟會艱難、撫邇而忘遠、兩意春濃、雲魂雨夢、忘却星前月下、血誓幽盟矣、但予心匪石、不可轉也、任兄拋撇、莫改初心、常來凌亂春心、本含慚愧、然而兄亦怨不得矣、怨只怨那一篇招魂賦、牽纏孽鬼、牢繫追隨、今日如何便送斷此首、宿昔冤仇、生成定偶、今日不完、又爲來世之孽、苦苦憐愛、苦苦煎愁、奈何奈何、

慰別寵二月十五日

含愁知爲楚臺雲暗、魚波不通、諦想多情、何以爲慰、弟向來嘆天下緣薄命薄、未有如冰郎、今乃與寵夫人同恨、益以灰心、然而夫人福大、阻患同方、重接斷續、不比多舛冰郎、無緣承寵、以至凨濤驚恐、禍解無時者、然否然否、仁兄可以寬懷、莫至沉疴、使同盟聞之、爲戚戚耳、新詞秀麗絕塵、語語非神仙中人不能道、弟初學綴弄、今被才郎壓倒、如何如何、謝復、外附粗芥一瓶、少潤吟腸、

圖機便

一別月餘、窮愁莫訴、歸來復多不堪、悰緒亂絲、失候新祉爲悵、玉體多安、想吉士春懷、仗楚臺風月可遣、可一一示弟否、(接第三版)

明文徵明書蘭亭叙之五

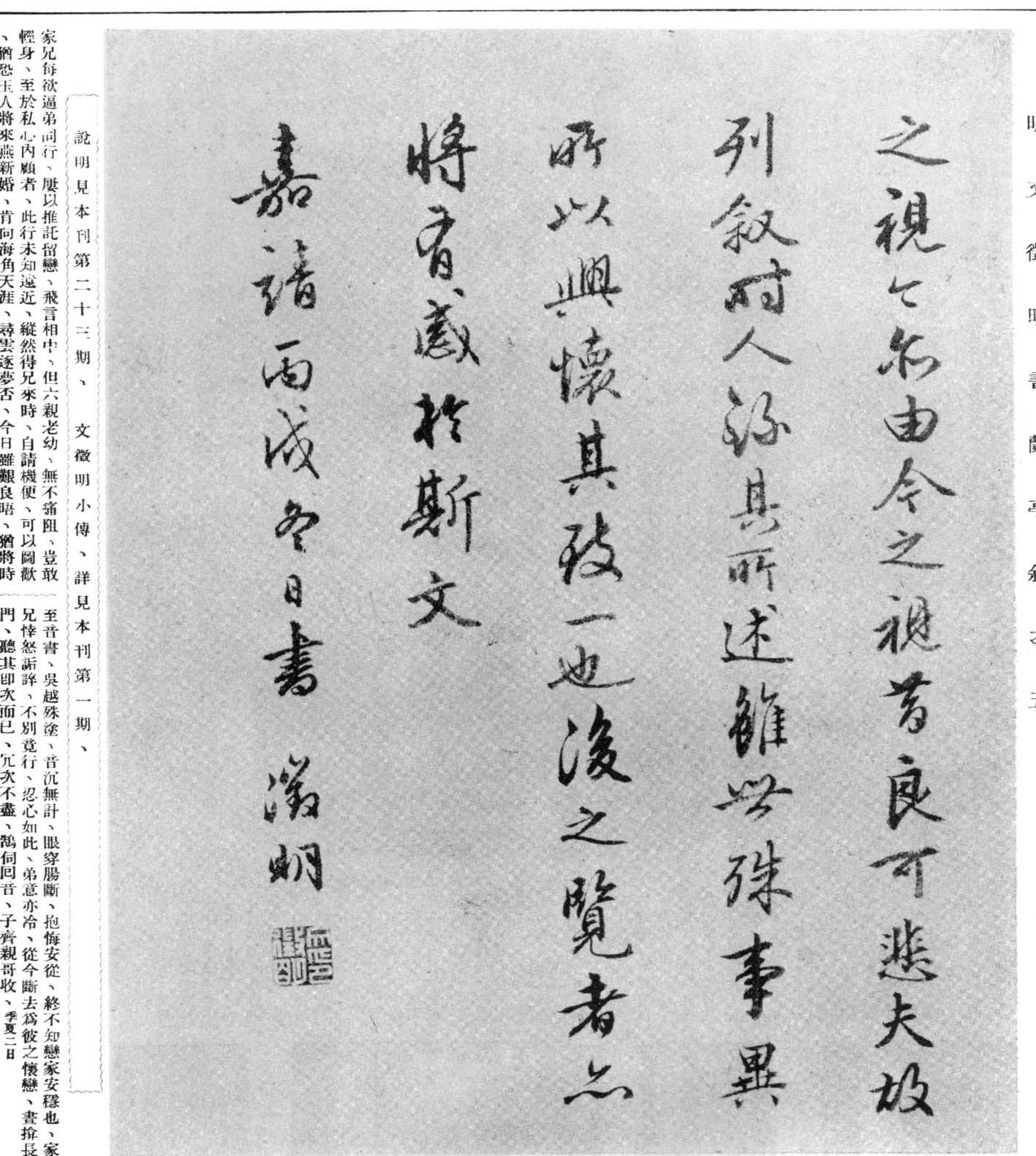

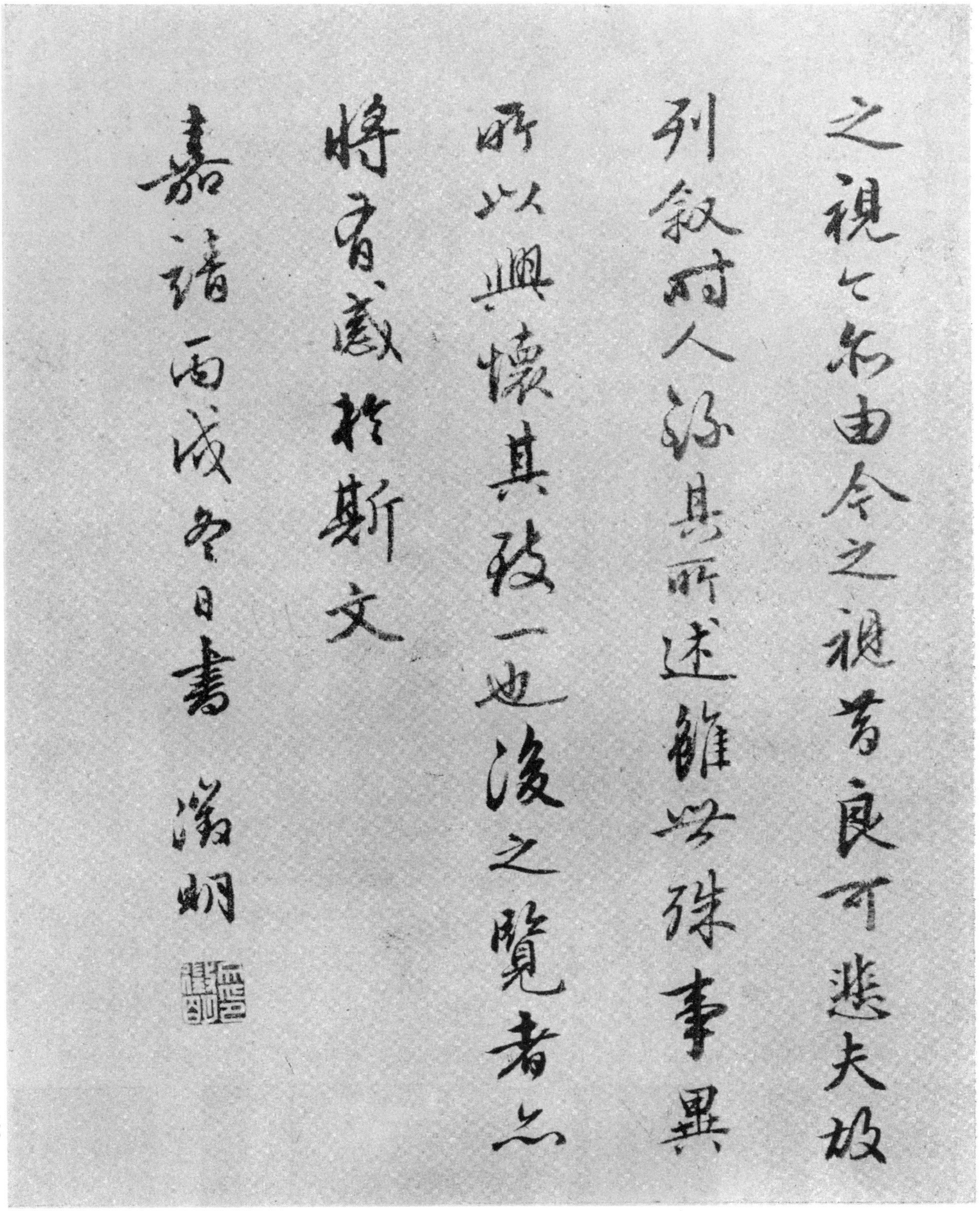

說明見本刊第二十三期、文徵明小傳、詳見本刊第一期、

家兄每欲逼弟同行、屢以推託留戀、飛言相中、但六親老幼、無不痛阻、豈敢輕身、至於私心內顧者、此行未知遠近、縱然得兄來時、自請機便、可以圖歡、猶恐玉人將來燕新婚、背向海角天涯、尋雲逐夢否、今日雖艱良晤、猶將時至晉書、吳越殊途、音沉無計、眼穿腸斷、抱悔安從、終不知戀家安穩也、家兄悻怒詬誶、不別竟行、忍心如此、弟意亦冷、從今斷去爲彼之懷戀、晝拚長門、聽其即次而已、冗次不盡、鵠伺回音、子齊親哥收、季夏二日

林石逸興卷之一

明燕人薛論道撰

教子修身

君子不憂不懼、端在無私無欲、嘗存內省、不疚復何慮、一身萬事居、一心天地虛、虛心治國、毀譽由他去、以道修身、持循勿苟趍、尤須、饒人不是愚、還須、無忘父母軀、

燈籠

深夜廣寒更漏、何處燭龍如晝、醉桃一點、染染胭脂透、團團一火毬、光搖滿地流、披風冒雨、暗與烟霞輳、破晦穿幽、遙將星斗收、悠悠、依人徹夜遊、休休、羞明見日愁、

琴

憶伯牙、高山逸興、非子期、知音誰聽、含情太古、舜把南風正、孤桐帶露清、朱絲映月明、七弦寫意、字字離鸞令、一曲鳴泉、冷冷流水聲、冰清、寒風指下生、心通、幽情膝上橫、

棋

士大夫飽食終日、消白晝寧無博奕、百年世事、總是一場戲、一盤勝負棋、一生成敗機、黃橘一剖、白叟悲根蔕、石室一局、王樵故友稀、天分、壺中造化奇、人分、何爲名利迷、

書

對青燈展書相問、難道說英雄長困、二墳五典、義理無窮盡、寒牕十載親、磨穿鐵硯勤、一天星斗、燦燦昌文運、九萬鵬程、茫茫一禹門、誰云、文章可立身、誰云、儒冠多悞人、

畫

罷琴書、靜觀塵性、看畫壁、饒多佳勝、四時光景、春夏秋冬應、枯松掛亂藤、池花遶碧亭、山明水秀、草木芬芳盛、虎嘯龍吟、風雲變態形、丹青、天機筆下生、豪英、功名入畫屏、

歸隱

打破功名一弄、跳出打黃粱一夢、束腰帶解、摘下烏紗重、(接第四版)

宋夏珪畫松麓看雲

（集古名繪册之七）

說明見本刊第二十三期、本幅團扇式、籤題夏珪松麓看雲、絹本、墨畫、縱六寸九分、橫七寸五分、對幅清仁宗御題曰、坐石憑欄逸興馳、遙聞飛翠接川湄、亭亭修竹浮靄淡、落落長松入畫奇、曠覽峙渟神妙合、集虛動靜理無移、漸看雲自封中起、黎庶咸須渥澤施、鈐璽二、「寫心」、「藝與道兼」、

夏珪、字禹玉、錢塘人、寧宗朝待詔、善畫人物、筆法蒼老、雪景學范寬、院畫山水、自李唐以下、無出其右者、

撞開麟鳳籠、遁脫狼虎義、高車駟馬、抵死捺不動、綠水青山、餘生還可逢、天空、遊心魚鳥中、從容、漫尋鷗鷺蹤、

又

盟結沙汀鷗鷺、那管郊圻狐兔、周公夢少、絕斷長安路、身不離草屋、足不踏仕途、襟懷瀟洒、天地爲門戶、眼目昏花、雲山作畫圖、塵俗、胸中半點無、江湖、眉頭更覺疎、

又

但把眉頭疎放、多少清閑佳況、存亡興廢、不在吾心上、榮華夢一場、功名紙半張、龍爭虎門、好歹由他撞、海闊天空、高低任我狂、浮缸、濁醪不牸香、家常、菜羹滋味長、

又

寧爲菜羹寒士、不去奔波朝市、宦情收起、打點林泉事、商山採紫芝、桐江理釣絲、臨池戲筆、漫寫羲之字、把酒掀髯、長歌子美詩、識時、休爭雄與雌、隨時、不言公與私、

樂飲

醉醺醺無醒無寐、樂酗酗無憂無累、羞同噲伍、願入劉伶隊、瓮不乾、不放杯、杖頭無、任典衣、幕天席地、日與清風會、山瀌瓢汲、夜邀明月陪、合眉、不聽閑是非、扶歸、黃粱夢一廻、

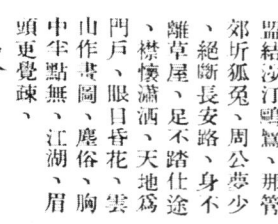

清康熙織圖墨之十二

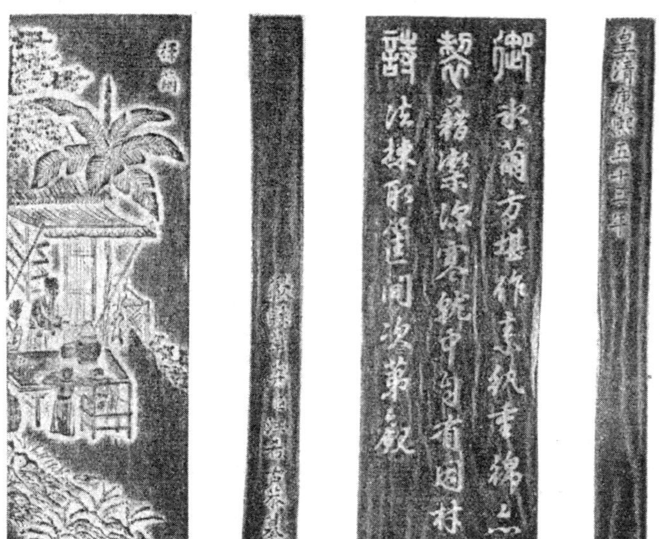

清康熙織圖墨之十三

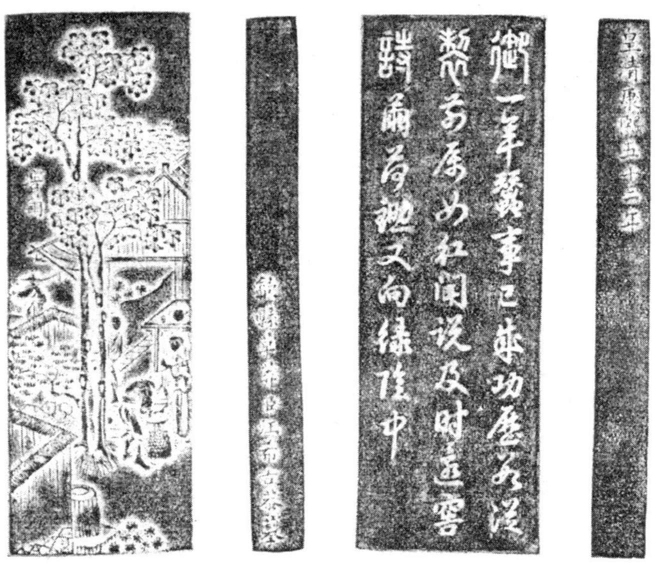

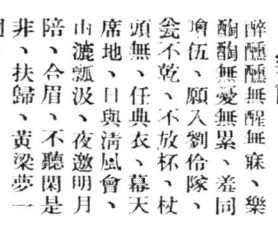

中華民國二十六年二月一日　第二十八期　第一版

故宮旬刊

宋廉孚畫秋山煙靄（集古名繪册之八）

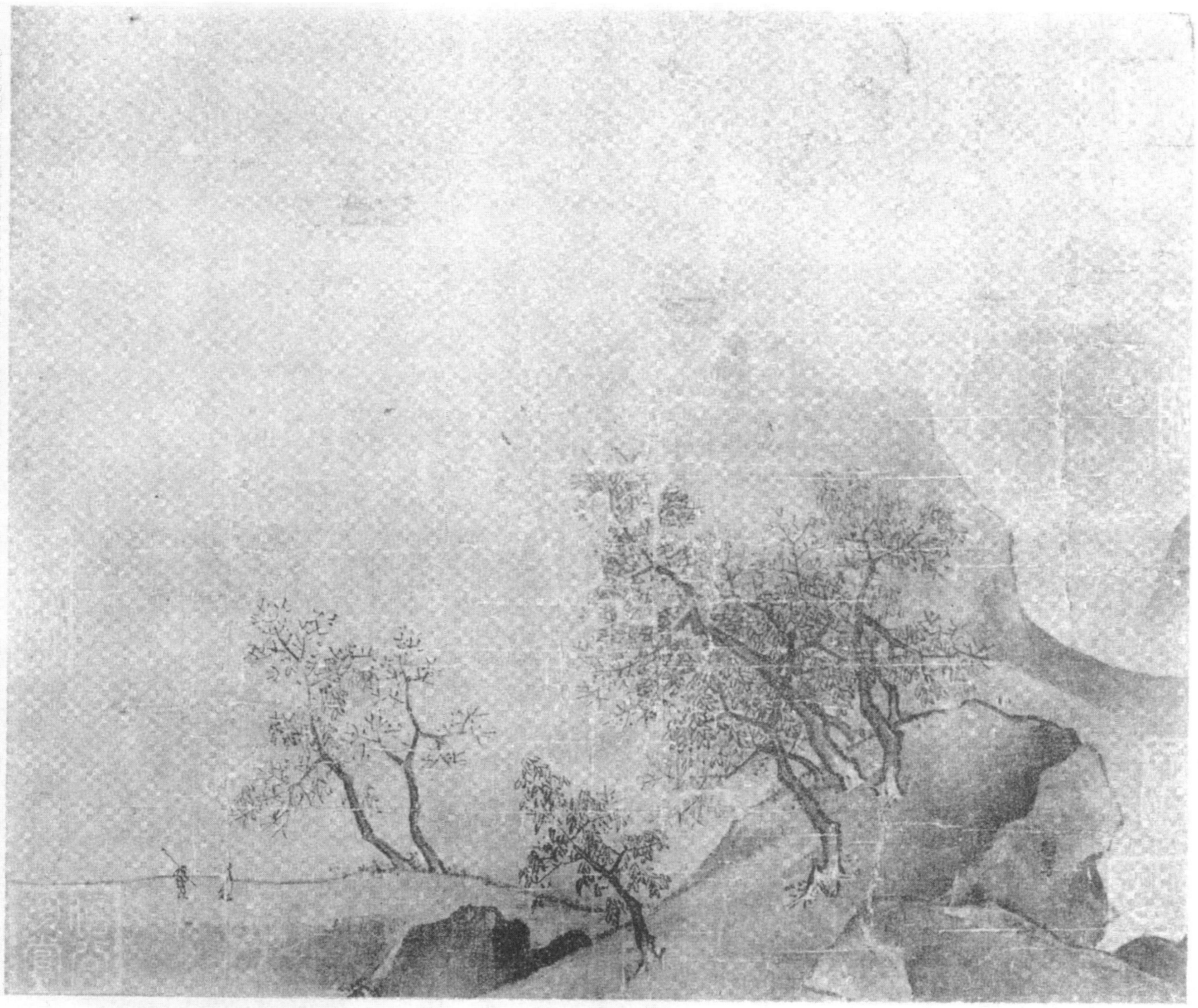

說明見本刊第二十三期、　本幅籤題廉孚秋山煙靄、絹本、墨筆、縱六寸七分、橫七寸七分、對幅清仁宗御題曰、平添嵐翠重、繪出晚秋容、夜雨連山暗、朝烟靄樹濃、溟濛濕危嶂、突兀幻奇峰、潑墨生佳境、臨池逸興從、鈐璽一、天倪道焭、廉孚、山陽人、武學博士布子、工畫、有父風、

西園題跋卷之三

羅浮張　萱孟奇甫著

題手書學政與黃貞父

我朝視學之臣、逮英皇帝復辟之七年、始以專官奉專勅、與節鉞大臣、分督一方、亦至雄峻矣、李公夢陽、視學江藩、遂露章以糾臺使者、不待報、輒率諸弟子手鋃鐺、欲捕臺使者置獄、此固多上人乎、君子曰、璽書懸諸日月、嗟我李公、亦可謂奉職之臣矣、時當事者數欲能專官、以快諸探藜藿者、幸天子明聖勿聽、惟璽書稍異、不得如故糾劾官邪、聽理詞訟而已、夫官之邪也、亦有邪士耳、民訟久矣、獄訟繁興、其教化弗講乎、一時視學之臣、誠得其人、則士習端、而民無越志、豈復朝有飲羊、而野有角雀者、萬曆乙卯、余友貞父黃君、被命視學江藩、此名藩也、而君故名士也、余憶貞父獲雋南宮時、海內人士嘖嘖謂金華殿中、竟作何語、令我貞父陸牒外吏乎、今骎歷十有七年、乃獲文柄、噫亦迂回矣、然以名士而柄文名藩、孰謂右文之世、終左文哉、余爲加額久之、夫視學名藩、不足爲貞父重、第名藩視學得貞父、乃足爲聖天子右文重耳、苦由之餘、不敢旅進稱賀、亦不敢永言爲頌、因憶近代名賢學政影端、爲國史所未載、而柄文諸公所未悉者、竊書右方、以附古人瓠葉之獻、令毛穎君端策而進、貞父其試繹之、既以名士得名藩、復令名藩得名臣、則海內人士、皆黃門桃李、豈惟江介一藩、實嘉賴之、

題車用撰外姪索書卷

王右軍蘭亭序、昔人臨摹遺蹟、難以枚舉、未有自書者、惟范文度嘗一書之、余未及見、尤延之謂其不拘拘求合形似、而盡得右軍用筆意、所謂善學柳下惠者、外姪車用撰、故不工書、今幸以而立之年、始爲博士弟子、當事者亟賞其文、至以大物期之、爲博士弟子第一、乃以此卷來索余書、豈傳聞取大物者、皆精八法耶、夫大物必工院體、鮮問八法、余屈西省日、間亦爲院體、自呐效顰、今耄矣、第能爲西園公體耳、竊嘉用撰之志、爲書蘭亭序應之、老腕倦筆、非敢曰西園公善學柳下惠也、與公役序、今昔亦未有書者、筆與淋漓、故亦取而書之、

題筆賈卷

王僧虔論書得張芝筆、乃窮神盡思、韋仲將亦云、必張芝筆、始可小展、古人能書、往往擇筆如此、書不擇筆、皆能如意、惟歐陽率更一人耳、皇象常曰、須見草書、必得菀毫、菀、軟也、余不能書、毫必健勁、始堪運腕、年來稍事臨池、(接第二版)

中華郵務局特准掛號認為新聞紙類

明仇英蘭亭修禊圖之六

說明及仇英小傳、並見本刊第二十二期、

乃知菀毫之妙、能與心手調適、筒中所携吳越間名毫、稍已投冢、偶有以五羊士字、其鋒未少挫也、黃魯直一錢雞毛、祝希哲二文羊毦、皆以菀而書、故佳、亦毫見售者、二文一枚、傭書輩皆以爲菀而不可用、余戲而試之、一揮而得二四千何必狸毛爲心、覆以秋兎、犀玉爲管乎、世謂王右軍蘭亭序、以鼠鬚筆、故妙絕古今、是右軍手腕不及率更也、古人爲筆、或以人鬚、或以胎髮、皆以菀故、余於用筆、而得用世之法、嗟已晚矣、

余手書六經、用筆不貲、乙卯仲冬、吳興筆工傅敬槐以筆來獻、喜而不寐、西園公寶研池頭、大事濟矣、遂重價盡購之、夫菀筆非老於書者不能用、傳筆菀勁適均、有志臨池者、不可交臂而失也、

贈藥編

清長洲吳　綃撰

謀合

弟萬萬不能置君、願言握手、不然、只在數日內聽訃音也、連日春郊、相幫無情女伴、日斷嬌紅散綺、逸韵笙歌、淚下盈珠、顆顆碧血、倩至不堪、疾歸昏臥、細尋枕畔遊魂、念玉人覩此韶華、得少寬懷抱否、醉中分袂、半越月旬、緘書謾慰寒暄、幽會絕無商略、才郎何以爲倩、弟行前不及矣、行後切須大展奇謀、安排好合、一暢同心之願、若論已前幾度幽歡、弟獨力經緯、亦該兄費心矣、苟得主意、不辭執鞭以從、

遭家難

忽遭家難、禍至莫解、家兄欲竊弟潛奔、所投應不出百里外、欲少晤仁兄、一申陽關之恨、未知兄肯入瘐青否、速乞示我、好爲脚地、

奪緘

兩月不覩瑤章、魂勞夢斷、正欲潛修尺素、寄以雙魚、忽聞青鳥東來、忭躍神怡、即從呼詢、無奈羅截梟鵰、方待作計、華柬已落賊手矣、影借多端、祇誣百變、弟初猶誤信、因草一寸啓、函入香中、多囑行人、好爲道意、不料亦遭賊刼、弟尚在夢中、已後來人至、別郵知會、始行追究、寸啓已獲、華緘竟云灰燼、賊奴之可恨如此、寧不痛心、治之以威、終爲不吐、不知來札中意思如何、有不可示人之語否、仁兄若能復憶、弟祈示下爲感、

（接第三版）

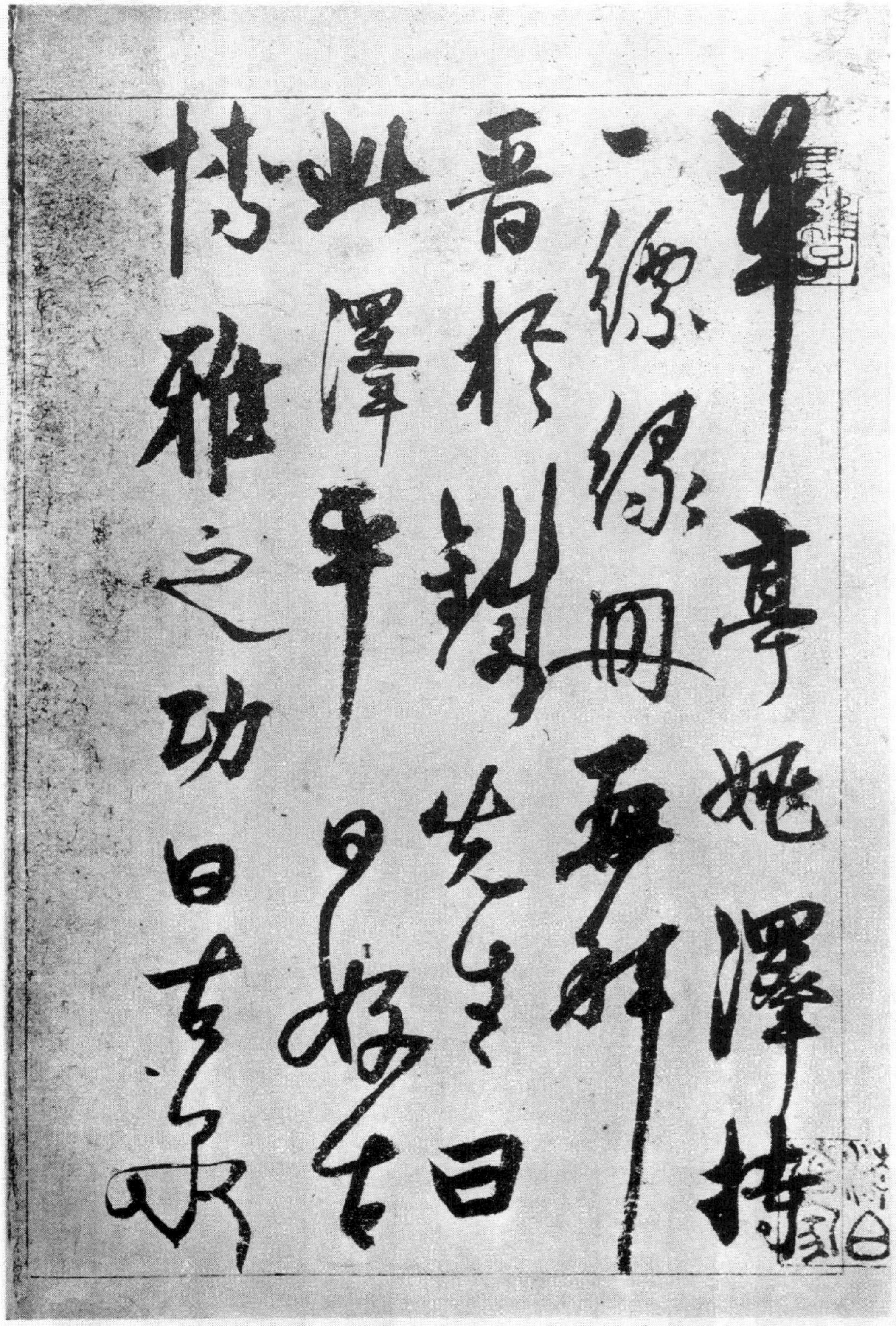

元楊維禎題錢譜跋之一

楊維禎字廉夫會稽人元泰定中進士官至江西儒學提舉明洪武二年召纂禮樂書太祖以前朝老文學遣使奉幣詣門維禎辭不就復遣有司追趣乃乘安車詣闕留百二十日維禎以曾仕元乞白衣放歸太祖全其志仍賜安車還山所著書凡數百卷

此元明人題錢譜雜文册中之一幅、共七幅、紙本、草書、文曰、華亭姚澤、持一縹緗册、再拜晉於鐵先生曰、此澤平日好古博雅之功、曰古泉譜也、先生閱之、自三代以降、靡不搜奇獵異而集之、斯亦廑矣、先生嘗作孔方傳、每歎古今泉貨之變、而知世變之變、日不古若也、近又作楮寶傳、楮交對、觀音楮辭、而尤慨世變之變、極於無可奈何而已也、澤與古泉而册之、其亦痛世變之變、今不可以復古也歟、吾徒又內生、首爲文以引其集、叙列有法、不出吾鐵史斷也、其言有謂澤之稽古泉、孰與多識前言往行之爲古乎、吾今知澤之聞言往行、亦能如搜泉之搜、以極其徵且遠矣、澤勖諸、先生者、李忠介公榜第二甲晉士楊維禎廉夫也、鈐印三、「會稽楊維禎印」、「廉夫」、「抱遺老人」、引首鈐印二、「東維子」、「清白傳家」、每幅均縱七寸八分、橫一尺一分、石渠寶笈初編著錄、

楊維禎、字廉夫、號鐵崖、會稽人、元泰定進士、署天台尹、陞江西儒學提舉、值兵亂、浪跡浙西山水間、張士誠招之不赴、徙居松江、明興、詔徵遺逸之士、修纂禮樂、維禎被召、謝曰、豈有老婦將就木而再理嫁者耶、賦老客婦謠以進、太祖賜安車詣闕、留百餘日、所纂叙例略定、即乞歸、抵家卒、年七十三、維禎詩名擅一時、號鐵崖體、行草書雖未合格、然自清勁可喜、矯傑橫發、稱其爲人、善吹鐵笛、自稱鐵笛道人、又曰抱遺老人、著有春秋合題著說、史義拾遺、東維子集、鐵崖古樂府、復古詩集、麗則遺音等、凡數百卷、

處變

自閨初到此、離思未嘗片刻可遣者、且上無骨肉可依、下無婢僕可使、日御虎狠、欲吞欲竄、環視四方、舉動必察、光景如斯、何能釋恨、以至每日飲水、尚覺塡胸、終宵展衾、曾無一夢、病深入骨、寧望可生、祇有負君深愛、爲喞寸效無從、更貽多患、只此爲恨、死不得瞑目耳、此番不遭賊算、歸時定與君爲永遠之策、伺之、小物一二寄到否、邇來寒暑不常、風雨時至、吾郎骨瘦沈郎、珍重珍重、鴻音遼闊、速勸征人、

林石逸興卷之一

明燕人薛論道撰

樂飲

醉醺醺無牽無掛、樂醄醄無高無下、濁醪妙理、有甚閑驚怕、朝朝酒肆扒、暮暮扶到家、半醒半醉、常臥槽頭下、無衣無飡、不教瓮底乏、榮華、看榮華、眼就花、烏紗、見烏紗、頭便麻、

又

醉醺醺無昏無晝、樂醄醄無爭無門、瓶之罄兮、便覺三分瘦、厭金樽、羨瓦甌、怕登壇、上酒樓、缸浮椊滿、衣敝都將就、浪飲狂歌、家貧不會愁、翁頭、高陽興不休、藏頭、岳陽還可遊、

又

醉醺醺無天無地、樂醄醄無拘無繫、麴生爲友、石大夫結同契、怕青州從事稀、盼白衣相送疾、三枚兩謊、囊裏不須計、一斗十千、床頭不甚惜、食其、漢皇一見奇、儀狄、禹王何太疑、

漁

風雨簑衣一件、家業扁舟一片、綸竿五尺、敢把三公賤、江湖作福田、魚蝦當酒錢、千年渭水、獨被姜公擅、七里長灘、猶說嚴子賢、幽然、星前載月還、安然、蘆邊一覺眠、

（接第四版）

宋李唐畫大江浮玉

（集古名繪冊之九）

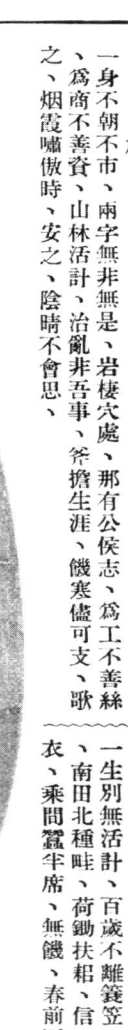

說明見本刊第二十三期、本幅團扇式、籤題李唐大江浮玉、絹本、設色、縱六寸五分、橫六寸九分、對幅清仁宗御題曰、甲辰渡揚子、春水送行舟、讀畫欣重見、拈題憶舊遊、雲烟山閒納、波浪海門收、勝概標今古、平成禹蹟留、鈐璽二、「謙受益」、「筆花春雨」、李唐、字晞古、河陽人、徽宗朝、補入畫院、建炎間、授成忠郎畫院待詔、善山水人物、尤工畫牛、能詩、

樵

一身不朝不市、兩字無非無是、岩棲穴處、那有公侯志、爲工不善絲、爲商不善貲、山林活計、治亂非吾事、斧擔生涯、饑寒儘可支、歌之、烟霞嘯傲時、安之、陰晴不會思、

耕

一生別無活計、百歲不離簑笠、笑談隴畝、無慮無名利、家前家後溪、南田北種畦、荷鋤扶耜、信口歌不忌、士與工商、搖頭莫用提、爲衣、乘間織半席、無饑、春前雨一犂、

牧

生來不知富貴、從來好騎牛背、朝朝暮暮、雜入兒童隊、逐流信步隨、沿村趁草肥、無天無地、枕笠迎風睡、無是無非、橫笛帶雨吹、斜暉、羣鴉奔樹飛、雲迷、牛羊尋逕歸、

風

大塊原來一氣、四時炎涼何異、怒號千里、萬竅鳴大地、春來鼓太極、夏來火入離、秋來虎嘯、草木皆零替、冬至龍吟、寒威透敝衣、封姨、去來形影稀、雲霓、摧殘東復西、

花

春日園林遊宴、萬紫千紅開偏、芳菲滿目、艷色侵人面、嬌姿映曉天、清香散碧軒、輕搖慢舞、蝶使因風戰、鬪巧爭妍、蜂媒帶露眠、樽前、翩翩上翠鈿、池邊、娟娟笑玳筵、

雪

忽聽玉龍交戰、一陣乾坤不見、敗鱗殘甲、埋沒清虛殿、寒雲接霧川、瓊瑤砌碧園、藍關秦嶺、盡是梨花院、野地胡天、結成柳絮毡、蹮躚、六出舞翠巔、翩翩、三白洒麥田、

月

清夜金波如畫、長空玉盤如綉、銜山渡海、入戶穿牕竇、方纔脫釣舟、又上柳梢頭、廣寒深鎖、會把孀娥瘦、桂影高懸、能添白髮愁、颼颼、涼生雲外秋、悠悠、光搖水底樓、（卷一完）

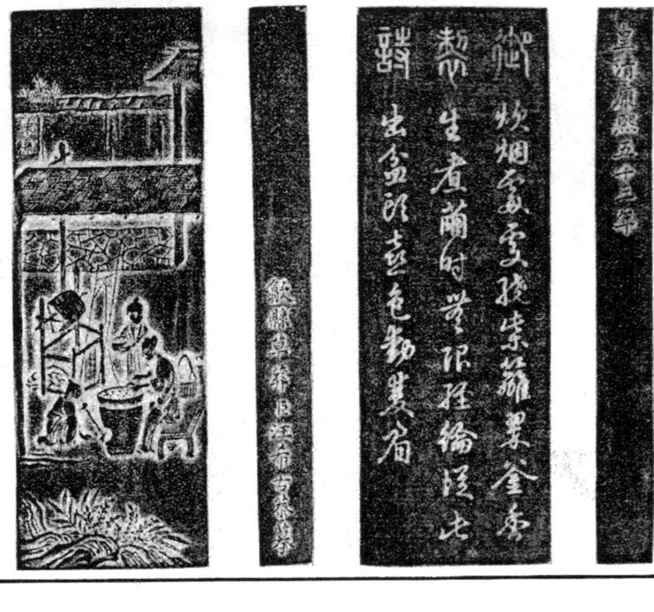

清康熙織圖墨之十四

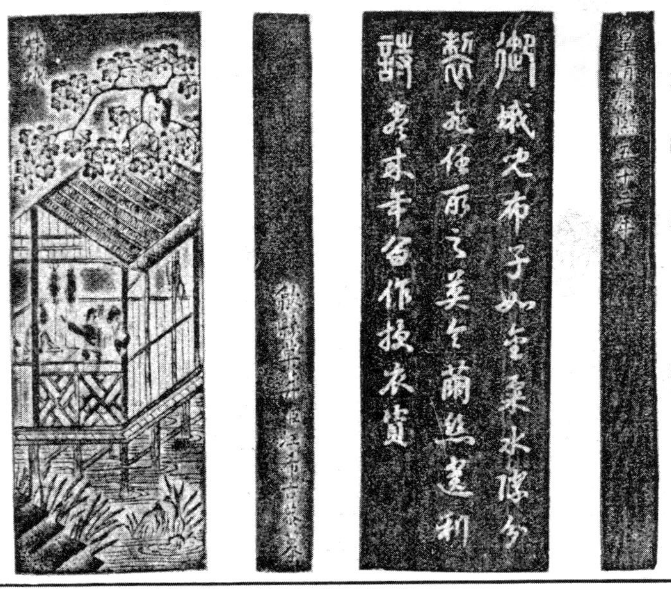

清康熙織圖墨之十五

故宮旬刊

西園題跋卷之三

羅浮張　萱孟奇甫著

題僧印宗乞書卷

水月庵僧印宗、以此册來索余詩、藏之笥中、除四年遠、無以應也、丁巳三月十一日、乘㵎過鴻䨇庵、偶爾留題、輒得一百六十八字、彼何機緣、此何機緣、四年不能得一字者、半日卽得六詩耶、因思宿諾、乃檢此册、則半飽蠹魚、遂令潢人重裝之、而書六詩、以復印宗、毋謂西園公非平等法也、更念册端、有馮孝廉昌曆一序、余嘗晤孝廉於憨和尚曹溪旅舘中、蓋美少年也、今登鬼錄者五載矣、孝廉雅欲脫離生死、故皈依憨和尚、柰何離死乃得死耶、正覺居士聞而合掌謂余曰、馮孝廉已生極樂國矣、余疑信相半、欲倩印宗、亟往問之、

題韓伯雍壽冊

丁巳秋九月、南極蓋有兩老人星、亦奇瑞也、星官曰、羅浮之陰、榕水之陽、有二老焉、應之、一爲李龍光氏、一爲韓伯雍氏、皆七十有一矣、卽西園公恰受航中所稱、老友兩三人、此其最驩者也、二老居同里、生同歲、林下風氣同調、惟伯雍氏少龍光氏二十有七日、而步履飲噉同健、居常乞法於瑣骨菩薩、又同緣星官之言不妄、於是里中諸縉紳縫掖、或相屬以詩、於伯雍氏懸弧之日、更進而迭奏焉、唯西園公則噤口不敢出一語、蓋西園公故負俗、出一語則蔡持正車蓋亭詩、復藉口於曾子開輩矣、伯雍氏聞之啞然、西園公故自愛、第亦愛我、此中多猪嘴關、其餘波往往及我、西園公若噤口、則雲起樓主人拜賜弘矣、（接第二版）

清　丁觀鵬畫太簇始和

（禁籞圖之一）

原藏齋宮、紙本、設色、縱五尺六寸一分、橫三尺三寸九分、石渠寶笈三編著錄、丁觀鵬、工人物、尤擅長釋道畫像、乾隆時、供奉內廷、爲高宗所賞、

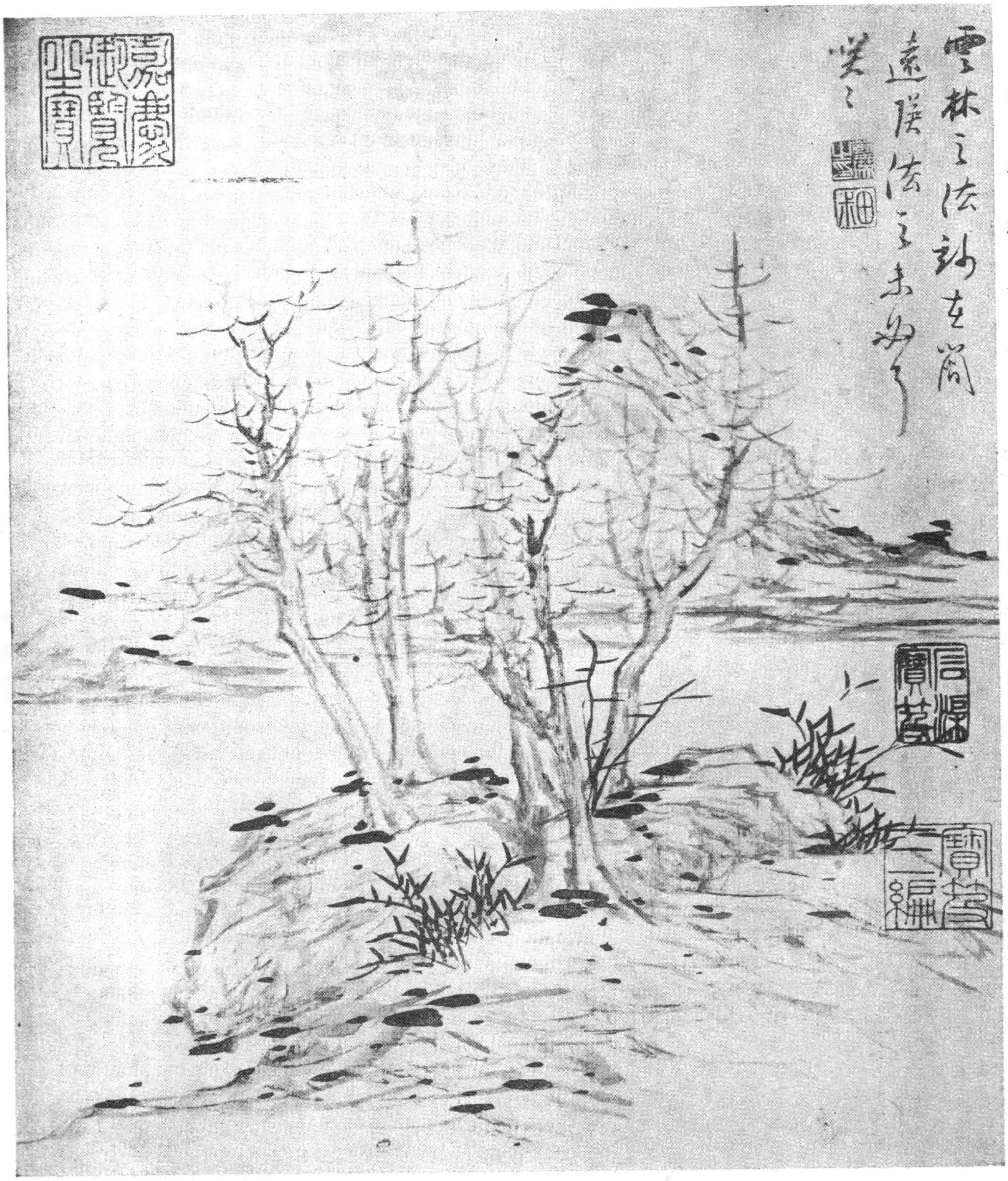

明藍瑛仿古山水册之一

兒輩復啞然、家大人固噤口、兒輩獨無口耶、乃復爲詩人一章、以從諸縉紳縫掖之後、西園公聞而戲以數語系之、不知猪嘴關頭、亦復以此數語爲車蓋亭詩否、兒輩進曰、韓丈人之壽、里中縉紳縫掖、稱詩相屬、以侑勺者矣、李丈人之壽、其可無詩、西園公曰、伯雍氏嗜詩不嗜酒、里中縉紳縫掖、爭以詩爲酒、龍光氏最嗜酒而間嗜詩、兒輩其速傾家釀、爲李丈人仰酎南極足矣、兒輩曰、家大人於李丈人、亦噤口不出一語耶、余更啞然、龍光氏即猶龍氏也、其閭左右、當無猪嘴關、西園公噤口與否、俟與伯雍氏圖之、

是册原藏齋宮、共十二幅、絹本、第一第六兩幅墨筆、餘均設色、均縱一尺零一分、橫八寸二分五厘、石渠寳笈三編著錄、本幅墨筆、藍瑛自題曰、雲林之法、妙在簡遠、瑛法之未必耳、笑笑、鈐印二、「藍瑛之印」、「田叔」、藍瑛小傳、詳見本刊第十七期、

贈藥編

清長洲吳　綃撰

事露

蹤跡既着、安保無危、縱然收攝、豈久安之計哉、竊聞聖人不凝滯於物、榮華富貴、等浮雲耳、貞女要名於沒世、烈士赴節於當年、弟雖不得芳名、風月虛加、足獲我志、期良久與君長辭、曷能哫訾栗斯、從事偷生乎、緬惟託愛、雖曰私交、有逾明契、言必致信、動必先明、舉由繩墨、不復于違、朗朗鬼獄、可血可陳、弟死方得所耳、但結慕風雅、雖云二載深交、未得清心孚用、每一情至、謂長已失恥於君矣、聚樂亦死、憂煎亦死、與其憂也、無寧樂也、（接第三版）

元楊維禎題錢譜跋之二

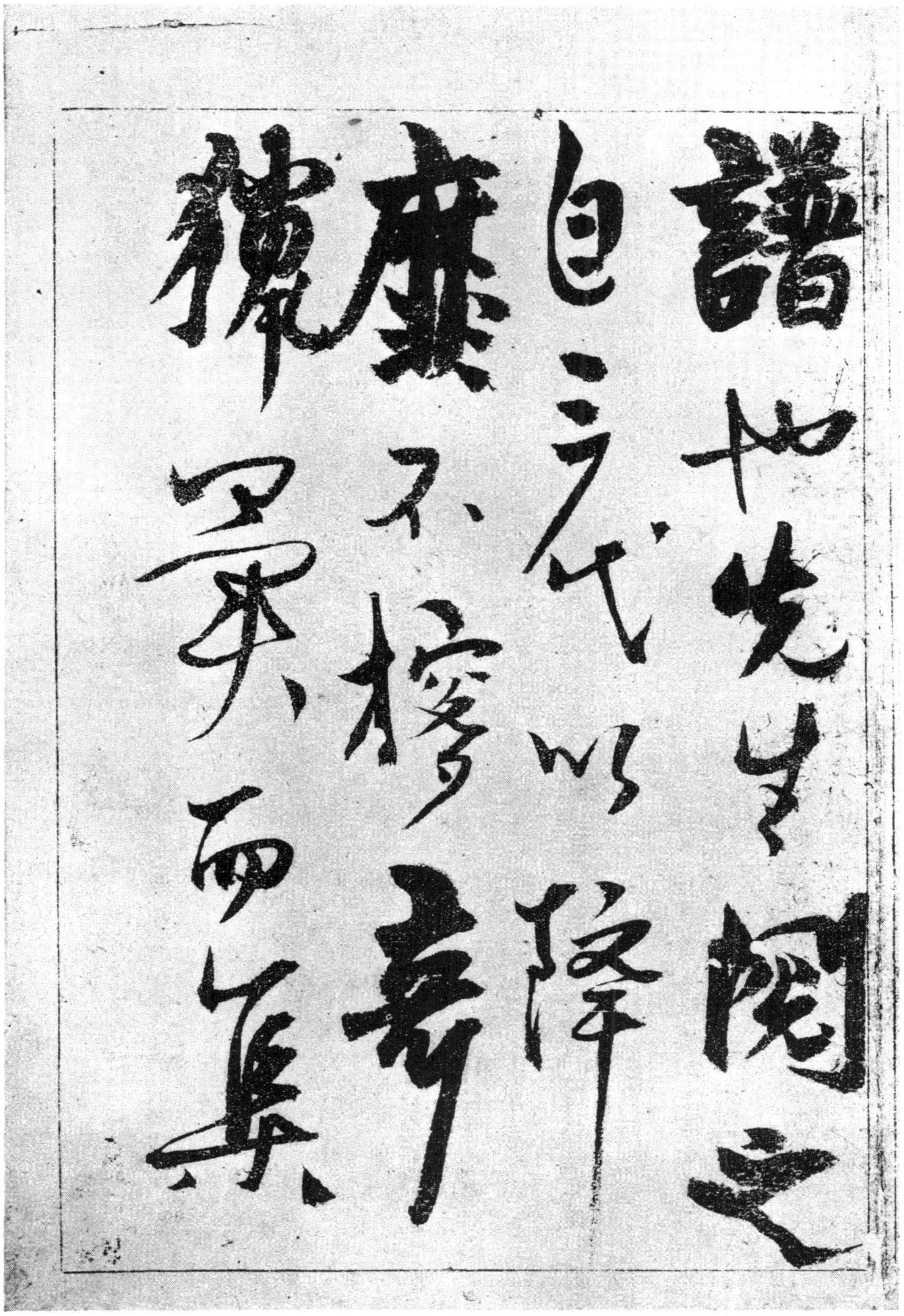

說明及楊維禎小傳、並見本刊第二十八期、

咸豐通寶（寶直）

面咸豐通寶四漢字、背寶直二滿文、祖錢、咸豐元年鑄、

咸豐重寶（當五十）

面咸豐重寶四漢字、背寶直二滿文、當五十三漢字、樣錢、咸豐四年鑄、

題顯春島之成、欲決三生之志、豈謂讒多、遽有今日之虛乎、要之兩人刎頸生死、不啻管鮑、兄何足異、在乎弟者、可謂千古奇遇、今惟有挈首領從君耳、士死知己、女容悅己、玉田是素卿知己悅己之人、何辭九隕、但未得君來、蓋稻悻悻也、急要畫影、亦非無端、因連宵夢君、方在懷中、輒從撓散、擬魂驚變、半夕號呼、忽然覺來、猶有怦痛、此是從來夢君之慘、蓋亦愈知神告矣、穀食既絕、境味惘斷、將以百日齋滿、刺血書盟、叩於明神、願結世世伉儷之約、期以中秋節、煩君可俟之、

改粧

廿三日兩番答札、忘復佳期、君必恨弟不情矣、豈知傷心事有難相告者、每一念至、數聲長嘆、鉛水兩行、親親知否、期地在弟可成、但四下網羅、保無不測、萬一慮外、弟則卽死猶安、兄爲何忍、功名爲拋、佳人皓首、非敢調笑、實乃多牽、倘果無所惜、則弟竟用改粧之策、親叩玉扉、事屬背城、得朝暮陽臺、樂死一旦、便是眞正風流鬼、如何如何、

林石逸興三卷目錄

（卷二原本佚）

水仙子一百首

思歸四首　歸樂四首
憤世四首　甘貧四首
宿將四首　勸世四首
悼生四首　爲將四首
寄征衣四首　詩酒風光四首
偷情四首　養恬四首
相思四首　驕奢四首
東山四首　消遣四首
狐假虎威一首　賣狗懸羊一首
見兔放鷹一首　指鹿爲馬一首
成敗四首　遠塵四首
受用四首　烟霞寄傲四首
題杜甫一首　題李白一首
秋閨四首　了道一首
悟空一首　佳人才子四首
舟行一首　對雁一首
啄木鳥一首　鴟鴞一首

林石逸興卷之三

明燕人薛論道撰

水仙子一百首

思歸

六十將近老形骸、把棹不歸弄甚乖、風波滿目機關大、亂劄劄、狠虎排、說甚麼棟宇梁材、喜的是、高軒蓋、怕的是、途路窄、總不如早早回來、

宋朱銳畫雪澗盤車

說明見本刊第二十三期、　本幅團扇式、籤題朱銳雪澗盤車、絹本、墨筆、縱七寸四分、橫六寸八分、對幅清仁宗御題曰、雪積千山玉蕊妝、驅車過澗陟崇岡、招提祇覺茶烟濕、不解輪蹄何事忙、鈐璽二、「萬有同春」、「用筆在心」、朱銳、河北人、宣和畫院待詔、紹興間、授迪功郎、畫山水人物師王維、好寫騾綱雪獵盤車等圖、形容布置、曲盡其妙、

又

中年已過覺辛酸、蒲柳行藏當自寬、龍爭虎鬬由他亂、且抽頭、袖手觀、再休提走馬金鑾、獅章帶、行常斷、紫羅襴、包禍端、總不如藜杖藤冠、

（集古名繪册之十一）

又

玉門迢遞皺征衫、汗馬嘶風勒斷銜、老眼驚沙、慘昏昏頂上纓、不勝簪、怎禁他虎窟龍潭、黑漫漫胡雲暗、亂騰騰、虜氣涵、總不如回首林巖、

又

看來禽獸喜山林、可愧人心不物心、東奔西走圖些甚、水更山更高、密排着羅深森森、纔解網、人前譖、又隄防、腦後針、總不如散髮披襟、

歸樂

常驚走馬到臨崖、今日江心把棹回、一脚跳出功名外、輕九棘、賤五柳、不戀他黃閣鳥臺、楚離騷、誰能解、漢長沙、不再來、說甚麼玉路金堦、

又

田園將蕪正歸來、山色湖光滿壯懷、老天放我紅塵外、快一俯仰、一快哉、坦悠悠竹杖芒鞋、折桑蓬、爲樞戶、採茅茨、構小齋、說甚麼晝戟門排、

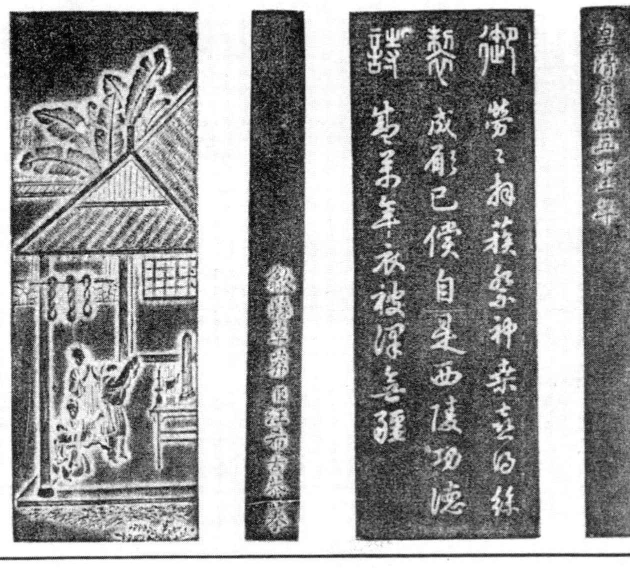

清康熙織圖墨之十六

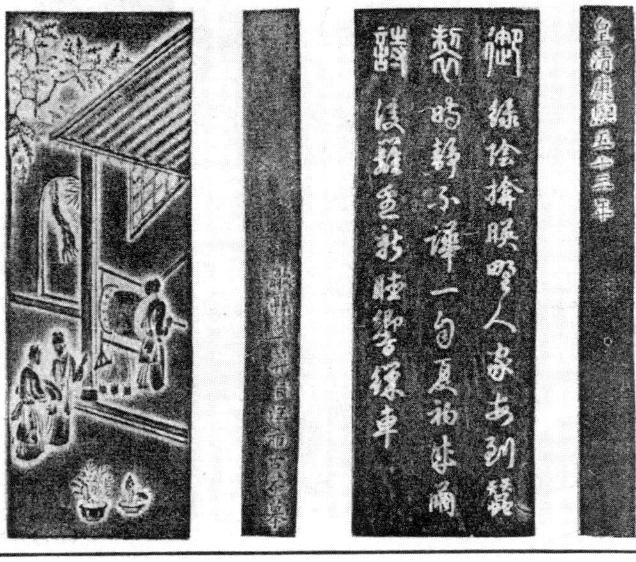

清康熙織圖墨之十七

第一版　　第三十期　　中華民國二十六年二月二十一日

故宮旬刊

宋蕭照畫關山行旅（集古名繪冊之十）

西園題跋卷之三

羅浮張萱孟奇甫著

題西園戲筆

人間世一大戲場耳、第天津橋上、看弄胡孫、人弄胡孫耶、胡孫弄人耶、居常竊嘆、爵祿文章、又皆衆生實相、故爵祿之器、必非文章之士、而白首文章者、必不能曰首爵祿、豈大戲場中、獨此兩種非戲耶、客曰、否否、生之以爵祿、而譚文章、此爵祿之妄人也、生之以文章、而覬爵祿、此文章之妄人也、妄人、天之戮人也、誰敢戲之、園公曰、否否、人亦何敢戲天、天實戲人耳、人不能以爵祿爲實相、故戲之以文章、人不能以文章爲實相、故戲之以爵祿、回頭轉眼、戲散場空、古德謂胡孫弄人、此豈矮人觀場者耶、客曰、唯唯、園公之戲亦數數矣、既爲文章所戲、故終其身不能博一第、又爲爵祿所戲、故一再仕輙見斥以終身、胡天之戲人各一種、而戲園公獨兩種耶、時園公方課兒輩以制義、亦間以制義自課示兒輩、兒輩梓之、故園公命之曰戲筆、不知園公戲筆耶、筆戲園公耶、呵呵、園公天之戲人也、故逢場作戲類如此、

說明見本刊第二十三期、　本幅籤題蕭照關山行旅、絹本、設色、縱七寸六分、橫八寸二分、對幅清仁宗御題曰、危崖陡削樹蔽蒨、詰曲羊腸通一線、嵐光趁出天蒼蒼、馬蹄踏碎雲片片、峰迴林轉境又移、霧歛烟開景萬變、平坦路少欹側多、吁嗟旅客不知倦、鈐璽二、一、人情爲田、一、「天根月窟」、

蕭照、濩澤人、工畫山水人物、靖康中、流入太行、隨李唐南渡、盡以所能授之、紹興中、補迪功郎、畫院待詔、賜金帶、

題南華僧乞供卷

楞嚴經曰、吾不見時、何不見吾不見之處、西園公曰、吾不施時、何不施吾不施之處、故見於不見、自然非彼不見之相、施於不施、自然非彼不施之供、若不見吾不見之施、自然非物、云何非汝、若不施吾不施之地、自然非供、云何一罝二罝百千萬億無量罝、（接第二版）

明藍瑛仿古山水册之二

有見有不見、日午點燈、無見無不見、夜半潑墨、有施有不施、鐵嘴之蚊嚐土牛、無施無不施、一滴之水入大海、咦、佛祖來償口業債向取南泉王老師守庚申日張奴題、戊午後二歲、

智藥二藏證

西園公書一百七十六字、一字作一單、一單供一百七十六佾、講一華嚴頌、一百七十六西園公、

贈藥編

清長洲吳　綃撰

鎖闕

關門落鎖、不敢輕敲、納悶空閨、愁如年度、今番病能消幾夏也、不如拚命而出、與君死於一處、可否俟報、

執性仲春六日子刻

日來委是怨君玉耳太軟、以致讒人得志、同心兩地、中間每多陰懷流間之言、但弟耳根頗堅、不爲傾聽、豈特聞君者如此、弟處梟黨連密、或哀顏泣貌而僞忠、或張牙露爪而挾制、或遠引覆車之轍、或直陳法度之嚴、或稱親友言詞、或示家君威命、或邀截羽翰之寄、或詐揚薄倖之名、百撼千搖、迫我彀中、弟褎若無聞、惟以眞情開諭、謂人生固當有死、何爭嚅下與溝壑、爲女子不能殺身報知己、忘命求仇讐、空有此心、何從傾吐、焉得一日殉情、千秋化魄、雖不及湘銙二女、也須是石粱尾生、風雨盈盈、靈濤如沸、若使名沒爲恥、彼隋宮漢苑、何爲未死哉、此頭可斷、此中不可移、巧說強詞、有若蒲團山鬼、計盡於此、乃勢脅力撼以要君耳、但仁兄最愛重平日血性、何至受其籠絡、初聞驚死、涕泣中宵、行雲又來語曰、此尚不足泣、聞郎君有故人之期、將復裹裝入越、（接第三版）

說明見本刊第二十九期、本幅設色、款署偶法郭河陽畫、西湖外史藍瑛、鈐印二、「藍瑛之印」、「田叔」、藍瑛小傳、詳見本刊第十七期、

元楊維禎題錢譜跋之三

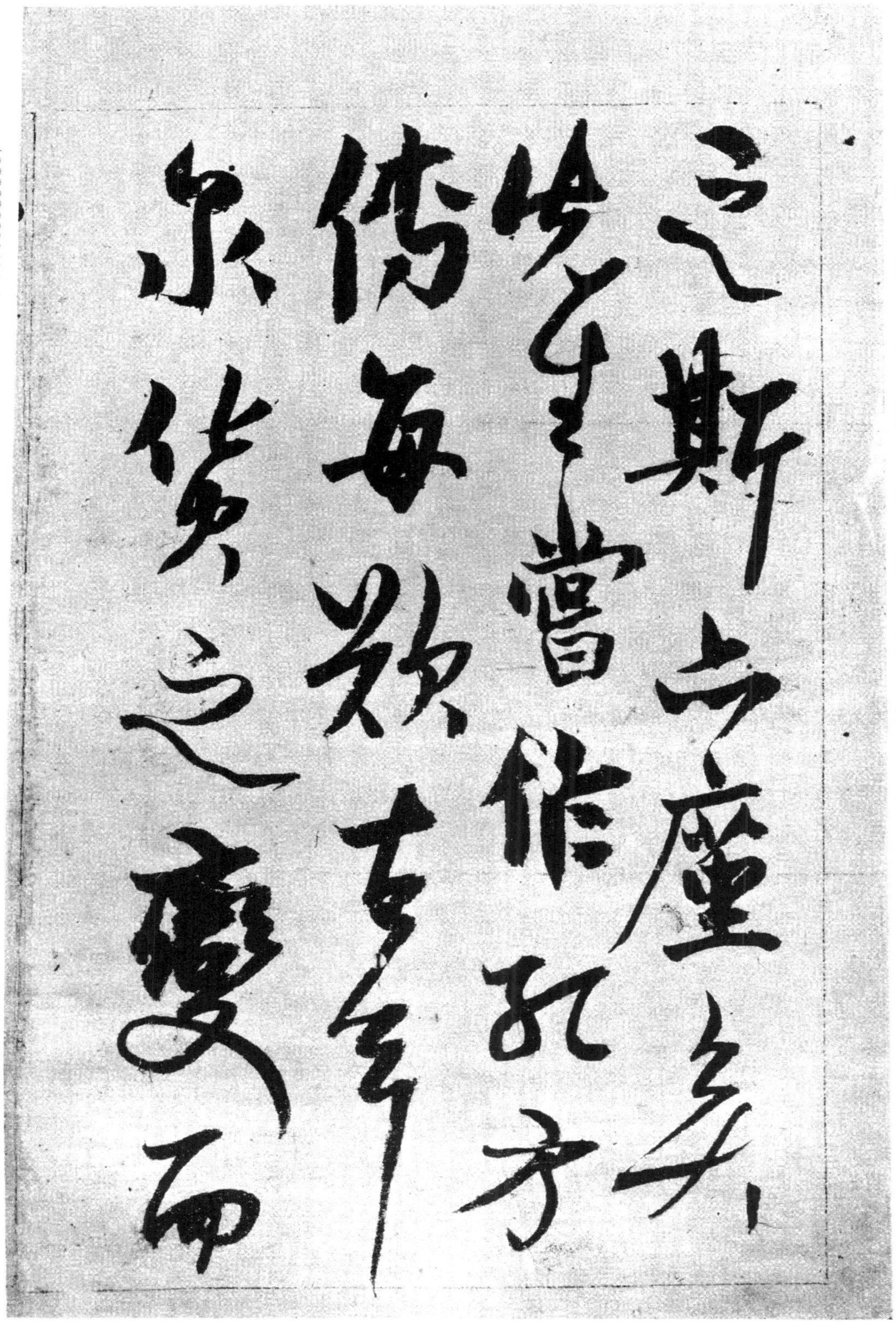

咸豐通寶（寶浙）

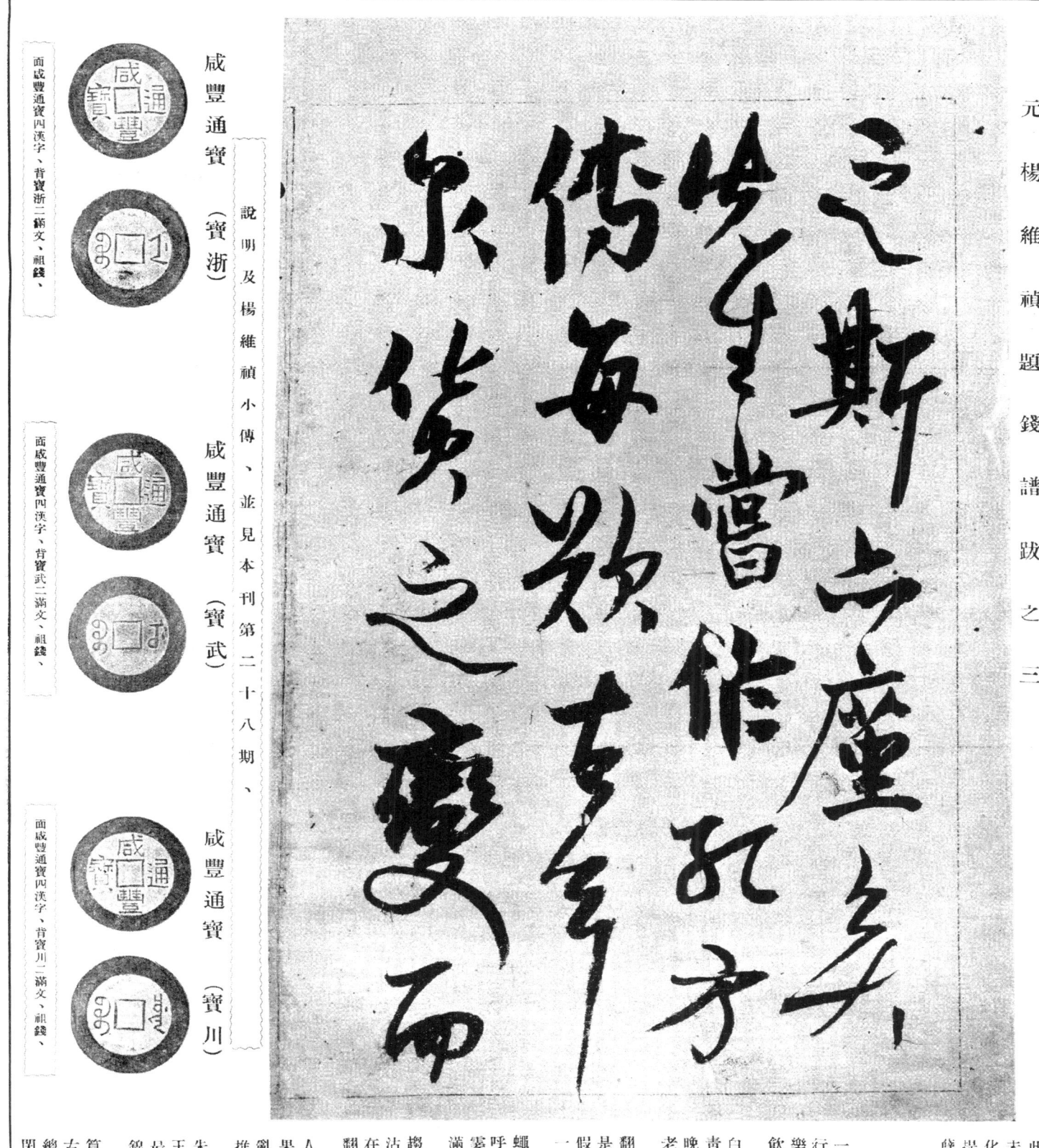

面咸豐通寶四漢字、背寶浙二滿文、祖錢、

說明及楊維禎小傳、並見本刊第二十八期、

咸豐通寶（寶武）

面咸豐通寶四漢字、背寶武二滿文、祖錢、

咸豐通寶（寶川）

面咸豐通寶四漢字、背寶川二滿文、祖錢、

此遊未知馬首如何矣、弟聞益駭、亦未知果有是役否、驪車若駕、當捐軀化魄以從、祇因南征、愁怨客懷、怕提起陽關、腸絲寸寸、不能再唱此炎拏味也、幸明示德音、

林石逸興卷之三

明燕人薛論道撰

歸樂

一灣烟水界塵埃、朝市山林兩斷開、行吟坐賞心頭快、杞人憂、不在懷、樂雲霞輪到吾儕、睡一覺、無驚怕、飲一杯、少禍灾、說甚麼拜將登臺、

又

白雲堆裏訪蓬萊、綠水池邊鷗鷺偕、青山遊便無人怪、任道遙、任往來、晚歸家濁酒頻釃、小兒曹、忙供菜、老山妻、慢捧杯、說甚麼消水燕臺、

憤世

翻雲覆雨太炎凉、博利逐名惡戰場、是非海起波千丈、笑藏着、劍與鎗、假慈悲論短說長、一箇箇、蛇吞象、一箇箇、兔趕獐、一箇箇賣狗懸羊、

又

蠅頭蝸角鬧穰穰、蟻陣蜂衙處處忙、呼牛道馬喬模樣、暗藏着、參與商、霎時間禍起蕭墻、平地裏、翻成浪、滿天空、露結霜、分甚麼紅紫青黃、

又

趨朝履市亂慌慌、不見人閑只見忙、沽名釣譽多謙讓、貌宣尼、行虎狼、在人前恭儉溫良、轉回頭、興譏謗、翻了臉、起禍殃、盡都是腹劍舌糖、

又

人情世事最堪傷、名利催人走斷腸、果然後浪催前浪、擴掇的、人自忙、亂紛紛賭勝誇強、爭不上、麒麟象、推不下、傀儡場、曉夜家百計千方、

甘貧

朱門應是勝柴扉、布襖何如錦繡衣、王侯自比白衣貴、到頭來、誰是誰、最傷心隨喜隨悲、柴扉在、朱門廢、錦衣凋、布襖肥、總不如甘守寒微、

又

算來還是守寒微、達者不為名利迷、古今多少興和廢、有盈時、便有虧、總不如無福無危、蒙着頭、安然睡、閉着門、躲是非、貧自貧無喜無悲、

宋劉松年畫柳橋虛榭（集古名繪冊之十二）

清康熙織圖墨之十九

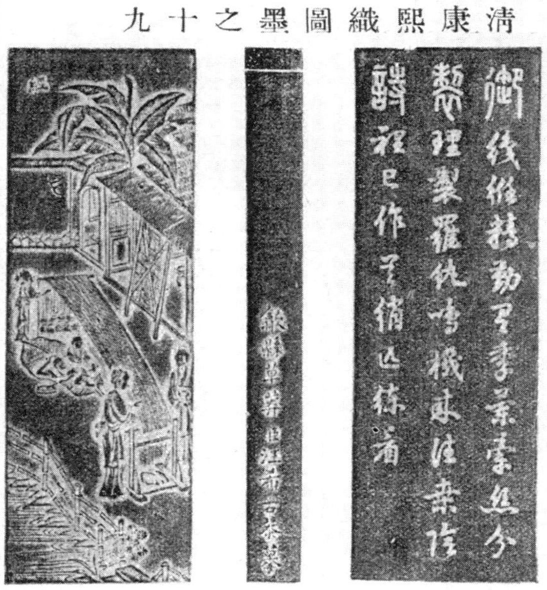

說明見本刊第二十三期、本幅團扇式、款題劉松年柳橋虛榭、絹本、設色、縱七寸七分、橫八寸一分、對幅清仁宗御題曰、和風初拓柳絲柔、掩映長橋古陌頭、萬縷龍綃翠與嚲、千條蘸水綠絲浮、酣春畫檻韶光富、映日晴階午蔭稠、虛謝當汀得佳致、遠峯冒黛滴芳洲、鈐璽二、「筆端造化」、「寓意於物」、劉松年、錢塘人、紹熙間、待詔畫院、師張敦禮、工畫人物山水、寧宗朝、進耕織圖、稱旨、賜金帶、

清康熙織圖墨之十八

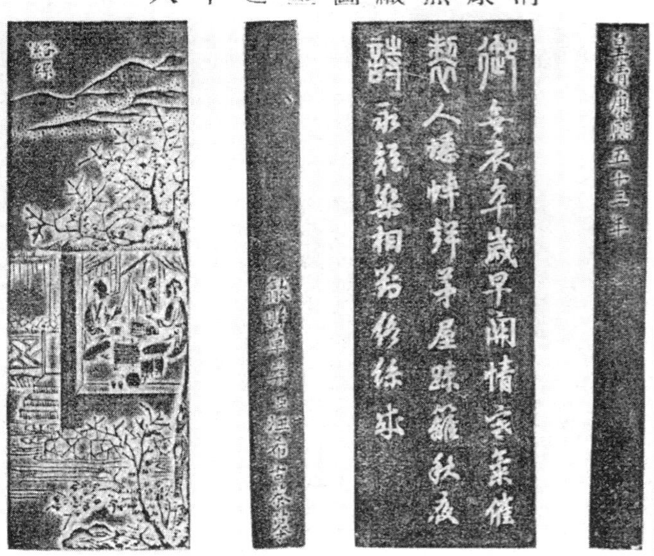

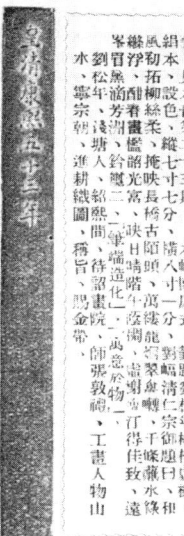

故宮旬刊

宋馬遠畫香林積玉

（集古名繪册之十四）

說明見本刊第二十三期、本幅籤題馬遠香林積玉、絹本、設色、縱八寸三分、橫七寸六分、對幅清仁宗御題曰、滿山飛雪積瓊瑤、冷豔一枝香暗飄、淡影微茫散粉屑、素輝皎潔綴銀條、玉屏高聳依茅屋、棟浦平拖接小橋、中有詩人方擁鼻、攀寒恰合月團澆、鈐璽二、一含英咀華」、「即事多所欣」、

馬遠、字欽山、其先河中人、後居錢塘、光寧兩朝、爲畫院待詔、畫山水人物花鳥、爲院中獨步、遠所繪多殘山賸水、不過南渡偏安風景、世又稱爲馬一角、

西園題跋卷之三

羅浮張萱孟奇甫著

題曾大家鬱林葛

此西粤鬱林州葛也、先司徒歸自陸川、老姊曾大家方出閣、先太安人以此葛畀之、今五十年遠矣、歲庚申、大家七十有一、萱爲稱觴上壽、大家復以此葛見貽、萱爲掩泣者竟日、時萱有七兒、四女、十孫、兒婦五人、孫婦二人、女一人、亦已出閣矣、率皆奢靡相競、明富貴意、作時樣粧、朝市綺而夕市羅、朝衣朱而夕衣紫、前人菅蒯之訓、蕩然無存、若得此葛、計朝饑罰而夕必刀尺也、大家收藏此葛、踰五十年、不忍披服、今出於笥、若新下於機、其視葛猶視母然、罔敢失墜、嗟嗟、萱爲人子、父母遺物、無一存者、不孝之罪、上通於天、又何以訓諸子孫哉、故再拜而受之、藏於世室、子子孫孫、於設衣陳器之日、奉此葛以陳於庭、先靈在上、有孝女爲曾大家、節能儉素爲張氏百代女師、能不洋洋乎含笑地下哉、葛長三十有八尺、端及末皆手書識之、俾後之人知世守焉、時天啓元年春正月二十有五日、宗子萱薰沐百拜書、

題西湖誌

余生長西湖、於浮谷先生、聞其語矣、未見其人也、於貞復先生、見其人矣、聞其語矣、其誌西湖類如此、余嘗欲梓行化甫先生郡志私稿、爲西湖揚靈、而化甫謬爲當事者所阨、稿卒逸去、（接第二版）

明藍瑛仿古山水冊之三

歲己未、余偶爲惠州西湖歌、遂令此志、獲寓吾目、文之遇與不遇、豈非命哉、然化甫之後人象賢也、不能使化甫手澤、奕奕至今、此志具在、後之人奉持之若鎮圭、非西園公不得寓目也、余竊嘉焉、化甫、浮谷宗人、西園公之畏友也、天啓龍飛孟夏題、

贈藥編

清長洲吳　綃撰

欲刎

是夕別後、即欲自刎、諸婢乞從死、非憐我、乃畏禍也、因被藏匿金刀、後來文歸、欣然慰我、因而擬望風波少息、再圖良晤、不意日來禍患、相繼而發、羅網密布、即一音問、艱難百端、光景諒無好日矣、窮思無策、惟有一死殉君、萬無留戀、萬無畏苦、蓋因鄙性堅決、寧死離莫作生負、只此一念、可以報君矣、憶得晤期、遂蒙不鄙庸流、許以生生世世、永諧琴瑟、從此每不樂生、喜得從旁無人、正宜長往先歸、恩兄不宜急殉、少完世事、俟來同遊、但不宜沉溺富貴功名、使孤魄隨風、亦抱泉下離居之憾、重禱重禱、瑤札眞弟心愛之物、向來一字未嘗毀棄、計得一百八十件、又珍贈四種、詩帨一幅、詞稿二葉、俱乞秘藏、須弟泉穴之年、懇求一首斷腸碑文、同此幾物、焚於荒土、更以杯酒酹我、一呼素卿信魂、弟幽魄聞知、含笑來格、此時則目可交瞑矣、從今以後、恩兄祇如未遇鄙人、無此一端奇事者、芳年行樂、勉勵青雲、（接第三版）

說明見本刊第二十九期、本幅設色、款署藍瑛畫、鈐印二、一藍瑛之印」、「田叔」、藍瑛小傳、詳見本刊第十七期、

元楊維禎題錢譜跋之四

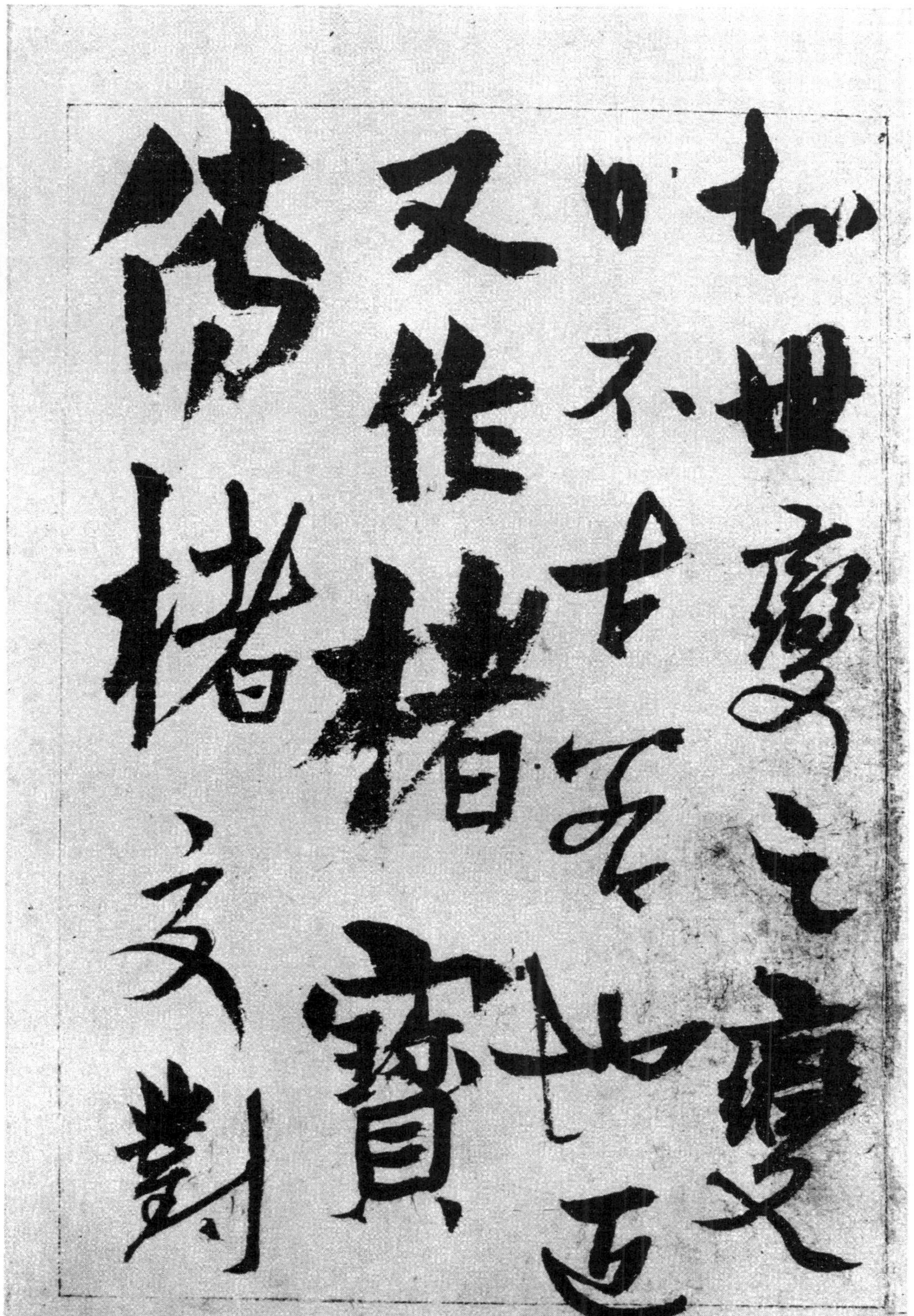

說明及楊維禎小傳、並見本刊第二十八期、

咸豐通寶（寶晉）

面咸豐通寶四漢字、背寶晉二滿文、祖錢、

咸豐通寶（寶桂）

面咸豐通寶四漢字、背寶桂二滿文、祖錢、

咸豐通寶（寶雲）

面咸豐通寶四漢字、背寶雲二滿文、祖錢、

爲勿眷悼九原、深悲逝者、冥冥何從、腸摧無補、存沒之緣、言盡再添矣、鷄籌遠唱、曙色窺牕、訣淚千行、百不及一、惟有良宵、掛君清夢、以當訴衷耳、暫離堪痛、何况長別、腸絲寸寸、即此遠行、仰睎征雲、魂同滾滾、知已無恙、再視加餐、

欲縊

弟向來樂意金刀、今恨勢不能得、只將白羅三尺、了我一生血性矣、恨甚恨甚、今日閨中婦、明朝泉下人、

阻死

必不許弟了者何故、弟雖因情勝、頗知守禮、因君信義干霄、肝腸如日、忘命思君、棄生就死、始期作合、永願令終、恨夫情勢兩違、故欲暫度鬼關、從君後世、不意仁兄全無同志、百口阻撓、目前激憤、刻不能待、若無幾封愛札、索以收藏、素卿此時、一靈早得追隨左右矣、可悼可悼、今累弟茹苦如此、又無明示、使弟去住回惑、倘或高義無成、不獨罪君、幷恨君矣、望望、文君雖則來和、奈志已爲君死、豈同戲語、願冀周旋、聊俟命至、

林石逸興卷之三

明燕人薛論道撰

甘貧

龍樓鳳闕美輕肥、路到羊腸只自悲、功名富貴時光脆、轉頭來、萬事灰、總不如無欲無爲、粗茶飯、多滋味、布衣裳、耐風吹、似這般有甚盈虧、

又

數椽茅舍豈云卑、環堵蕭蕭少是非、折腰未動心先愧、笑時人、言行違、看而今智者爲誰、漢赤松、抽身退、越鴟夷、把棹歸、總不如陋巷顏回、

宿將

西風吹起舊征袍、回憶當時學六韜、翻然獨自成一笑、都做了、枉圖勞、把丹心火滅烟消、夢不入、非熊兆、脚不踏、胡虜巢、功名事付與兒曹、

又

撚髭無語自量度、豈爲家貧賣寶刀、等閑不下徵賢詔、把英雄、魂暗消、亂紛紛狐鼠橫郊、雲遮了、祁連道、風埋了、玉門橋、用不着衛霍嫖姚、

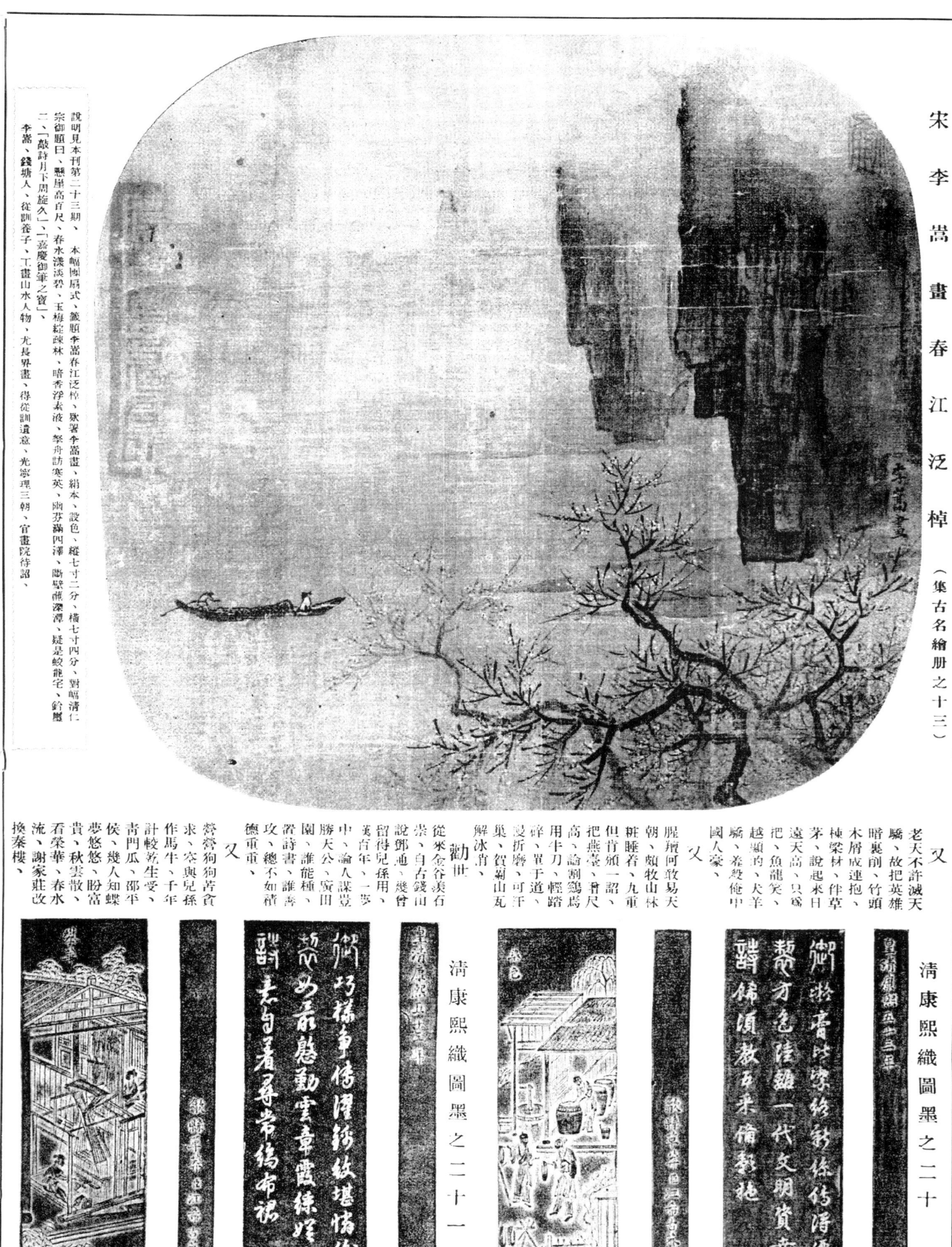

宋李嵩畫春江泛棹（集古名繪册之十三）

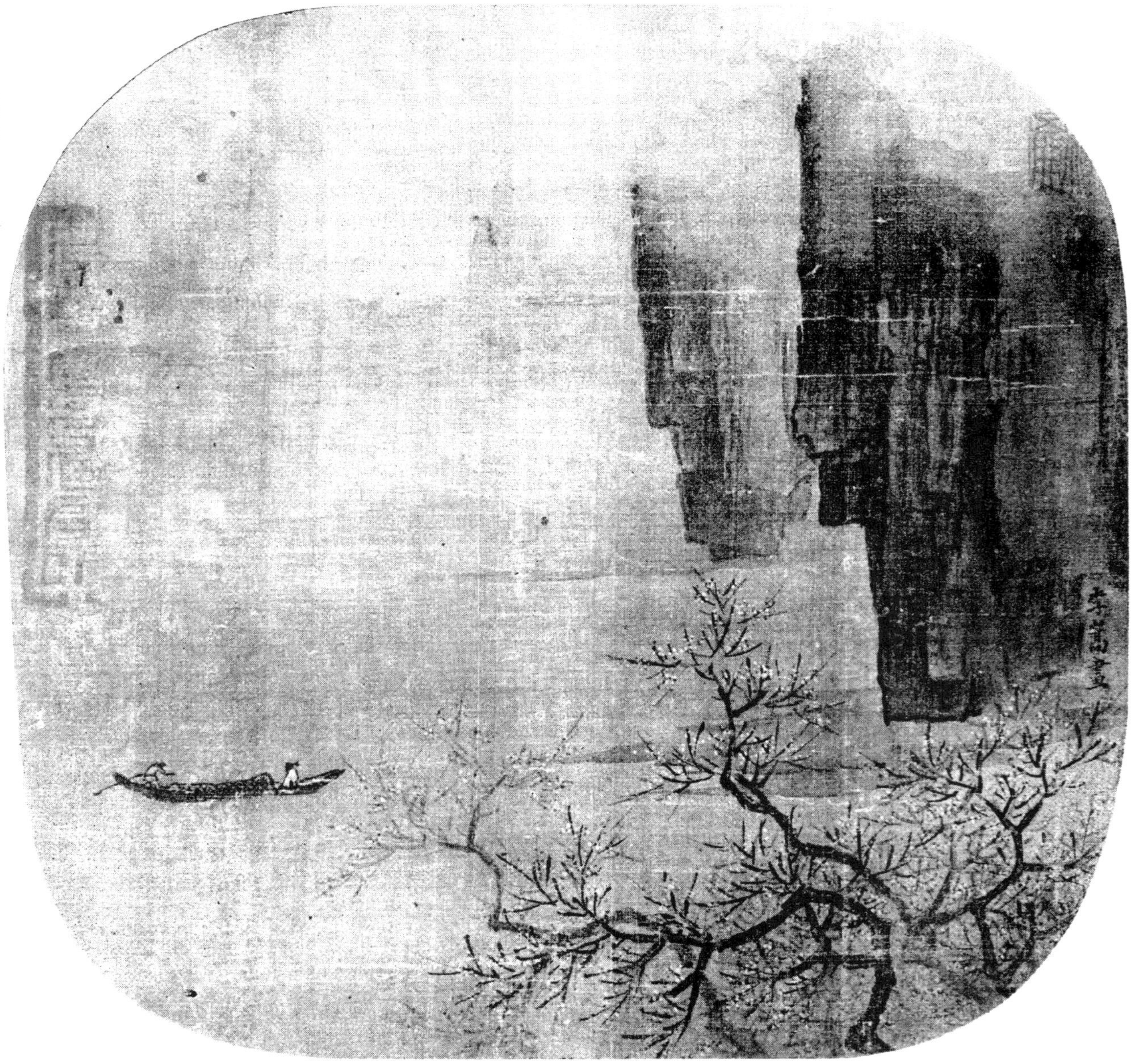

說明見本刊第二十三期、　本幅團扇式、籤題李嵩春江泛棹、欵署李嵩畫、絹本、設色、縱七寸二分、橫七寸四分、對幅清仁宗御題曰、懸崖高百尺、春水漾淡碧、玉梅綻踈林、暗香浮素液、挐舟訪寒英、幽芬滿四澤、斷壁蘸深潭、疑是蛟龍宅、鈐璽二、「敲詩月下周旋久」、「嘉慶御筆之寶」、

李嵩、錢塘人、從訓養子、工畫山水人物、尤長界畫、得從訓遺意、光寧理三朝、官畫院待詔、

又

老天不許滅天驕、故把英雄暗裏削、竹頭木屑成連抱、棟梁材、伴草茅、說起來日遠天高、只爲把、魚龍笑、越顯的、犬羊驕、羞殺俺中國人豪、

又

腥羶何敢易天朝、頗牧山林耕睡着、九重但肯頒一詔、把燕臺、晉尺高、論割鷄焉用牛刀、輕踏碎、置于道、漫折磨、可汗巢、賀菊山瓦解冰消、

勸世

從來金谷羨石崇、自古錢山說鄧通、幾曾留得兒孫用、萬古年、一夢中、論人謀豈勝天公、廣田園、誰能種、置詩書、誰善攻、總不如積德重重、

又

營營狗狗苦貪求、空與兒孫作馬牛、千年計較乾生受、青門瓜、邵平侯、幾人知蝶夢悠悠、盼富貴、秋雲散、看榮華、春水流、謝家莊改換秦樓、

清康熙織圖墨之二十

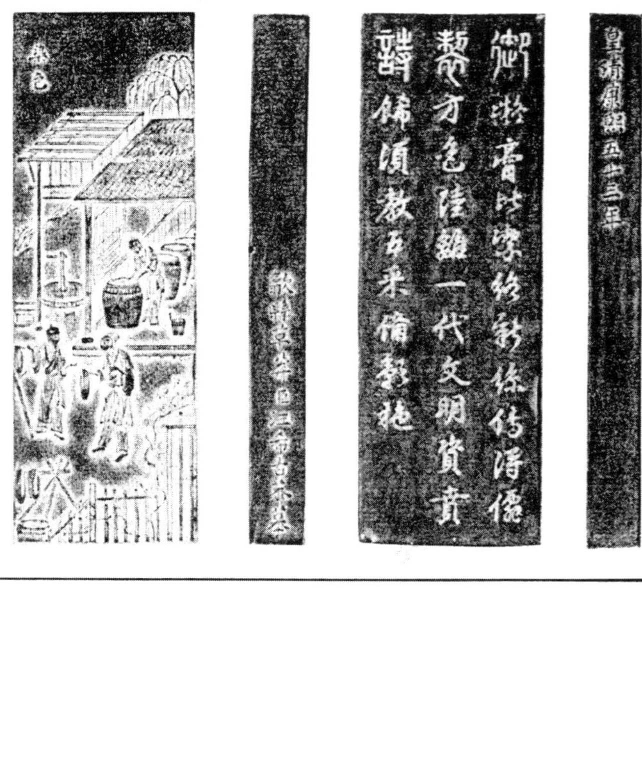

清康熙織圖墨之二十一

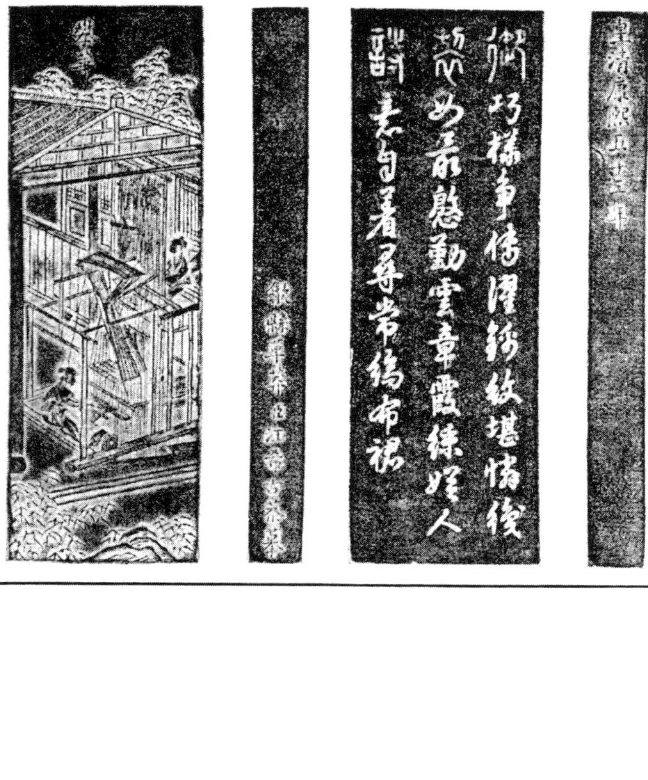

故宮旬刊

西園題跋卷之三

題白衣觀音經

羅浮張　萱孟奇甫著

余嘗繙佛藏五千八百卷、未有所謂白衣觀世音經、卽釋道世千佛部中、亦未有稱觀世音爲白衣者、有謂經中眞言、皆從大悲呪拈出、而大悲呪亦非五千八百卷中所結集也、今海內有無子者、往往皈依此經、感應之緣、如恒河沙、不可思議、余所見知友人、雲杜李本寧、長干朱元价兩宗伯、故艱於嗣、皆嘗梓行是經、晚皆得雄、本寧元价、聞人也、豈皆如昔人所稱急時抱佛脚者耶、今梓行是經、其緣起具詳兒瑩所著繡佛應夢記、余復別梓其像於西園慧業庵、以廣布施、而爲之讚曰、我生不信佛、今日始廻向、年衰心性慈、信根覺暫長、卽邵堯夫聞之、以西園公爲高鄭公之佞、亦不敢辭矣、宋大觀中、家文忠故好佛、第不欲諸子弟誦佛經、客疑焉、文忠公曰、兒輩讀書未多、心地未明、一拈着經卷、便燒香禮拜、如何能了得佛理、善男子善女子奉持是經者、欲了佛理乎、抑了佛事乎、白衣觀世音菩薩、幸與過去未來見在諸菩薩一證明焉、

題趙太史瀫陽先生遊羅浮詩跋

往師觀察嶺南、萱以諸生、從登羅浮、命作紀遊賦、而師得詩六章、郡守李公天倫鐫石、則庚辰冬十有二月也、肇者弗謹、折之而委於塗、無何師謫去、遂縱橫榛莽間、當事者置弗問、歲辛巳、萱讀書羅浮、乃謀諸黃冠、傳之以木、竪於朱明洞中、逮師起官大司成、萱復携家以從、庚寅南歸、過故讀書處、（接第二版）

清周鯤畫夾鐘嘉候

（禁籞圖之二）

原藏齋宮、紙本、設色、縱五尺五寸、橫三尺二寸九分、石渠寶笈三編著錄、周鯤、字天池、常熟人、工山水、乾隆時、供奉內廷、

明藍瑛仿古山水冊之四

則所傳木、歲久蠹朽圮矣、萱也賤、不敢輒有所掰易、以侵常事者之權、而高山在望、情何能已、且是役也、亦陳蔡一時、師猶翔翔爲言往遊羅浮、至爲文以貽萱、嘖嘖紀遊、賦不忘也、幸得佳珉、乃竊取往所鐫詩、爲二小碣、其一藏之山中、以示不朽、而其副在世室、暨師眞蹟、前後所貽文若詩、皆以雙鈎入石、錄爲家寶、俾後之人、稍知其先、亦嘗一登龍門、且以明其仰鑽瞻忽之意云爾、夫以師不朽、則天壤具在、豈緊羅浮足以乞靈乎哉、

贈藥編

清長洲吳　綃撰

懼累

弟死後免兄沒事、樂得愈加安穩、春風得意、別繼高音、玉鈿金釵、瓊簫珠笛、如此享受三十年、應來顧我泉下人矣、目前豈累兄者、果若遺禍、乞詳示禍端云何、俟回再決、弟意終不辭一死爲快耳、

說明見本刊第二十九期、本幅設色、款署趙令穰畫法、藍瑛、鈐印一、「藍瑛」、藍瑛小傳、詳見本刊第十七期、

遠禍

爲君再活幾日、猶可、但如來命遠禍之法、緩通書、須面會、如此、則有生不如無生、何用殘喘、兄是安穩、弟却算不就、不能從命也、弟此身已屬死去、賴玉人重生、既切感恩、亦欲與君共圖久訂、如何又是遠話、弟情膠意漆、石胆鋼心、雖百萬梟奴、何能中阻、莫非君意棄捐否、弟雖無盛年華色、但一片熱心、必欲死於天下第一箇渾身風韻滿腹文章眞正俊俏才子玉郎、生死風流、留於多情作伴、(接第三版)

元楊維禎題錢譜跋之五

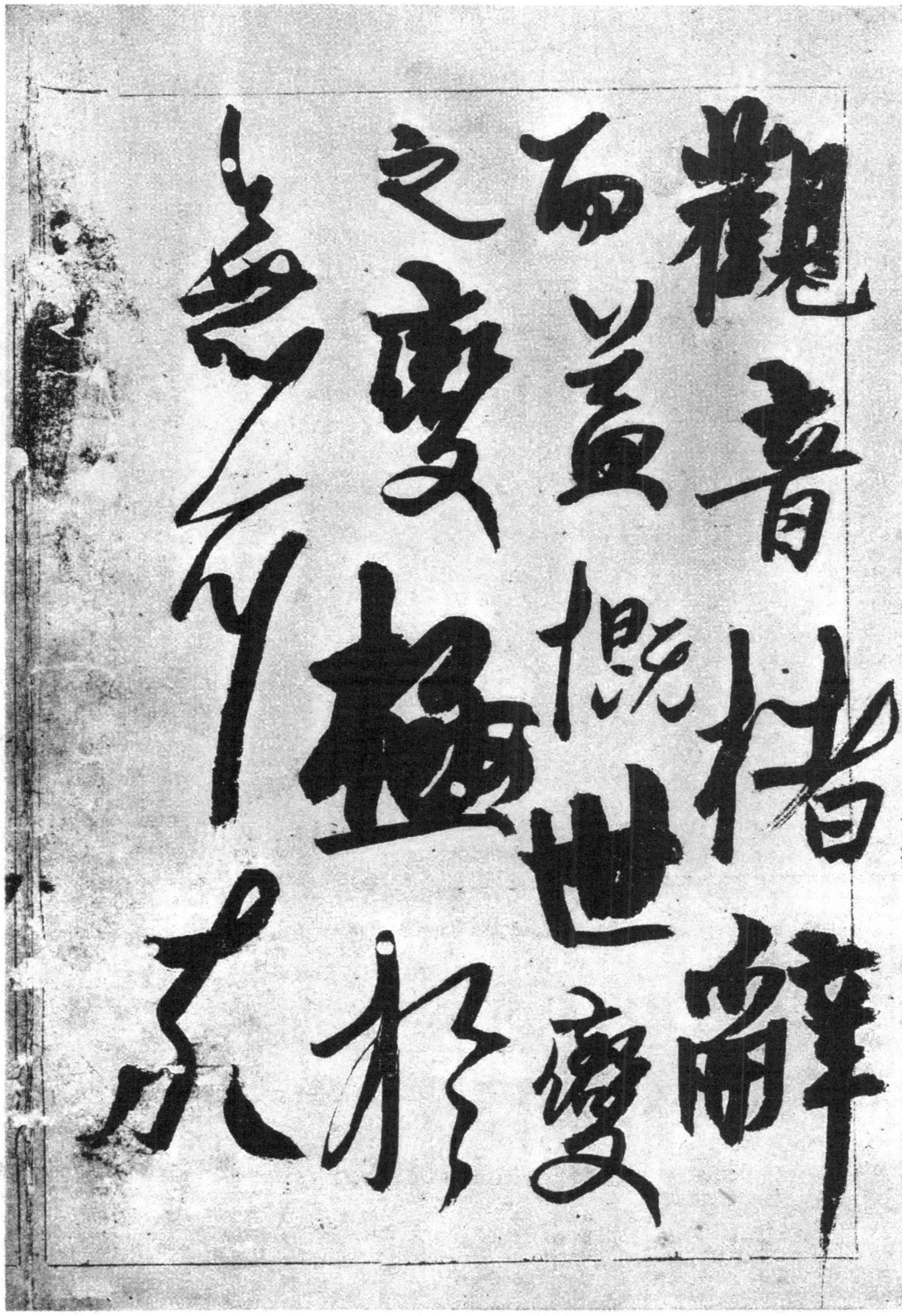

使世頌述素卿憐才慕義、識有胆、且是謔浪丰華、酬唱高雅、如此則彈琴卓氏、執緋楊姬、不得獨擅千古、雖爲失足可恥、亦愧於人而無愧於心者、豈竟無同志耶、果欲生弟、乞示以顧我何時、敢不少延旦夕、但亦不可作緩兵之計耳、

訴翁

痛心痛心、累君如此、弟死不足贖、唯有一片至誠、世世永侍恩兄、略酬萬一耳、吳門並未知情、不過梟計欲阻兄、乃假訴脅翁以相制耳、事體明明如此、君便欲遊何地、難道不思面別、匆匆便行、弟必欲再圖一晤、邇時腸斷則死、不斷則返、決不樂偷生片刻者、有言在昔、倘遇禍患、緩則以情終之、急則以死殉之、斷無爽約、速來一晤、俟命俟命、紛紛磨折、總有百憾千戀、未能略提一字矣、時勢人情、既屬相連、何用奄奄苟活、遄死爲快、從來捨命圖歡、豈爲安然易得、連交一載、除別半年、南還至今、欲面十三番、寄書十五札、君無片言進退、弟一字逡巡、兩兩皎日、何故反因一梟、遂搆狐疑滿腹、一云叩關難、是絕見也、一云外卸內連、是絕閩也、一云兩作遊地、以避其鋒、是永永絕交也、弟九死不辭、而君棄言若此、此言出於君口、發於君心、不得不急、兄使傳聞疑信各半、至今則有心摧腸裂者矣、脅翁危懼、無怪其然、仁兄實有所見、何毫無主意若此、弟反覆懇言、只爲一情字、生死旦暮、只爲一情字、豈無榮辱之戀、恩愛之貪者、固不敢負此兩字、一概拋擲、以報盟兄、幸賜三思、莫墮計中、徒使羣陰得志、

說明及楊維禎小傳、並見本刊第二十八期、

咸豐通寶（寶黔）

面咸豐通寶四漢字、背寶黔二滿文、祖錢、

咸豐通寶（寶昌）

面咸豐通寶四漢字、背寶昌二滿文、祖錢、

咸豐通寶（寶廣）

面咸豐通寶四漢字、背寶廣二滿文、祖錢、

林石逸興卷之三

明燕人薛論道撰

勸世

秦樓謝宇敗還成、滄海桑田也變更、兒孫自有兒孫命、一箇人、一箇星、一星星照得分明、黃閣內、生乞丐、白屋裏、產公卿、那容的天性人情、

宋夏森飛閣觀濤（集古名繪册之十五）

說明見本刊第二十三期、本幅籤題夏森飛閣觀濤、款署夏森、絹本、墨筆、縱六寸五分、橫七寸、對幅清仁宗御題曰、八月飛濤捲地來、憑臨傑閣景雄哉、千夫伐鼓聲難敵、萬弩衝波勢不回、雪浪拍空銀練掣、霜華眩目玉毫堆、滌盪胸襟心神澈、勝覽都收崖樹隈、鈐璽二、「樂意萬靜觀」、「忘機心宇曠」、

夏森、錢塘人、珪子、工畫山水、

又

須知富貴等浮雲、那有百年長是春、兒孫自有兒孫分、看盈虧、日月昏、輕回頭別是乾坤、堯之子、成不肖、瞽之兒、作聖人、方信道造物無親、

悼生

昨宵曲指自量度、倒去顛來睡不着、人生最怕無常到、誰料得、誰壽夭、等閑的白髮蕭蕭、方纔道、朱顏少、却又早、年紀老、誠然是天地一朝、

又

須知天地亦一朝、暑往寒來彈指交、春花秋月將人笑、笑人痴、空自老、好光陰愁裏煎銷、競錢財、當焦燥、爲兒孫、生懊惱、全不念大數難逃、

又

人生大數豈能逃、何苦忙忙枉自勞、貪圖難滿心頭竅、把青春、斷送了、盡都是無福難消、牛山淚、空滴盡、邙山路、去不遙、有兒孫誰替一遭、

又

無常那有替一遭、物理循環造化高、消息幾個人知道、把時光、空過了、到臨危手擺頭搖、有金銀、拿不去、好田莊、用不着、只落得風雨荒郊、

爲將

朝廷拜我領元戎、授鉞分符動九重、一身司命三軍衆、全憑着、一念忠、可忘乎盡瘁鞠躬、憂社稷、安危共、愛嬰兒、甘苦同、大將軍以死爲榮、

清康熙織圖墨之二十二

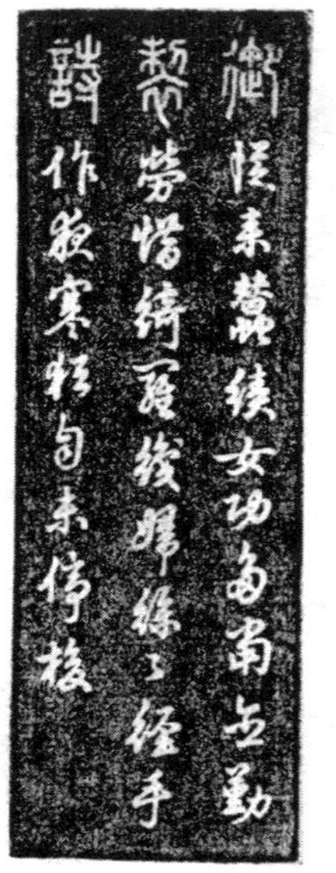

清康熙織圖墨之二十三

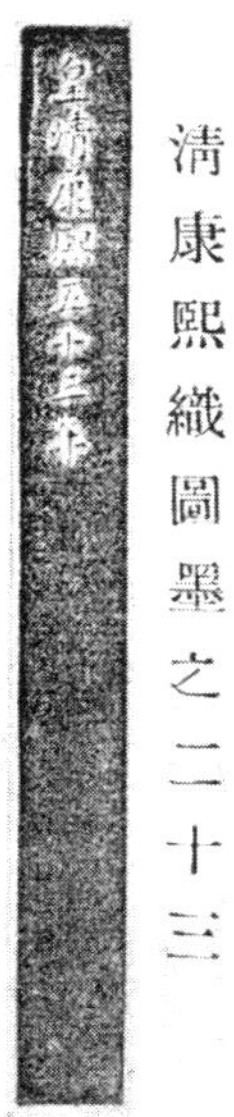
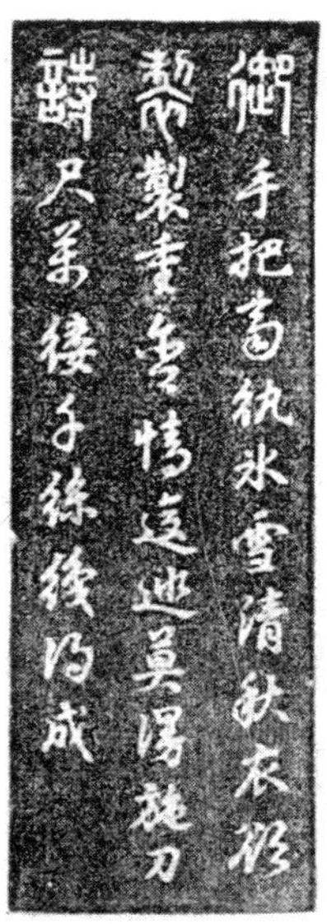